社会学·政治学·文化学·教育学·民族学·历史学

陈序经全集

第五卷 暹罗与中国 南洋与中国 越南问题 帝国主义者统治下的东南亚

叶显恩 主编
王春煜 刘集林 副主编

中山大学出版社
·广州·

版权所有　翻印必究

图书在版编目（CIP）数据

陈序经全集／陈序经著；叶显恩主编；王春煜，刘集林副主编.
广州：中山大学出版社，2025.3. --ISBN 978-7-306-08274-9
Ⅰ.Z427
中国国家版本馆 CIP 数据核字第 2024GE9169 号

CHEN XUJING QUANJI: DI-WU JUAN

出　版　人：王天琪
总　策　划：王天琪
项目统筹：嵇春霞　王延红
责任编辑：邓诗漫
封面设计：雅昌文化（集团）有限公司　曾　斌　周美玲
责任校对：陈　芳　管陈欣
责任技编：靳晓虹
出版发行：中山大学出版社
电　　话：编辑部 020-84111901，84110283，84111997，84110779
　　　　　发行部 020-84111998，84111981，84111160
地　　址：广州市新港西路 135 号
邮　　编：510275　传　真：020-84036565
网　　址：http：//www.zsup.com.cn　E-mail：zdcbs@mail.sysu.edu.cn
印　　厂：恒美印务（广州）有限公司
规　　格：787mm×1092mm　1/16
总印张：433
总字数：8718 千字
版次印次：2025 年 3 月第 1 版　2025 年 3 月第 1 次印刷
定　　价：1980.00 元（全十四卷）

如发现本书因印装质量影响阅读，请与出版社发行部联系调换

凡 例

一、**编排方式**。《全集》总体上兼顾著述发表时间先后与研究领域的区别。第一卷以时间为序收录了陈序经的论文、时论、书评等,其中论文已收入其他卷者,原则上只存目;同题异文者,则均予以收录。第二卷至第十三卷收录了陈序经在不同研究领域的论文或专著。第十四卷收录了陈序经的遗稿《珠崖篇》,整理了其年谱、往来书信、照片等相关资料。底稿为直排繁体者,一律改横排简体,内容列举、引用位置指向用词,如"如左"径改为"如下"等。

二、**底本来源**。《全集》所收文献中有大量未曾整理的手稿、抄稿,其版本源流、底本选择等情况,皆写入"本卷说明"中。

三、**引文说明**。《全集》所引古籍或他人著述,有漏字、错字等现象者,一般参照现今中华书局、上海古籍出版社等相应版本径改,不另说明;引用古籍或他人著述时只取其大意,与原文不尽一致,凡此,照录,不予修改;手稿或抄稿中引用本人已发表文章,但内容与已发表的原文不尽一致,凡此,亦依手稿或抄稿。

四、**校订符号**。原稿中有漏字者,在〈 〉内补之。原稿中的错讹字,在其后〔 〕内补正。原稿中的衍字,用［ ］标示。原稿中漫漶不清、难以识别或残缺的字,用□表示;字数难以确定者,用⊠表示。原稿中的小字夹注,置于（ ）内,字体、字号同正文。外文书名、刊名用斜体。

五、**历史用语**。《全集》保留作者文字风格及语言习惯,不按现行用法改动原文。历史时期若干字词表达与今有异,但不影响理解,为存当时之真,不改。如智识(知识)分子、澎涨(膨胀)、计画(计划)、瞭解(了解)、那(哪)、澈底(彻底)、那末(那么)、原故(缘故)等。凡行文中对少数民族的蔑称,根据国家相关民族政策一律改为规范称呼,如"猺"改为"瑶"、"獠"改为"僚"、"猓猡"改为"倮倮"等。

六、外文名词。译名不统一或与现今不一致,如拿破伦/拿破仑、哥仑布/哥伦布、菲洲/非洲等,均不改。外文人名、地名书写有误者,一般径改。外文专有名词在原稿中大小写掺杂,按现今规范格式统一。

七、内文标点。原稿正文无标点或仅有简单断句者,一律按照中华人民共和国国家标准《标点符号用法》(GB/T 15834—2011)予以修改。专名号从略。

八、文字规范。《全集》中的简体字以 2013 年 6 月国务院公布之《通用规范汉字表》为准。通假字,不改。繁体字、异体字,改为规范字;但专有名词中的繁体字、异体字等,依从其使用惯例,不改。作者笔误、排印舛误等明显错误,径改。

其余未规定事项,一般遵从作者原稿。

本卷说明

　　本卷收录了陈序经先生有关南亚与东南亚研究的四种论著：《暹罗与中国》《南洋与中国》《越南问题》《帝国主义者统治下的东南亚》。《暹罗与中国》《南洋与中国》《越南问题》由陈平殿校订，《帝国主义者统治下的东南亚》由刘集林点校整理。其中，《暹罗与中国》据1941年9月商务印书馆初版整理，2022年7月文物出版社据该版影印出版，与《中英交涉史》合刊，为"海上丝绸之路基本文献丛书"之一种；《南洋与中国》据岭南大学西南社会经济研究所1948年12月初版整理；《越南问题》据岭南大学西南社会经济研究所1949年6月初版整理；《帝国主义者统治下的东南亚》据南开大学图书馆藏陈序经手稿点校整理。

本卷目录

暹罗与中国 …………………………………………………… 1

南洋与中国 …………………………………………………… 69

越南问题 ……………………………………………………… 135

帝国主义者统治下的东南亚 ………………………………… 187

暹罗与中国

目　　录

自　序	5
绪　言	6
第一编	9
第一章　暹罗的国名	9
第二章　暹罗的人口	13
第三章　暹罗的泰族	17
第四章　暹罗的历史	21
第五章　暹罗的概况	25
第二编	29
第六章　暹罗与华化（上）	29
第七章　暹罗与华化（下）	33
第八章　暹化与华侨（上）	36
第九章　暹化与华侨（下）	41
第十章　暹化与西化	44
第三编	49
第十一章　暹罗与西化（上）	49
第十二章　暹罗与西化（下）	53
第十三章　暹罗与英法	57
第十四章　暹罗与日本	61
第十五章　暹罗与南洋	65

自　　序

　　阅了本书的目录的人，也许以为它的内容，主要是讨论暹罗本身的问题；可是事实上，不但全书的目的是说明中暹的关系，就是有些地方，表面上是叙述暹罗本身的问题，仍是以中国的立场去解释，这是读了本书的人都能明白。我所以名它为《暹罗与中国》，就是这个原故。

　　在书里各章，所说的话也许有了多少重复的地方，这是因为在写的时候，预备每章单独发表：其实有了好几章，已在各杂志发表过。词句上的重复，本来可以修改，然而我所以照样付印，一来是要保存本来的真面目；二来主要的是想使中暹人士对于这些话特别加以注意。

　　我少时住在南洋，离南洋后，二十年来，差不多每三年都必到南洋各处一次。比较的说：我逗留在暹罗的时间很短，然而我对于暹罗，却特别注意。这个原因，是读了本书而尤其是最末一章的人所能容易看出来的。

　　在这本书里，我对于暹罗最近的亲日排华的政策的错误，很不客气的指摘；然而暹罗近百年来在各方面的进步之速，我也很直率的承认，这可以说是本书的要旨。自然的，我对于这方面的解释也许未能十分透澈，但假使这本书能够唤起国人对于中暹的关系，加以注意，那么，我写这本书的目的，可以说是达到了。

　　岑家梧先生曾费了不少时间为我校阅，区旭先生又为我重抄一遍，这都是我很感谢的。

二十八，十二，二十。于昆明。

绪　言

暹罗之于中国，不但历史的关系，至为长久，就是现在的关系，也最为密切。

《明史·外国传》说暹罗为隋唐的赤土，而《隋书·南蛮传》又谓赤土乃扶南的别种。又据史籍所载，三国时吴康泰曾出使扶南，晋时扶南也常常遣使来中国朝贡，隋时常骏又使赤土。唐、宋海上交通发达，中暹的关系必定很为密切。《元史》之关于暹国与罗斛的记载，有十六处之多。除了中国遣使到暹罗外，据暹罗与西洋的史籍所载，暹王敢木丁曾两次来中国朝见，并且带了许多中国磁匠回去暹罗，制造磁器。直到现在，在苏口胎与萨文克乐，尚存有不少磁窑旧迹。明代洪武三年，曾"命使臣吕宗俊等赍诏谕其国"。永乐时代，郑和又常到其地。暹罗方面，朝贡之频，史不绝书。而暹罗这个国名，也是出于洪武所赐。到了清代，郑昭是华侨的儿子，曾恢复已亡于缅甸的暹罗，而做暹罗的皇帝，建立暹罗的国基，使暹罗直至现在，为南洋的唯一独立国。郑昭是近代暹罗的立国元勋。

这是历史上的关系。在种族上，暹罗的第七世皇普差拉加特卜克曾公开的说过："暹华关系很深，就是我个人，也含有华人的血统。"暹罗的皇帝，尚且如此，至于民众方面之含有华人血统者，人数之多，更不待说。因为历史上的关系长久，血统的关系密切，所以暹罗受中国的文化的影响，也至为深刻。

在历史上，在种族上，以至在文化上，中暹的关系，既是这样的密切，以情感论，以道理论，以至以利害论，中暹两国应该携手合作，共同维持亚洲的和平，共同驱除东方的公敌。然而很不幸的，暹罗不但不与中国共同维持亚洲的和平，共同驱除东方的公敌，反而常常施行排华的政策，渐渐的趋于亲日的方向。比方暹罗人所称为圣明的郑昭，是被暹人所压迫而退位。暹罗政府在一九二六年所刊行的《暹罗》一书，公然承认郑昭的被迫退位的主要原因之一，是因为他是外国人。其实郑昭何止只被暹罗人压迫而退位，据说他且被暹罗人所害死，这是以往的事。现在呢，暹罗又不要明代中国人所赐与的国名而改国号为泰，极力的鼓吹其所谓"泛泰主义"，存心挑拨中国境内的一些民众，故意宣传唐代的南诏为其祖国。此外，对于中国政府，则反对交换使节，对于中国人民，则提高入口税率，施行识字试验，想尽了各种方法，以限制其入口。同时对于居留暹罗的华侨，又用婚姻以引诱，用教育以陶染，用法律以压迫，使其忘宗，使其暹化。

事实上，暹罗这种排华政策，对于中国，既未必有害，对于暹罗也未必有益。暹罗虽反对中暹交换使节，与限制中国人民入口，华侨在暹罗的人口与势力，并不见得因此而减少。至于暹化华侨的办法，恐怕不但无效果，反而会引起他们的反感。我们看看二十余年来，暹罗华侨地方主义的打破，中国国语的流行，以及各种爱国运动的发展，救国团体的增加，就能明白华侨民族主义的发展是与时并进的。其实我们也可以说华侨的民族主义的发展，是受了泰族主义的影响的，而泰族主义的发展又是受了西洋文化的影响的结果。因为暹罗在近代而特别是百年以来，曾自动地努力去接受西洋文化，暹罗既是西化，暹罗的华侨也随之而西化。民族主义的运动，在近代西洋文化中，是一种极普遍而显明的现象，暹罗的泰族既是受了这种运动的影响，华侨也间接或直接地受了这种运动的影响了。

而况在暹罗境内，除了泰族与华侨外，还有老挝，缅甸，柬埔寨，马来由各种民族，假使他们也受泰族主义的影响，或间接受西洋民族主义的影响而发展其民族意识，那么，暹罗内部岂不是有了民族争斗的危险吗？至于暹罗亲善日本，不但足以引起中国的反感，而且足以引起英法的反感。日本两年余来，用了全国的力量，尚不足应付中国，要有余力去应付英法，那只是一种梦想。暹罗得罪了中国，又得罪了英法，则在国际上所处不利的地位，是显而易见的。

我们希望暹罗当局，要深切的洞识：所谓泰族主义，会引起他们内部民族纠纷的危机，所采的亲日政策，会引起国际上不利的地位。赶快的澈底觉悟，赶快的改变方针，这不但中暹邦交得以和睦，就是亚洲的和平，也因此赖以维持。

第一编

第一章 暹罗的国名

关于暹罗这两个字的连用与其来源，《明史》卷三百二十四《外国传》，曾有下面的记载：

> 暹罗在占城西南，顺风十昼夜可至。即隋唐赤土国。后分为罗斛、暹二国。暹土瘠，不宜稼；罗斛地平衍，种多获，暹养〔仰〕给焉。元时，暹常入贡。其后罗斛强并有暹地，遂称暹罗斛国。……洪武十年，照禄群英承其父命来朝，帝喜，命礼部员外郎王恒等赍诏及印赐之，文曰"暹罗国王之印"，并赐世子衣币及道里费。自是其国遵朝命，始称暹罗。

从这一段记载看起来，暹罗这两个字的连用，是始于明洪武十年（一三七七年），虽则暹罗斛国的名字，在洪武十年以前，元朝以后，已经为中国人所知道。我们考暹国与罗斛国之见于《元史》者，共有十多处，可是没有"暹罗斛国"数字的连用。《元史》卷十九述成宗"大德元年（一二九七年）四月壬寅赐暹国罗斛来朝者，衣服有差"。这显然是说明暹国与罗斛是两个国家。又在《元史》里，除大德元年载暹国罗斛两国同在一处外，其他各处之关于暹国与罗斛的表贡，皆分开记载。例如卷十六载"至元二十八年（一二九一年）十月癸未罗斛王遣使上表"，与卷二一〇载"暹国当成宗元贞元年（一二九五）进金字表"。又元至正九年（一三四九），汪大渊所著的《岛夷志略》曾有罗斛与暹的记载。他对于这两个国，不但分开来记载，而且明明白白的指出暹与罗国是两个国家。然则"暹罗斛国"这数个字的连用，我们实不知从何时始，也不知是从何处来了。

《岛夷志略》"暹国"条云："至正乙丑（一三四九）夏五月，暹国降于罗斛。"《大明一统志》卷九十"暹罗国"条也有"至正间，暹始降于罗斛而合为一国"，与上面所抄的《明史》所谓"其后罗斛强并有暹地"，也许是据《岛夷志略》而来。

《岛夷志略》的著者汪大渊，在元至正间，曾附贾舶浮海，历南洋数十国，所记大约无大错误。我曾参阅达吗銮拉查奴帕（Prince Tamrong Rojanubhab）所著的《暹罗古代史》（王又申译本），也有多少同样的记载。

又考《元史》卷二十八，至治三年（一三二三）春正月，暹国尚遣使来贡。所以暹之被罗斛征服的时间，当以汪大渊所说为准确。

不过我们不能不奇怪的，是暹既为罗斛所征服，为什么此后还把暹字首列，而称为暹罗国或暹罗斛国。

不但这样，暹国之见于中国史书最早者好像是《元史》，而罗斛已见于《宋史》。《宋史》卷四百八十九"丹眉流国"条云"丹眉流国，东至占腊……东北至罗斛"。罗斛既是一个历史较长的国家，后来又灭了新兴（？）的暹国，而中国方面还叫做暹罗国或暹罗斛国，这是很使我们不解的。

总之，从中国的记载看来，《明史》所谓暹罗一名，是始明初，大致没有什么错误。因为罗斛之并暹是在一三四九，而《明史》载洪武之赐名乃在二十二〔八〕年后（一三七七）。就使暹罗这个国号并非始自洪武，那么暹国与罗斛之合为一国而称为暹罗，也当在一三四九以后。达吗銮拉查奴帕氏在其《暹罗古代史》里也以为暹罗这个名词，乃出自中国，他说：

> 当希因他拉蒂王（King Sri Intaratitya）在苏口胎（Sukotai）京宣布立国之时（按，为西历一二五八年），考木人（Combodians）尚在洛泊布里（Lopbouri）存有一部份之实力，洛帕布里又称罗。……中国方面记载，称在南方尚属于考木者为罗斛国，系采罗之意，至于北方，已隶泰族人之苏口胎则名曰暹国，取其在暹国境内之意。（依王又申译本）

至于英文 Siam 一字，达吗銮拉查奴帕氏却以为出自印度。他说：

> Siam 之一字，乃为近代始有之名词。外国人称暹罗曰 Siam。但泰人自称曰泰国或苏口胎京。Siam 一字原属梵文，因此疑 Siam 一名亦系由印度人首先称呼者。中国外国之人，亦不过依声称呼而已。照字义讲，Siam 一字有两种解释：一曰棕色，二曰黄金。用之于人种，意即其人棕色，用之于国家，意即其国多金。据外国之考古学者推测，Siam 一名，原以称呼南部泰人者，泰之住于缅甸境内者为掸，掸字恐为 Siam 之变形，积时日久，音调转变，乃成为掸。但持反对者，亦大有人在，谓泰人皮肤比之考木老人洁白好多，故棕色之解释为误。又因暹罗产金，故多金之说，较为近情。此层更与教史中所载阿输迦王派遣教使二人至素湾蒲木（意即产金之地）宣传教义之说互相印证，更觉吻合也。

此外又如格累姆（W. A. Graham）在《大英百科全书》（*Encyclopedia Britanica*）十一版"暹罗"（Siam）一文，以为 Siam 这个名词，在暹罗一千年前，也许已很通用，不过用这个名词来指明暹罗这个国号，却非暹罗人自称其国的国号。可惜格累姆在这篇文里，并没有指明出 Siam 这个字的来源。我们知道暹罗人自称其族为泰族（Thai or Tai），自称其国为泰国。最近林惠祥先生在其《中国民族史》

卷下第十六章《僰掸系总论》里曾据丁文江先生的研究，而有下面一段话：

> 僰掸即所谓泰掸族（Tai-Shan）。掸为种族名，泰，其自称之语，意为自由者。掸字之起源，或谓由于中国语之山字。暹罗之暹字，亦与掸字相近，《后汉书》有掸国之名，即指出此族散布之地颇广，占暹罗全部，缅甸东部，安南西部，及中国西南部，纬度二十五度之南。名称随地而异，在缅甸者仍称掸，在暹罗北部及安南西部者则称老挝（Laos），在暹罗南部者则称暹罗人，在云南者曰僰夷（Pe-yi）或摆夷、白夷、蒲蛮（Pu-man），在贵州者谓之仲家或水家，在广西者为僮、侬，四川者为僚及土人、沙人、民家、濮等名，在中国之掸又称为泰苗（Tai-mao）或中国掸（Chinese Shan）。中国自古即有僰、濮及卜之名称，故可称为僰族或僰掸族，以为掸中之一支。

我们阅了这段话，可以明白所谓泰掸的分布的区域之广。可是在这段话里，也有不少可以商量的地方，不过我们所要特别注意的是泰掸（Tai-Shan）两个字，也许是由掸字而来。《后汉书》卷二百十六①《西南夷列传》"哀牢夷"一篇里，曾有一大段述及掸族。有些西洋学者，如胡特（W. A. R. Wood）以为泰族（Tai）是从中国迁到暹罗，在唐以前，乃谓为哀牢，在唐谓为南诏（参看 Wood: *A History of Siam*）。所谓泰是不是唐的南诏，以及唐以前的哀牢，我们在这里不必讨论。又《后汉书》所载的哀牢与掸国有否关系，也有待于他日的研究。我们在这里所要讨论的，是这个掸国。掸注作坛，本为 T 音，英文当作 Tan，与英文的 Tai 相近。现在的暹罗人自称为泰（Tai），也许就是从古掸音而来。又古 T 音的掸变为齿音的掸而读如 Shan，今日的掸（Shan）族就是《后汉书》的掸族，大概没有什么疑义。英文所谓 Shan，大概是从齿音的掸而来。现在暹人所谓泰，大概是从舌音的掸而来。所以现在在暹罗的泰是与掸同种，这一点不但为许多人类学者所主张，就是暹罗人也承认。

我们既承认泰是从掸而来，我们现在再进一步而讨论暹与掸的关系。丁文江先生以为"掸字之起源或由中国之山字，暹罗之暹字亦与掸字相近"。暹字音也许由掸字音转变而来，因此我们也许可以说暹族就是掸族。

我们若再进一步而考究中文的暹与英文的 Siam，我们以为好像也有很大的关系。暹字为思淹或思廉切，西文 Siam 的 Si 与 am 是与"思廉"或"思淹"很近的。其实，广音暹可以切为 Si am。证之厦门、潮州、海南各种方音，更为显明。速读即好像单音，然慢读就可以切为 Si am 或 Siam。

这样看起来，西洋之所谓 Siam，大概是由中文之暹而来。至说 Siam 一字原属梵文，而遂以为 Siam 是由印度人首先称呼，恐怕也不过是一种臆说罢。

此外，日人山口武在《暹罗》一书里说：

---

① 编注：目前所见到的《后汉书》版本显示，应为卷八十六。

> 西历一世纪之顷，有贝利语或梵语者指湄南河流域为息马（Cyama），或息马拉打（Cyama Katta），嗣后此等语顿易为细姆（Siem），又易为沙姆（Syam），遂转讹为现时之 Siam，盖不容疑。（中译本一八页）

此说不知何据。同书又云，"暹罗的国名，泰西旅行家又名之为白象国，或黄衣国，一则基于其国旗，他则形容其佛教僧侣着一样的黄色法衣"（一页）。这种仅据表面的观察，尤不可信。

总之，我们以为暹罗这个国名的称呼，无论是从暹罗人方面或西洋方面来看，都与中国人所称呼的掸或暹有了密切的关系。这样看起来，中暹两国关系的历史之渊远可见了。

第二章　暹罗的人口

暹罗的人口，据法国教士巴特来刚（Patlegoin）在十八世纪初叶的估计，在暹罗境内共有六百万人，到了一九一一年，暹罗内务部调查全国人口的结果，其有八百二十六万六千四百零八人。暹罗《曼谷日日邮报》在欧战后十年（一九二八年？）所出版的《暹罗现代史》一书，估计暹罗约有一千万左右的人口。又据一九二九年暹罗人口调查的结果，总数为一千一百五十万六千二百零七人。照这些统计看起来，从十八世纪的初叶至二十世纪的初年的二百年间，暹罗的人口只增加了二百二十余万。而从一九一一至一九二八，不到二十年，却增加了一百七十余万至三百二十余万。这就是说：三十年前的二百年中，暹罗的人口，每一百年只增加了一百万，而十年前的二十年中，每十年中增加了一百六十万。以常情而论，这种增加的速率，似乎不大合理。不过我们若进一步去考究，也许未必全为无稽。原来暹罗从十六世纪的末叶与十七世纪的初叶，纳礼王（Narit）开疆辟土，东降真腊，西败缅甸，北取清迈，版图既大，所管辖的人口当然增多。到了十八世纪的下半叶，暹罗被缅甸所蹂躏，后来虽得郑昭恢复故土，然而人民生命之牺牲者，真不知多少。人口的减少，与生产率的迟慢，也是合理的事。十九世纪的下半叶以后，暹罗又受了英法国的威胁，失了不少的土地，一九〇八至一九〇九年间，暹罗还割让巴丹孟，安古等地与法，又割让马来半岛的吉打，吉兰丹，丁加奴，巴里士等地与英。土地的割让，当然包括人民在内。我所以说十八世纪的初年至十九〔二十〕世纪的初年的二百年中，暹罗人口的增加比较的少，未必全为无稽，就是这个原故。

自从一九〇九年以后，暹罗不特没有外患而引起战争与割地，而且内部的进步也相当的快。比方交通的发达，水利的开办，农业的改良，商业的发展，卫生的设备，与治安的完善等等，都可以说是人口剧增的因素。而且外国人民之在这个时期里，也直接或间接的受了上面各种因素的影响，使移入暹罗的人口日益增加。据德国摩索尔夫（Mosolff）氏在一九三二年所出版的《中国人民的迁出》（Die Chinesische Auswanderung）一书里的统计，迁入暹罗的中国人，一九一八年至一九一九的一年中就有七万左右。从一九一八至一九二八的十年中，就有九十万以上。此外，从一九〇九年至一九一八年间的中国人及他国人之到暹罗者，都不计算在内。假使摩索尔夫的统计是可靠的话，那么，这二十年内，在暹罗境内增加了三百余万的人口，并不算做一件稀奇的事。

我们若从种族方面来看，据巴特来刚的统计，暹罗人为一百九十万，中国人有一百五十万，老挝人一百万，马来人一百万，柬埔寨人有五十万，派其由人五万，其他人种五万。又据暹罗内务部一九一一年的统计，暹罗人有七百二十七万六千六百一十人，中国人有十七万零九百九十七人，马来由人有十六万九千七百零五人，柬埔寨人有十三万四千三百三十二人，加林人有六万零一百八十五人，蒙人有二万八千八百六十六人，香人有二万六千零八十一人，安南人有六千五百二十五人，缅甸人有六千零六十一人，欧美人有四百七十九人，爪哇人有三百八十一人，其他八千九百三十六人。①

上面各种的统计中，最足使我们注意的是暹罗人口与华侨人口的数目比率的不同。据巴特来刚的估计：暹罗人有了一百九十万，华侨则有一百五十万。这就是说：华侨的人口差不多与暹罗人口相等。然据暹罗内务部的调查，暹罗人（泰人）有了七百二十七万六千六百一十人，而华侨只有十七万零九百九十八②人。这么一来，华侨的人口只等于暹罗人四十一分之一，等于暹罗人口总数四十八分之一。

自然，巴特来刚的统计是否正确，还有疑问，德国哥特发尔特（H. Gattwalat）在一九〇三年所出版的《华侨的移出及其影响于黄白两种人》（*Die Überseeische Auswanderung Der Chinesen Und Ihre Einwirkung Auf Die Gelbe Und Weisse Rasse*）一书里，估计在十七世纪的末叶，中国人之居住暹罗的大约不出四千人，巴特来刚的估计是在十八世纪的初叶。若果十七世纪的末叶，既只有四千人，那么十八世纪的初年决不会增加到一百五十万。因为在这个时候，中国方面既没有特别的变迁，而使这么多的人民移入暹罗，只靠四千人的生育以增加到这个数目，是绝对不可能的事。不过我们所要注意的，是哥特发尔特的这个统计只是一种推算，而巴特来刚则不同，他自己于一七〇〇年到暹罗，住在大城，亲目看见中国人之住在暹罗的人数很多，才有了这个估计。而巴特来刚之所以有这个估计，必定是因为他看到暹罗华侨的人口与暹罗的泰人人口差不多相等。若果我们说他所估计的华侨的人口过多，则他所估计的泰人的人口，也是同样的过多，我们固未能尽信他的估计是正确，可是哥特发尔特的推论，未必就是可靠。

暹罗的史料最为缺乏，十八世纪下半年以至十九世纪的史实，都不容易考查。比方郑昭的事迹就很不清楚。至于人口的估计，更不容易。不过中国与暹罗在历史上的关系至为密切，五〔六〕百四十年前（一三〇〇），敢木丁来中国，光是中国磁匠就带了很多回暹罗，以后中国人移入暹罗，逐渐增加。巴特来刚在敢木丁来中国的三〔四〕百年后，他在暹罗看见中国人口与暹罗人口差不多相等，大有可能。其实若以暹罗在那个时候的人口的总数来看，一百五十万的中国人也不过占了四分之一。

我们纵就撇开巴特来刚的估计不谈，专就暹罗内务部一九一一年的统计来

---

① 编注：本段暹罗内务部统计数字相加得 7889158 人，与前页 8266408 人不符，从原。

② 编注：原文如此。

看，这个统计的错误，极为显明。暹罗内务部这个户口调查始于一九〇五年而终于一九一一年。起初暹罗政府不过试查了十二州，后来才扩大到全国。在这六年内，不但像我们上面所说因东南两部的土地的割让，而使人口发生变动，而且因为调查的年日过久，与方法缺乏完善，调查所得的结果，就大不可靠。因而关于华侨人口数目的错误，更为重大。

我们知道在暹罗内务部正调查全国人口的时候，曼谷州于一九〇九年曾举行过一次人口调查，结果曼谷的华侨有了十九万七千九百一十八人。而内务部调查全暹罗的华侨只有十七万九百九十八人，曼谷一州的华侨人口，比之暹罗全国的华侨人口还多了两万余，这实在是谬妄之至。

又据暹罗政府一九一九年的人口调查总数为一一五〇六二〇七人，其中华侨只占了四四五二七四人。照这次调查的结果，华侨比之一九一一年的调查的虽增加了差不多二倍，占总数二十五分之一，然而这个数目还是太少。上面曾说过：摩索尔夫曾估计从一九一八至一九二八的十年间，就有九十余万华人从中国移入暹罗，而暹罗政府在一九二九关于华侨人口的估计，尚不及摩索尔夫所估计的一半，同时也不过多过一九〇九年曼谷一州的华侨人口的一半，这显然又是很大的错误。

其实，暹罗政府无时不有意的把华侨的人口数目，弄得特别的少。照暹罗国籍法，凡是生在暹罗的，皆为暹罗人。因而华侨在暹罗所生的子女，暹罗政府都当作暹罗人看待。不但这样，暹罗政府因为对于华侨很为顾忌，向来实行暹化华侨的政策，有了这种政策，不得不把华侨人口的数目故意弄得很少。因为这样，暹罗政府所调查的人口数目之不可靠，是显而易见的了。

凡是到过暹罗的人，都能看见在城市的商店里与街道上的中国人，比之泰人多得多。就是在小乡村里，以至深山僻壤，也有华侨的踪迹。我们可以说在暹罗，凡是有人类居住的地方，都有华侨。所以若说暹罗华侨只占了暹罗的人口总数的四十八分之一，或二十五分之一，这是谁都不会相信的。

除此以外，又如夏之时（Richards）在一九〇八年所出版的《中华地理》（*Comprehensive Geography of the Chinese Empire*），商务印书馆民国十三年所出版的《中国第一回年鉴》，与民国十四年驻外领事的报告，均以为在暹罗的华侨只有一百五十万。这与二百年前巴特来刚所估计的数目相同。这些统计，是否也从巴特来刚的书中得来，不得而知。不过，夏之时的估计，是在三十年前，而《中国年鉴第一回》与驻外领事报告，均在十五年前，若照摩索尔夫的统计，则从一九一八至一九二八已有九十余万人，那么，这三十年来或是十五年来所增加的数目，与原有的数目总共起来也有三百万人左右。

照一般很低的估计，暹罗华侨的人口，至少有三百万左右。比方弥尔（Mill）在其所著的《国际地理》（*International Geography*）一书，就以为暹罗的华侨约在三百万人左右。这个数目,大概上是从华侨之自认为华侨的来说,至于实为华侨而因政治或其他原因不被认为华侨的人数,当必很多。所以照普通的估计,华侨有三百万至五百万是很合理的。至少华侨的人口不会少于泰族的人口。

同时,华侨的人口的增加率,无论如何,比之暹罗境内的其他的民族必定较大,因为华侨受了中国千子万孙的传统观念的影响很深,既不施行节育,而在经济上的地位又比之暹罗人为优,故其儿童死亡率也较低。而况中国国内的人民之到暹罗的又源源不绝,华侨在暹罗的人口本来已多,再加上了这些原因,则华侨在暹罗的人口之多,是无可疑的。暹罗的泰人所以对于华侨特别排斥和顾忌,也是这个原因。

可是我们从人口的立场来看,泰族对于华侨的排斥与顾忌,却是一种错误。据一九一一年暹罗内务部人口调查的报告,暹罗人口总数为八百二十六万四百零八人,其中男子占四一二二一六八人,女子占四一四二四〇人。女的比男的多了二万二千零七十三①人。一般看来,中国人口是男多于女,而暹罗却女多于男。暹罗女子之多,是到过暹罗的人所容易看见的现象。我以为女子多于男子尚不止内务部人口调查所报告的数目。因为华侨之到暹罗者多为男子,二十年前,琼州女子就不许到暹罗与南洋各处,而潮州,梅县,广州,福建等处女子之到暹罗南洋各地者为数亦少。因为生活艰难而到暹罗的人,多无家眷,就是有了家眷的,也难于同行。

华侨之赴暹罗者十分之九既是男的,而暹罗人口的总数又是女多于男,于是暹罗政府,不得不奖励华侨与暹罗妇女结婚,和特别的限制中国妇女入口,以调剂这个畸形的现象。然而暹罗政府还要排斥华侨,这岂不是互相矛盾吗?

其次,暹罗的幅员,比之中国虽有十五分之一,而其人口比之中国只有四十分之一,暹罗平均每方英里约有百五十人。加以中国不宜于耕种的土地很多,连到东南一角的许多肥美地方,也多远不及暹罗土地的肥美。所以照现在暹罗的人口来看,就使增加了二倍至三倍,也不至于人口过剩。已往暹罗富源的开辟,主要是得力于华侨,暹罗将来国家的发展,主要的还须依赖华侨。华侨在暹罗过去既为暹罗开辟富源,将来又为发展暹罗所必赖,暹罗人坐受其益而又无人满之患,那么暹罗政府限制华侨入口岂不是自受其害吗?所以我们从暹罗的人口上看来,暹罗当局的顾忌华侨,与排斥华侨,实在是一种错误。

---

① 校按:这组人口数字是不相符合的。若人口总数为 8260408 人,男子占 4122168 人,则女子人口应为 4138240 人,女子只多男子 16072 人;若男子人数 4122168 人,女子比男子多了 22073 人,则女子人数应为 4144241 人,人口总数为 8266409,这与总人数 8260408 不相符。

第三章　暹罗的泰族

　　泰族是现代暹罗执政的民族，它的人口统计，已见上述，现在进而考究泰族在暹罗的历史及其和我国的关系。

　　二年前，我在《独立评论》第二三五号发表过一篇《进步的暹罗》。我写这篇文的动机，是因为国人对于暹罗，从来不但太少注意，而且很为蔑视。所以我说：

　　　　国人对于暹罗，大概以为一来是一个蕞尔小国，二来是我们过去的藩属，三来没有什么特殊的优高与固有的文化，所以从来很少注意，而且很为蔑视。近数年来，因为暹罗发生了好几次革命与排华运动，国人对之虽稍加注意，可是蔑视的心理好像并不减少。连了好多住在暹罗的华侨也存这种观念。

　　　　暹罗在幅员上虽远不及我国之广大，然而一个国家的富强并不一定依赖于幅员的广大。欧洲各国可以不必说，我们的东邻就是很好的例子。又暹罗能从藩属的地位而变为一个独立的国家，一方面是表示我们国势的衰弱，一方面表示暹罗地位的增高。至于文化方面，暹罗虽没有其特殊的优高与固有之处，然恐怕正是因为了这个原故，所以它在消极方面，才没有像我们的文化的惰性那样厉害，阻止其文化发展，使能在积极方面尽量西化。

　　　　暹罗之华侨不但人数很多，且又为暹罗经济之命脉。暹罗全国人口只有一千万左右，而华侨在暹罗全国人中，竟占三百万至五百万之多。暹罗的第七世皇曾对华侨说过，"华暹血统关系很深，即我个人也含有华人血统，故在暹华侨就是暹人，当忠爱暹罗"。拿暹前王这些话来看，足见他对于华侨的重视。可是现今暹罗的主政者的态度，却就大不相同了。他们不但高揭"泛泰主义"的旗帜，且又不断有排斥华侨之行动。虽则暹罗现今这种政策，是否完全受人唆使，纯属被动，一时尚不能明瞭，然而我国之应有密切的注意乃为事之不待言者。

　　　　四年前我到过暹罗，已觉到暹罗的进步之快。去年又得机会在暹罗数月，使我觉得只在这四年内，暹罗已有很大的变化。暹罗华侨有一句俗话："暹人穿裤，唐人走路。"（意站不住。）四年前暹罗人还是穿着他们的纱笼（帕农），现在很多穿裤子了。去年政府且通令政府机关人员要穿西服。这不过是一个说明的例子，然而我们从此也可明白暹罗近年来的变化的厉害。

　　我又说：

　　　　四年前，我从安南西部边境搭火车赴暹京曼谷，车中有一位暹罗移民局局员与我谈天。谈到中暹关系时，他说："从前暹罗有很多事情要效法中国，现在不但用不着请教于中国，恐怕有很多事情中国也可以借镜于暹罗。"我的情感虽使我对于这话很为难堪，可是我的经验使我觉得这话并非全无根据。我回想七十年前的日本，有许多事情还要效法中国，然而差不多四十年前，国人已有唱留学西洋不如留东洋的论调。从前俾士麦与黄公度曾劝我们注意我们的东邻，我愿国人今后不要蔑视我们的南邻。

据最近报章登载，暹罗已把她的国名改为泰国了。为什么暹罗要改国名为泰，从表面上看起来，理由虽很简单，可是骨子里恐怕未免别有用意。

我们知道，泰是现在握暹罗政治权的种族名。泰的意义是自由。据泰人说：他们自称为泰人，自称其国为泰国，或苏口胎京（Sukotai）。苏口胎为泰族建国元勋希因他拉蒂（King Sri Intaratitya）的发祥地。这是十三世纪中叶（一二五八）的事。泰人以为暹罗这个句词是出自中国，而英文 Siam 是来自印度。这不只是一般泰人的意见，就是暹罗很有名的历史家，如达吗銮拉查奴帕氏在其《暹罗古代史》里，也这样相信。我以为暹罗这个名词，固是出自中国（明洪武十年始运用这两个字，虽则暹罗斛国已见诸《元史》）。英文 Siam 这个名词也是从中文暹这个字而来。关于这一点，我在第一章已经详细论及。我们在这里所要注意的，是从泰人看起来，无论中文的暹或英文的 Siam，这些名词出自中国也好，出自印度也好，均非他们固有的名词。暹罗现在既在泰人统治管理之下，泰人不愿意以泰族以外的人们所称呼的国名以为国名，而要以自称的族名以为国名，这是很容易明白的。

可是为什么到了现在暹罗泰族，才把它改为泰国呢？

原来在十三世纪中叶以前，泰族虽已散居在暹罗各处，但在政治上，并没有什么势力，传说蒙古人既灭大理之后，泰族始大帮的从云南迁到暹罗，与已在暹罗的泰族，联合起来始能抵抗在暹罗的异族，而建立苏口胎京。

泰族虽在这个时候建立苏口胎京，可是在暹罗，除了泰族外，还有他族与强有力的柬埔寨人。大概说来，自十三世纪至十六世纪，泰族与柬埔寨的争端，必定很多。十六世纪后，泰族与缅甸的战争，又史不绝书。暹罗曾两次被缅甸人征服，一为一五六四年，一为一七六六年。直到郑昭恢复大城（Ayuthya），建都曼谷（一七六七年）以后，泰族在暹罗的政治地位，始能稳固。郑昭是暹罗近代的建国元勋。他本来是中国人，可惜后来却为他的女婿暹罗人丕耶却克里（Pya Chakkra）所诬杀而取其位。

据暹罗政府在一九二六年出版的《暹罗》一书说，郑昭是在一七八二年被迫退位。而其原因有三：第一，因为他是一位外国人；第二，因为他多用他的亲戚作政府高级官吏；第三，因为他个人的习惯不好。所以暹人（泰人）才不欣喜他。我们以为假使这些原因就是郑昭被逐的真原因，那么郑昭的被逐，显明的是因为种族的不同与文化的差异。所谓外国人与多用他的亲戚，都可以说是种族的问题；所谓习惯不好，却可以说是文化的问题。质言之，就是泰族民族文化与中华民族文化发生冲突。换句说，就是泰族民族主义发展的一种表示。

一七六七年以前，泰人在暹罗既忙于联合本族，与抵抗异族，他们自然不会顾及国名这个问题。一七六七以后，而尤其是近数十年来，泰族在暹罗的最大问题，是建立西化的国家，与泰化暹罗的异族。暹罗在十七世纪丕耶纳莱（Phya Narai）的时候，已极力接受西化。自拉玛第二（Rama Ⅱ）（一八〇九年）以后，又不断的与英法两国发生不少的纠纷，因而愈感觉到西化的必要。同时他们又深受了国家主义的影响，所以拉玛第三之放弃闭关自守的政策，拉玛第四之努力学习英文，拉玛第五之两次游欧，都可以说是企图建立西化国家的明证。暹罗民族共有二十多种之多，不但是泰族以外之各族合计起来比泰族人数多得多，就专以华侨的人数来说，也比泰族为多；又加以经济上的力量，差不多完全操于异族，而尤其是华侨之手，故泰族对于泰化异族这个题，至为重视。比方他们奖励华侨与暹女结婚，强迫华侨子弟读暹文，以至反对与中国交换使节，都可以说是泰化暹罗异族的明证。

我们明白暹罗既正向着西化的途程上走，所谓泰化暹罗异族的结果，也是趋于西化。暹罗的泰族也能看到这一点，但是他们也明白，所谓泰族的文化，也是外来的东西。大致上，是中国与印度的文化的混合品。质言之，他们的目的是在泰族统治之下而建立一个新国家。现在这个新国家的基础已经成立，说不定他们要想进一步而号召暹罗以外的泰族。这可以说，是从国家主义而趋于民族主义。

有些人类学者认云南的僰夷或摆夷、白夷、蒲蛮，四川的僚及土人，沙人，贵州的仲家或水家，广西的僮与侬，都是泰族的支流。中国虽非与暹罗直接毗连，但是在暹罗的泰族的民族主义的澎涨的时候，我们不能不加以特别的注意。

不但这样，我们所知关于暹罗的史料，也很不完备，连十八世纪关于郑昭的传说，以至十八世纪以后的记载，都不可靠。可是暹罗近来有些主政者，因政治作用，极力宣传唐代的"南诏是他们的祖国，中国的南部是他们的故乡"。同时还有些外国学者像胡特（Wood）们，且把暹罗的历史拉长到汉代的哀牢。暹罗的泰族对于其近代史，尚未好好的整理，而却急急于其古代史的研究，急急于寻找其民族的来源与故乡的所在，这种用意也不能不使我们加以特别的注意。

总而言之，暹罗改国名为泰国，不能不说是想利用民族主义作号招的一种表示，我所以说暹罗的国名更改，是别有意思，就是这个原故。

可是泰族这种的民族主义，却有了很大的错误和不少的矛盾。第一，十二世纪以后，在暹罗的泰族，虽自称为泰人，可是在十三世纪以前，泰这个名词，是否由于泰人自称，却很可疑。照我个人的意见，泰字的来源也许出自中国的掸字。关于这一点，我在"暹罗的国名"一章已经指出："英文所谓掸，大概是从齿音的掸而来，现在暹人所谓泰，大概是从舌音的掸而来。"假使我这种看法是对的，那么泰这个名词，也许不是始于泰族，而是外来的了。

第二，他们忘记了在暹罗境内，除了柬埔寨人，老挝，马来由，缅甸各种人外，还有三百万至五百万的华侨。暹罗全国人口只有千万左右，而泰族所占的人数还只是少数。假使泰族而要以民族主义去号召暹罗的泰族，那么不但愈要引起中国人以这种主义去号召在暹罗的华侨，就是法国人也可以借这种主义来保护或干涉暹罗的柬埔寨人与老挝人，英国人也可以借这种主义来保护或干涉在暹罗的马来人与缅甸人了。这么一来，所谓泰族的民族主义，与所谓暹罗的国家主义，岂不是互相冲突吗？

第四章 暹罗的历史

　　暹罗史料的缺乏,不但是一般外国人之研究暹罗史的觉得困难,就是暹罗人之研究暹罗史的也觉得困难。大体的说:十四世纪中叶以前的暹罗历史,除了中国方面有了多少记载外,在暹罗方面或其他方面却少有记载。十四世纪中叶以后的暹罗历史,虽散见于片断的碑文,然而大部缺乏系统,很不完略。连到十七世纪暹缅战争与郑昭复国的事实,也少有留传。

　　其实,直到最近,暹罗本身就少有历史家与历史的记载,二十年来暹罗的许多学者,虽尽力找寻材料,积极的建设暹罗的历史,然而这些历史,而特别是暹罗的古史,还不过是一个谜题,和一个推论。这种谜题能否解答,这种推论能否证实,都成疑问。

　　近年来,虽有了几本关于暹罗历史的著作出版,然而这些著作,特别是关于古史方面的,不但多不可靠,并且往往近于捏造事实,以惑观听,错解史料,以事宣传,这是稍为涉猎这些著作的人都能明白的。

　　据我们所知的暹罗史,在英文方面最流行的要算胡特的《暹罗史》。而研究暹罗历史最著名的要算达吗銮拉查奴帕亲王,他在朱隆公大学(University of Chulalongkorn)演讲的《暹罗古代史》(中译王又申),这是一般研究暹罗史者常用的参考书。一九二六年暹罗政府又出版过一本《暹罗》,也是用英文发表的。此外,又如《曼谷日日邮报》所出版的《暹罗现代史》(中译王又申),以及暹罗学者郎苇吉怀根(Luang Wijit Watkan)之关于暹罗史的著作,都可以为研究暹罗史的参考书。

　　《曼谷日日邮报》所出版的《暹罗现代史》,除了一章对于四百余年来法郎与泰族的关系,略为叙述之外,其余各章多只说及近数十年来的史实,而且叙述得比较详细的是第五世皇一代文化各方面的设施,特别是注重于暹罗西化的史略。书中共分为十八章。其所叙述的范围为地理,气候,国体,邦交,国家之进步,喳咯哩王族,曼谷铁道,路政,自来水,司法,水利,军事,航空,教育,邮电,红十字会,王家学院,法郎与泰人之关系。我们看了这些标题,就能明白其中所叙述的都是西化的东西,我们简直可以叫它为暹罗西化史。所以在法郎与泰人之关系一章里,著者曾经说过:"暹罗国家之能臻于进步,备极文明,其基础得自西人,已无疑义。"平心而论,暹罗近数十年来之能臻于进步,正如这本书里所说,其基础系得自西人;可是暹罗是否已备极文明,还是疑问。这本书处处都显出暹罗的泰族自尊自大的口气。比方,在同段里著者又说:"暹罗工艺科学之能誉全球,亦由于泰人与自古迄今称为法郎之西人得来。"自然,假使暹罗有了一些工艺科学，固由西人得来，然而所谓暹罗工艺科学能誉满全球，那只是暹人自吹的话。直到现在，暹罗还是一个工艺以至科学最落后的国家，试问暹罗有什么工艺科学是誉满全球的呢？总而言之，暹罗从来是被人目为野蛮的国家，在数十年内能够努力西化，而成为南洋的自由与独立的国家，这是值得我们注意的，值得我们羡慕的。但是若说现在的暹罗的西化，已备极文明，那是近于自欺欺人的了。而且这本书既名为《暹罗现代史》，对于暹罗的许多重要的文化生活，如佛教等，差不多完全没有叙述，同时，对于暹罗的固有文化之尚在流行的，也完全没有提及，这就是我之所以说这本书可以叫做暹罗西化史的原因了。这本书所叙述的范围既只限于暹罗西化的发展，同时处处又表现出暹罗泰族自尊自大的口气，因此遂失去了历史的价值，而近于一种宣传的作品。这是阅了这本书的人最能感觉得到的。

　　暹罗政府所辑《暹罗》这本书，更是一本带有宣传作用的作品。书的版本，比起普通的书籍，要大一倍有余，书皮固弄得很好看，纸质也极精美，而且里面又有很多的插图。假使我们说《曼谷日日邮报》所出版的《暹罗现代史》为暹罗第五世皇宣传其政绩的话，那么暹罗政府所出版这本《暹罗》，又可以说是为暹罗第六世皇宣传其政绩的了。从标题上看起来，这本书虽是一本叙述暹罗从古代到现代的历史的著作，可是事实上，这本书对于暹罗在十三世纪以前的历史，完全没有提及，同时对于叙述十九世纪以前与十四世纪以后的历史的篇幅也较少。这一本注重于现代史的著作，因为它是一本宣传的著作，所以处处都暴露出暹罗泰族主义的澎涨。有不少的史实，却因此而被他们曲解，比方：在读该书关于郑昭一段的叙述，就有了很多的曲解和错误。郑昭明明是被他的女婿却克里（Phya Chakkri）杀死而篡位的，该书却说被迫退位，而以为他的被杀的原因是昭为外国人，多用亲戚及习惯不良。其实没有郑昭，暹罗恐怕永无恢复故土，得到独立的机会。所谓多用亲戚不过是假托之词，而况郑昭以后的暹罗皇帝，那一个不是任用亲戚呢？至于说习惯不良，更非确论。郑昭是暹罗人民所谓为圣明的君主，暹罗史上绝无仅有的人物，暹罗政府说他习惯不良，这只是掩饰泰人自己丑态的说法，而也是欺骗一般民众的手段。最可鄙的是，有些暹罗人往往宣传郑昭后来因神经错乱，不能处理国事而退位，"欲加之罪，何患无词"，这些话正是因为暹罗政府而说的。却克里虽然害死了郑昭，篡其王位，但是他在朝贡清庭的表里，还自承他是郑昭的儿子，这又岂不是自欺欺人的吗？

　　达吗銮拉查奴帕的《暹罗古代史》，虽名为古史，可是他所叙述的也是偏重于十四世纪以后的事情。这是一本小册子，但因为著者一向是被认为暹罗最著名的历史家，所以他这本书的影响极大。这本书里牵强附会的地方就更多了。比方：他以为暹罗的泰族乃发源于中国南方，如云南，贵州，广西，广东各处，后来因为孔明征西南孟获，泰人不能抵抗，因而有一部份的泰族才移居暹罗。据他说唐代的泰族，就称为南诏。云：

> 直至元始祖忽必烈可汗在中国就皇帝，始于佛历一千七百九十七年（西历一二五四）调动大军征伐泰国，至入缅甸境内。自彼时起，以至今日泰族原有土地，乃尽沦落而变成中国领土。……泰族既被侵扰，放弃故有土地，迁徙而南者日多，兰邦（今日之怕呀甫省）之泰族，因之势力大振，不再受考木（柬埔寨）之任意宰割，乃起而反抗，时有权如附庸之太守二人，一为帕龙王族之邦央太守邦刚套，一为辣得太守耙蒙，会师进攻苏口胎城，与考木人激战，败之，遂于佛历一千八百年（一二五七）占领考木北方重镇之苏口胎城。然后共推邦刚套在苏口胎即王位，称曰希因他拉蒂王。此实为暹罗国内泰族之第一君主。

凡是有历史常识的人，对于达吗銮拉查奴帕的说法，都不能不发生疑问。诸葛亮南征孟获时，不但云南人口稀少，就是四川南部的人口也不多。据说诸葛亮虽七擒孟获，然而他也七放孟获。孟获既不因诸葛亮的多次征伐而逃到暹罗，孟获的部下与人民也决不会因他的征伐而逃避到那么远的地方。就是有了也不过是个人的移动，而非团体的移动。而况当时人口稀少，交通不便，诸葛亮既不占据这地方，又不迁移蜀民到这些方，所谓泰族被迫而南迁，岂非牵强附会？同时，孟获是不是泰族的领袖还有疑问。其实云南究竟有没有过现在暹罗的泰族，也是疑问。而唐代的南诏，是不是泰族的祖宗，现在都没有正确的证据。至于蒙古灭了大理，大部分的泰族南迁而联合三国时南迁暹罗的泰族，得以增加其势力，使能战胜柬埔寨人，也是荒谬之论。三国与元代相隔差不多千年，假使三国时而真有少数泰族从云南迁到暹罗，这些少数的泰族，必被暹罗原有土人所同化，那么就使元初云南有了泰族南迁，决不会像达吗銮拉查奴帕所想像的有了民族的意识，而能联合起来驱逐柬埔寨人。且元灭大理既是在佛历一七九七年（西历一二五四），而泰族在苏口胎建国却在佛历一八○○年（西历一二五七年），相隔只有三年之久，云南的泰族与暹罗的泰族，在时间上相隔千年之久，在空间上又离开万里之远，加以从前交通不便，民族思想尚未发展，而能在三年内迁到暹罗，又能联合起来，驱逐劲敌，岂非梦想？而况据中国史书所载，元灭大理之后，仍用段氏治理其地，那么元朝虽灭大理，大理原有皇室，尚可治理其地，大理人民何必迁去暹罗？

这不过随便举出这本书里的一段，加以批评，然而达吗銮拉查奴帕所著《暹罗古代史》的牵强附会及其错误之处，已可概见了。

胡特的书，对于从古至今暹罗历史的叙述，比较完备，但他却把暹罗的历史拉长至汉代的哀牢，而以哀牢为泰族之祖宗。这种说法，大概是受到达吗銮拉查奴帕的暗示。因为他据《新唐书·南蛮列传》所载，南诏为哀牢之后，就依达氏的说法，把暹罗的历史拉长至汉的哀牢，其错误自不待言。上面已经说过武侯南征与元灭大理，所谓泰族南迁到暹罗的假设，既未证实，以南诏与哀牢为泰族祖宗，当然也是疑问。中暹交通远在三国之前，《宋史》有罗斛的记载，而《元史》述及暹国、罗斛的地方尤多，但是关于暹罗泰族来自中国的记载，完全找不出一字来。所以暹罗泰族来自中国之说，实属无稽之谈。在这本书页五十五，胡特又说：何子志（按，胡特译为 Hawchan Chi）曾与苏口胎王朝订过条约。然据《元史·外夷列传》云：何子志皇甫杰于至元十九年（西历一二八二）使暹国，舟经占城，皆被执，二十年正月占城国王杀何子志皇甫杰等百余人。

何子志出使暹国，尚未达目的地而中途被杀，则胡特所谓与苏口胎王朝订过条约，未知有何所据。

其实，暹罗不但自苏口胎王朝以后至郑昭的五百年间，史料缺乏，就自郑昭以后百余年也很不完全。暹罗的泰族不好好的整理郑昭或苏口胎王朝以后的历史，而急急的注意于苏口胎王朝以前的历史，这种少有根据的著作，不能不说是捏造谣言，缺少历史学上的价值。

第五章　暹罗的概况

　　暹罗是一个使人迷恋的地方，因为它既有丰富的物产，又有美丽的风景。暹罗因为气候的关系，土地肥美，加以湄南直贯南北，支流纵横东西，所以全国各处，不是农产品出产的区域，就是山林生长的地带。东北一带，因为地势较高，山坡较多，水量较少，土壤较瘦。但近年以来，暹罗政府对于振兴水利，不遗余力，所以这些地方，在将来农业的发展上，亦当有无限的贡献。

　　湄南从高处下流，水势颇急，然也有许多的地方，河面平静，河之两旁，古木参天，假如驾了一叶扁舟，随波逐流，那真使你胸旷神怡。在大城，在曼谷的河面上的许多新式水簰，是一般富有人家的水上别墅，既凉快又雅致，游息其间，比之高楼大厦，舒服得多。

　　曼谷是暹罗的首都，以前蚊子相当的多，所以有些华侨叫做蚊国（按，广东各种方言蚊音近于曼）。然而近数十年来，暹罗政府对于卫生方面，逐渐改良，蚊子已经减少得多。曼谷是被称为东方的威尼斯（Venice）。青迈是我们历史上所传的八百媳妇的地方，风景雅致，人物秀丽，天真烂漫的小姐，穿起五光十色的衣服，不但暹罗人有娶妻必到青迈的俗语，就是一般的外国游客，也多有不到青迈不见暹罗的感想。

　　因为土地肥美，天然物产如米，木，蔗，烟草，椰子，水果，树胶，矿产，至为丰富，目下暹罗出口最多的要算米，约占全国出口货百分之七十。在暹罗，差不多到处都有"米较"。此外，木料亦著名于世界，恰奇木尤为最好。所以木厂在暹罗也特别多。暹罗的天时与土壤极宜于种稻，一般农民从播种一直至成熟收割，用不着什么人工。还有一种稻叫做水稻，是随着水平的增高而长高的。水高一寸，稻高一寸，所以纵使大水来了，稻也不会为水所浸淹。至于水果如芭蕉之类，则遍地可见。又在雨量最多的时候，这就是秋夏雨季，在院子里，在山坡上也可以捕鱼。在暹罗，只要一个人愿意劳作，是不会饥饿的。因为暹罗木料丰富，房屋的建筑多数用木，同时，又因为气候较热，房子的建造方法，比较单简。据说在暹罗，有些地方一个人要有建造房子的技能，人家才肯把女子嫁给他为妻。一个普通人所能建筑的房子，假使过于困难，那么这些地方的人能够结婚的恐怕也没有几个人了。所以建筑房子，既是一般人所应有的技能，同时木料又很为丰富，暹罗人对于住的问题就比较容易解决了。在暹罗，又有一句俗语："一条布可以过活一生。"现在情形虽然变更，可是因为气候的关系，衣服也比较的简单。总之，暹罗因为天然物产的丰富，与气候的优美，暹罗人在衣，食，住各方面的问题，都比较容易解决。

暹罗的衣，食，住问题，固比较容易解决，就是政治上，也可以说是上了轨道。暹罗本是一个专制政体的国家，然而经过几次革命之后，已逐渐向民主之路。近来军人专政，虽是像德意一样偏重独裁，但是独裁本身，既不是一种永久的制度，同时暹罗又不会恢复以前那种君主专制政体，那么将来大概仍是跟着民主政治的方向而跑是无问题的。暹罗的内部的统一的基础，经过第四、第五、第六三个能干的君主的建立，已很稳固。所以近年来，虽有过几次的革命，可是不但对于人民的生命财产及国家的元气，没有什么损失，反足以证明以后不容易发生剧烈的内乱。记得有一次我和朋友从呋叻搭火车到乌汶途中，看到了一对夫妇和三位小孩上车，因为那天二等车很拥挤，那位男的很客气的请我们给一个位给他一个小孩，我们除了让开一位小孩的位置外，还请他同坐在一起。后来，在谈话中，知道他是一位新上任的省长，当然，暹罗的省不像我们的省那么广大，同时省长的位置也不像中国的那么重要，但在暹罗却也是不易得到的地位，新上任的省长不坐专车，且不坐头等车，已使我奇怪，最使我惊异的是他到目的地的时候，除了省政府三数位高级职员到站迎接外，民众好像完全不知有其事。什么欢迎标语与仪式都看不到，而且，在他下车和迎接的人握手之后，夫妇两人同迎接的人一同跑到行李车里帮忙脚夫搬行李。一省之长，出入尚且若此简单，至于各级政府人员的简单，是用不着我申说的了。

　　暹罗治安的良善，比之许多国家都无愧色。好几位英国商人曾对我说过：暹罗的警察制度，比起英国的警察制度好得多。也许这些英国人太过谦让，或是说的太过，然而假使暹罗的治安不好，警察不负责，他们也用不着这样的称赞。据好多人说：在曼谷那么大的都市里，重大的案件固然少有发生，小案也比较的不多见。就是发生了，也多能破获。从南邦至菁来一带，差不多都是森林峻岭，据四五年前几位汽车司机说：自开辟长途汽车路以后，汽车往来，日夜不绝，可是劫案从不发生。暹人住宅，既多用木板构造，而且相当的简单，门户几等于无，但无论在通都大邑，穷乡僻壤，劫案并不多见，这也可以证明暹罗治安的良善。

　　暹罗的内政，相当的好，国际地位也并不低。在暹罗国境里，我们找不出一片租界。暹罗曾失过治外法权，暹罗开税也曾受过限制，然而暹罗能够发奋图强，又得到外交部长大来托把攀（Traides Pratandh）与其顾问美人塞尔（Francis Sayre）的努力交涉，已使这些耻辱差不多完全废除，暹罗人自称自为泰族，泰的意义是自由，我们试一看南洋各处，除了暹罗能屹然独立外，没有一片地方不是西洋各国的殖民地，就能明白暹罗实在不愧为自由的民族。虽然近来暹罗政治上，亲善日本，排斥中国与英法，是一种很大的错误，然而暹罗怎么样的能够得到自由，怎么样能够得到独立，是南洋各处民族的很好榜样，暹罗怎样的能够取消领事裁判权，怎么样的能够废除不平等条约，是我们中国应当特别注意的。

　　在交通方面，暹罗既有一条大河，直贯南北，而且有了好多支流，故交通极为便利。五十年前，政府对于铁道的建筑提倡不遗余力，现在铁道网遍布全国。以曼谷为中心，东南西北都有干线，此外尚有支线，凡是没有火车可达的地方，差不多都有公路。航空事业，近年来也极发达。至于各种交通的管理，成绩也极可观。火车的清洁，公路的平坦，都是我们国内所不容易多见的。自然，暹罗幅员不过中国十五分之一，交通的设施，容易办理，然而我们不要忘记：暹罗是我们过去的藩属，同时又是我们从来所目为文化较低的国家，暹罗能在最短期内，有了这样的交通工具，也是值得我们注意的。

暹罗的教育也很发达。从前暹罗教育，操诸寺院之手，一八七一年后，政府就创办新教育，除了暹文学校之外，另设英文学校。一八九一年颁布了新学制，三年后成立了教育部。一八九六年，开始发展高等教育，而女子教育的学校亦于一八九七年设立。

暹罗自政府实行强迫普及教育之后，现在国内无论男女，识字者为数很多。在小摊上的妇女，没有买卖的时候，翻阅书籍。街头车夫，没有生意的时候也看看报纸。这固由于政府提倡之力，然犹得力于暹罗文字。暹罗使用拼音文字，普通人读了三两年就能写信作文，假使已懂暹话，那么认识暹文，更为容易。

暹文易读，不但在扫除文盲与探求智识上有很大的方便，就是在同化异族上也有很大与很快的功效。在暹罗的东北部主要的是老挝人。佬人有佬人的语言，自被暹罗人征服后，暹人利用其简易的文字去同化佬人，结果佬人不但在语言方面逐渐趋于暹化，在文化的其他方面也逐渐的暹化了。这种同化政策，不但施于佬人，而且施于华侨，其施行的方法也是从强迫华侨子弟读暹文入手。至于因文字的易读而使文化的其他方面受益的地方也不少。

佛教是暹罗的国教。暹罗的帝王以前很能利用宗教去管理人民，去统一国家。第四世皇在未就位之前，就做了许多年僧侣，他自己曾创设佛教的他密恰加派，想用严格的律礼以训练国民，而与暹罗原有的马尼加以派相对峙。佛教既是暹罗的国教，国家政府，公共团体，以至个人的重大典礼中多行宗教仪式。国王登位，固有宗教仪式，飞机场的落成礼，也有宗教仪式，一个人的生死，婚姻也往往举行宗教仪式。而且暹罗男子生平必作过僧侣，才能得到精神上的解脱。父母希望儿子这样做，儿子也觉得这样的做是孝顺父母。因为在暹罗，寺院遍地都是，僧侣随处可见。僧侣都是穿黄色服装，暹罗被称为黄衣国，即为此故。暹罗男子为僧侣的时期，有些数月，有些数年，有些终身；有些在结婚以前，有些在结婚以后。凡是僧侣都要剃发，都要衣黄衣。僧侣早间持一饭器到外间化募，一般民众对于他们既很崇敬，所以也很乐意布施。有些人说：在暹罗，一个人是不会害怕饿死的，因为假使找不到饭食的话，可以到寺院里当和尚。

有些人以为南洋各处的民族不大开化，所以对于礼节必然是不会讲究的。其实，暹罗之尊重礼节，比之许多所谓文明的国家还要厉害。朋友亲戚见面必合掌为礼，就是没有认识的人，假使行过人家身旁，也必曲腰示敬，这不但在家庭里或在宴会时为然，就是在火车中，在公共场所也是如此。假使我们的卫道先生到过暹罗，免不了也要叹道：礼失而求诸野罢。

上面随便的把暹罗的一些现况加以叙述，其目的无非要使国人明白现在的暹罗，已不是我们从前认为蛮荒的暹罗了。暹罗在过去的数十年内，有了剧烈的变化，有不少的进步，我们的一个属国，变为一个自由与独立的国家，已值得我们的自省，而况现在的暹罗，有了不少的东西，是值得我们借镜的呢！

第二编

第六章　暹罗与华化（上）

暹罗与中国的关系，从历史上看来，至为长久。

《明史·外国传》说：暹罗即隋唐赤土国。《隋书·南蛮传》谓：赤土乃扶南之别种。《晋书·西南四夷列传》有扶南国的记载云：

> 武帝泰始初遣使贡献，太康中又频来，穆帝升平初，复有竺旃檀称王，遣使贡驯象，帝以殊方异兽，恐为人患，诏还之。

近代许多学者都以为古扶南国，就是今日的暹罗地，我们看了贡献驯象的记载，就可明白这与暹罗大概总有了多少关系的。其实，中国与南洋各国的关系，有二千年以上的历史，《汉书·地理志》已有汉使从雷州半岛到南洋各处的记载，三国时吴康泰曾出使扶南，那么中国与暹罗的关系，至少在三国时代，或三国以前了。

《隋书·南蛮列传》关于赤土的记载，颇为详细。据说隋炀帝大业三年，屯田主事常骏，虞部主事王君政等请使赤土，炀帝很为欣喜，并且遣赍物五千段之多，以赐赤土王。常骏等到赤土后，大受赤土王及其国人的欢迎，其大方丈告诉常骏道：今是大国中人非赤土矣。后来赤土王又派其子那邪迦与常骏来中国晋谒炀帝。

唐代关于赤土的记载很少，宋代更为不多。《宋史》与赵汝适的《诸蕃志》，虽有关于暹与罗斛的记载，可惜太过简单，但是唐宋时代，中国与南洋的交通极为发达，中暹关系应当较为密切。

《元史》之关于暹国与罗斛的记载，有了十六处之多，其中有十二处是述及暹国，三处述及罗国，一处述及暹国与罗斛。这些记载很为简单，除元至元十九年六月命何子志为管军万户使暹国，与同年十月万户何子志，千户皇甫杰出使暹外，余皆述暹国与罗斛来中国朝贡。然而从这些简单的记载中，我们可以想到中暹使者往来次数之多，同时也可以推想中暹的交通必定很为发达。据《岛夷志略》的著者汪大渊告诉我们：元至正年间他曾乘贾舶浮海到暹罗与南洋各处，可以证明我们这种推想是不错的。又据这本书"暹国"条云：至正乙丑（一三四九）夏五月暹国降于罗斛国。

暹文与西文方面的书籍，关于中暹古代交通的记载很少。暹文的著作，最著名的要算达吗銮拉查奴帕的《暹罗古代史》（王又申译本）。西文方面要算胡特氏的《暹罗史》，然而这两本书所搜集的材料，有许多地方是不可靠的。这一点我在"暹罗的历史"一章已经说过了。

可是，暹文与西文书籍之述及拉玛克摩项王（Rama Kamheng）来中国及传播中国文化于暹罗的事实，似有多少可信。据《元史》卷十八至元三十一年（一二九四）七月甲戌"诏谕暹国王敢木丁来朝，或有故，则令其子弟及陪臣入质"。按敢木丁就是 Kamheng 的译音，暹罗皇帝按照数目字而叫则为拉吗第一，拉吗第二（Rama Ⅰ，Rama Ⅱ），中国方面不译其首音，故仅称敢木丁。

达吗銮拉查奴帕的《暹罗古代史》里曾说：

> 尚有一事足以表示拉玛克摩项王（Rama Kamheng）之英明者，即曾两次入中国也。中国方面之记载极为明白，佛历一千八百三十七年（西历一二九四）到中国一次，至佛历一千八百四十三年（西历一三〇〇年）又去中国一次，暹罗历史所载暹国君主之曾亲历异邦，谋修盟好者，一为拉玛敢木丁，一为叻嗒哪勾辛本朝之朱拉銮干拉玛第五世皇而已。拉玛敢木丁之往中国，系负何种任务，回来之时，得到多少成绩，尚未都明瞭，据今日之已得推知者，只敢木丁曾带来中国磁匠，以烧制杯磁出售，其磁窑有设于苏口胎京者，有设于希萨那赖者。敢木丁时代所制造之杯碗，人皆呼为桑甲洛磁器。调查今日尚存之磁窑旧迹，推知磁匠之多，尚有数百，其出产并畅销国外，一如今日之邦达恼希窑，但制造之时间几何，何时停制？则尚不得而知。

关于中国磁器之传入暹罗，塞巴斯提安（E. G. Sebastian）在暹罗会的艺术部（The Fine Arts Section of the Siam Society）的演讲词里，曾经加以说明。这篇演讲词，登在一九二四年三月五号的《曼谷日报》。照塞巴斯提安氏的意见：中国磁器之传入暹罗，乃因宋室南迁以后，中国北磁器也因之而南传，以至暹罗。他以为在暹罗故都苏口胎所找得的磁器，多与直隶磁州（Tzu Chou）之磁器相同，苏口胎朝敢木丁所带的磁器工人，到了暹罗以后，见得萨文克乐。他又指出在颜色上，暹罗磁器是模仿宋代的淡绿色（Celadon），在图样上，最初暹罗也效法中国，注重花草人物，不过后来逐渐的暹化，而替以暹人所欣喜的动物图案，如象与鱼等。

明代中暹交通极盛，而暹罗华化的记载，较之前代也多。《明史》卷三百二十四《外国传》云：

> 洪武三年（一三七〇），命使臣吕宗俊等，贵诏谕其国。四年，其王参烈照毗牙遣使奉表与宗俊等偕来，贡驯象，六足龟，及方物，诏赐其王锦绮

及使者币帛有差；已复遣使贺。明年正旦，诏赐大统及丝币。五年，贡黑熊，白猿及方物。明年复来贡，帝仍却之，而宴赉其使。时其王懦而不武，国人推其伯父参烈宝毘邪嗯哩哆啰禄主国事，遣使来告，贡方物宴赉如制。……七年，谕中书及礼部臣曰："……暹罗……诸国入贡既频，劳费太甚，今不复尔，其移牒诸国俾知之。"然而来者不止，其世子苏门邦王照禄群膺亦遣使上笺于王太子。……八年，再入贡，其旧明台王世子照孛罗局亦遣使奉表朝贡。……十年，照禄群膺承其父命来朝。……比年一贡，或一年二贡，至正统后或数年一贡云。……崇祯十六年犹入贡。

这可见得明代暹罗朝贡之频，而且说明除暹王外，其男女亲戚也来朝贡。至于中国方面，吕宗俊等奉命使暹以后，出使的人也源源不绝。最著名的要算郑和了。至于中国人民方面赴暹罗的也很多。《暹罗史》载洪武十年，暹罗王太子禄群膺（Prince Nak'on In）带了好多匠人到暹罗。《明史·外国传》说：永乐年间"奸民何八观等逃入暹罗"。天顺间"汀州人谢文彬以贩盐下海，飘入其国，仕至坤岳，犹天朝学士也"。这不过是最明显的例子。此外，一般平民之由陆路或海道之赴暹而不为政府所注意者，当然很多。《明史》又载弘治十年（一四九七），政府且访取能通暹罗言语文字者赴京备用，可见中暹交通之频。

中暹交通既若是之频，暹罗之受中国文化影响之程度必定很深。我们现在且略举例，以示大概。

据达吗銮拉查奴帕《暹罗古代史》云：

> 那坤因（即禄群膺）王于未进希啊呦他亚京即王位之前，曾于佛历一千九百二十年（一三七七）往明都南京，入宫朝见中国皇帝，以后终其朝代，皆与中国修好。中国人之来希啊呦他亚京贸易通商者，想亦必自那坤因王时代开始。在醒布里小河沿岸之瓷窑地方（彼时属那坤因境内），今日尚有瓷窑痕迹，其为中国式瓷窑，与萨晚喀露及苏口胎等处之瓷窑毫无差异。据我人之推想：那坤因王必曾步拉玛克摩项（敢木丁）之后尘，带领中国匠人来暹烧窑，此亦建设之一道，与历史上之记载谓那坤因王竭力于整理内政，从未有四出征讨以扩张国土之事发生若合符节。

这样看起来，暹罗之注重中国磁器，可说是达于极点了。

《明史》卷三百二十四《外国传》，述暹罗之风俗云：

> 崇信释教，男女多为僧尼，亦居庵寺，持斋受戒，衣服颇类中国。

然则衣服也受了华化可知。又据《大明一统志》卷九十《暹罗国志》云：

> 永乐初……其王照禄群膺哆罗谛剌遣使奈必表贡方物，诏赐《古今列女传》，且乞量衡为国中式，从之。

那么，暹罗在照禄群膺哆罗谛剌时代的量衡制度，也是学中国的了。又《明史·外国传》云："其国（指暹罗）有三保庙，祀中官郑和。"陈伦炯《海国闻见录》云：

> 相传三保到暹罗时，番人稀少。鬼祟更多，与三保斗法，胜，许居住，一夜各成寺塔，将明，而三保之寺未及覆瓦，视鬼之塔已成，引风以侧之，用头中插花代瓦，慢覆，今其塔尚侧。三保寺塔今朽烂棕绳犹存于屋瓦。

这是神话，然同时也可以证明三保在暹罗的声名之大。同时，我们也可以推想三保影响于暹罗文化，必非鲜浅，关于这点，我们可以举一二个例子来说明。暹罗妇人分娩后，虽在天气很热的时候，也要赤身卧于板上，烘火数日，烘火时候，最忌避的是有人问"热否？""苦否？"这类话。至于初生小孩，听说每日必浸冷水几次，直至面白唇青才抱起来。因为暹罗人以为假使他们不这样的做，必定多生疾病。然而这种风俗之来源，有些人说是三保公所教的。又如每年九十月间，淡水来时，水味清淡，他们却多在十月十五日以缸贮蓄，以备水咸时之用，据说因为他们相信三保公于每年此日放药下江，使水能久藏不坏，故这一天他们叫做"圣日"。

清代中暹的关系尤为密切，顺治九年（一六五三）暹罗遣使上贡，并换给印敕。此后奉贡不绝，直到太平天国时代为止。《清史稿》载雍正七年，暹罗贡使呈称："京师为万国景仰，国王欲令观光上国，遍览名胜，归国陈述，以广见闻。"可见其对中国文化之景仰。同时，我们可以说这些使者对于宣传中国文化方面，当然出了不少力量。《清史稿》又载：同年，暹罗"使臣复称本国产马甚小，国王命购数匹带归"。可知中国马由是传入暹罗。此外，帝皇所赐来朝使臣之带回各种赏物，及使臣在中国所购之货物，对于暹罗文化方面，必有不少的影响。

在清乾隆时代，有一个中国人叫做郑昭，当过暹罗皇帝。郑昭死后，据《清史稿》载，其子郑华就位，除遣使告知外，并请受封。这当然是篡郑昭位的却克里（Chakri）氏，为着害怕中国方面的干涉，故伪称郑昭之子。而且此后之继王位者，对于中国方面还称为郑氏，如郑佛、郑福，以至郑明（蒙格克托）等，直至太平天国崛起，暹罗始不再来朝，由此可见暹罗文化各方面的华化历史之渊远了。

第七章　暹罗与华化（下）

上面我们略略地述了过去暹罗华化的历史，以下我们进而叙述现在暹罗文化各方面华化的概况：

我们且先从语言方面说起。胡特氏在《暹罗史》中说泰族在南诏的时代所用的文字，必定是中国文字。说话方面，大概也有多少中国话，如"省"读"爽"之类。据暹罗史家的考证，暹罗文字的创造，是始于一二八三年的敢木丁王时代。一二八三年以前的暹罗文字，多采用印度南部之柯伦文字，这种文字后来渐变为柬埔寨文，用以写泰语，很为不便，故敢木丁因乃加以改造而适合于泰语。敢木丁于创文字之后十年，曾两次到过中国，对于中国文字没有注意，大概是在他未创暹罗字母之前，暹罗文字已深受印度与柬埔寨的影响，故不得不以印度系文字为基础罢。

暹罗文字虽属于印度系，然皆属单音，而且深受中国语言的影响。因为有了许多事物，直到现在，还用中国话，所以有些人说，暹罗语言（文字说话两者）是以中国语言为据本，而运用印度的语言为记载事物的符号。丘斌存先生在《暹罗的国情》一文（《南洋研究》第二卷第六号）以为暹罗的言语十分之七是中国话。这也许未免言之过实，不过在暹罗人的说话中，中国话的成份，是很不少的，比方丘先生曾举出下面一些例：

> 三、四、五、六、七、八、九、十，纯是中国话。一至十的十个字中，除了一、二、五三字的声音不同外，其余的七个，与中国话完全一样。如"太阳"暹罗人之说做"日"，"墨水"暹人之说做"蓝墨"，"我、你、他"暹人之说做"我、你、他"，"猫"暹人也叫做"猫"，"马"暹人也叫做"马"，"骑马"暹人也叫做"骑马"，"鸡子"暹人也叫做"鸡"，还有"银""铜""布被""高椅""桌"同我们中国话的声音一样的。

其实，在数目字中的二与五，似也与中国语有关系。暹语读"二"如"爽"或如西文的Song。"二"本有双的意义，"双"在广音，而特别是琼音，与Song很相近的。至于"五"，暹语读如□音之"虾"，与广音之"五"也颇相近。此外又如暹语的炭，妇人，脚，桶，穿，送，磨，声，住，腰，分，旧，请，脱，官等均可以说是中国话。

华侨之在暹罗者以潮州人为最多，所以在暹罗除了暹语外，潮州话很为流行。因而暹罗语中之杂有潮州话的也很多。

在物质文化方面，暹罗也受中国多少的影响。历史上所记载的磁器，用不着说，就是其他许多用具，如铜器之类，亦多效仿中国的。至于日常生活方面，因暹罗物产气候的关系，比较上似不大受中国文化的影响。《明史·外国传》载暹罗僧尼衣服，颇类中国。以现状而看，无论在颜色上，或样式上都与中国不同。其实暹罗男女原来所穿的东西，根本即不是我们所谓为衣服。许多人说："在暹罗，只有一条布就可以过一生。"就可见得穿的简单。现在在暹罗各处，也许有暹罗男人或女人是穿中国裤子，或衣裳的，然为数尚不多。听说数年前，在曼谷的暹罗女子，以穿中国裤子为时髦，可是后来被暹罗报纸的讥评，现在已很少见。关于食物方面，饭可以说是与中国没有什么分别，虽则煮法不同。暹罗人虽有不少能用筷子与喜欢中国菜，可是这不能算作日常或普遍的习惯。酒似受了中国的影响。现在在暹罗各处的酒廊（制酒处），多由华侨经营，材料与制造法，与中国大致相同。至于住屋，差不多全用木料，式样与中国也不相同，而且极为简单。

但是暹京曼谷的皇宫，与各省会的大建筑物，却受了中国很大的影响。比方：高门阔阀，以及堂阙楼阁的式样，布置均与中国皇宫府第，有了很多相同之处。此外又如门前的阶级，与屋顶的鹅头，也与中国的屋宇建筑，没有什么分别。至于暹罗寺庙的建筑，根本虽模仿印度，但其中也有多少中国的色彩，最显明的如大佛寺的外门之守门各种偶像便是。这些伟大的建筑物的工人，在过去，差不多完全为中国人，故其受中国建筑的影响，乃当然之事。我在乌汶参观了一座新建筑的佛寺，见其建筑的式样与工程，与其他的佛寺有不少的差异，后来问一位当事者，才知道这座佛寺，完全由暹人自建。他很坦白的告诉我：暹人自建，在许多方面都不及中国人，可是他们这样做，一来欲从佛寺里表示真正暹罗人的精神与式样，二来，暹人自建的东西，比之中国人建造的东西，价钱至少减了三分之一。不过就以这座全由暹人自建的佛寺来看，有些地方，还可以找出中国艺术的特色。这大概因为这些暹罗工人，在无形中受了中国工人的影响罢。

又如，凡是到过暹京曼谷的人，见了围绕皇宫的龙城，就很容易感觉其与中国的城围，有不少相同之处。而且龙城之外，别有城围，仿佛是仿效北京的外城与内城的建筑。

其实，在暹罗各处的城，都可以说是受了中国城的建筑的影响，比方：苏口胎是一个历史较久的城，现在虽然荒败不堪，然从其城基遗迹来看，与中国的城没分别。再如大城虽已拆为马路，然而游过城基马路的人，仿佛游广州的城基马路一样。至于暹罗北部的城，如旧城（Miaokao）或青迈等城，与中国城没有一点分别。青迈城到今尚完整，城的材料如大砖，与中国的一样。里面加以很厚的泥土，也像中国的一样。此外城上掩身的城垛，城楼，城门，城门的方向以至城内街道的建筑，都与中国的相似。他如城围外面的城河，与外观，统统与中国的城没有什么分别。连到好几个城的名，也受了华化。比方：旧城（Miaokao）的旧字，是中国话。新城普通叫青迈的"青"也许就是中国的"城"（按，暹罗北部许多城镇，均贯以城音，如 Chiengsen，Chiengrai）。

在文化的社会政治组织方面，暹罗受过中国影响的程度如何，颇难指出。然大概来说，两者决非完全相异。比方从家庭方面来看，据历史所载，暹罗妇女的权柄，比男人还要大，又据许多人说，暹罗风俗是男嫁女，而不像中国女嫁男，这些风俗到现在尚有不少痕迹。不过暹罗华侨的人数很多，而华侨之与暹罗妇女结婚者极多，故其婚姻制度，与家庭生活，宗族观念，不但一般与华侨结婚的暹妇受了中国多少影响，就是纯粹暹罗人的家庭，似也因与中国人接触而起了不少变化。比方有些暹罗人现在也会把"不孝有三，无后为大"的信条，来辩护他们多妻的行为。

关于政治制度方面，据历史家观察，唐代南诏曾深受中国的影响。现代暹罗政治制度，根本已经欧化，然好像还可以找出受到中国影响的例子。暹罗人叫"官"作 Khum，这与我们叫做"官"一样。又暹罗官制分为五等：一为照佛爷（Jao Phraya），二为佛爷（Phraya），三为佛（Phra），四为銮（Luang），五为坤（Khun）。这与中国的公、侯、伯、子、男五级相暗合。

此外，暹罗一般男女老少，就很喜欢阅中国的旧小说，如《三国演义》《西游记》等。因为要迎合一般人的心理的趋向，所以在暹罗的各家报纸，相竞翻译这些小说，逐日登载，以飨读者。在市场的卖摊上与在商店里的男女——而尤其是妇女，以至在课余饭后的小孩，每每聚精会神的披阅报纸，其中很多可以说阅读着中国的小说。因此在他们的闲谈言论中之述及这些小说里的故事的，也很不少，由此，这些小说之影响于暹罗一般人的思想，可以想见。我从安南搭火车赴曼谷时，车中遇了一位操英语很流利的暹罗人士，当我们谈及近来中暹两国之被强邻压迫的苦况的时候，他很沈静严肃的说："假使悟空与关公这些人能够再生，那么我们什么都可以不怕了。"

暹罗的戏，也受了中国戏特别是潮州戏的不少影响。暹罗古戏极为简单，多为男女各一人或三数人表演。表演者并且自兼打锣鼓，或奏别的乐器。自中国戏传入暹罗后，暹罗戏受了影响，不但戏情，动作变为复杂，就是音乐歌唱，也有了很大的变化。我在暹罗初次看暹罗戏，使我最奇怪的，是有许多地方与潮州戏没有什么分别。而尤其是在每个唱戏员唱至最尾声时，后台的演员，也同声而唱，而且有的演员在说白时，每每喜欣说一二句潮州话。原来许多主导暹剧的人，都是潮州人，而演员之中，也有潮州华侨，所以暹剧之受潮剧的影响，是当然的了。

再如暹历以十二年为一纪，暹语为"耶克拉西"（Jakrasi），暹罗的十二属生肖与中国的十二属生肖，如子鼠，丑牛，寅虎，卯兔，辰龙，巳蛇，午马，未羊，申猴，酉鸡，戌犬，亥猪，都相同。十二属最先见于汉王充《论衡》，那么暹罗的十二生肖也许是从中国方面输入的，虽则中国的十二生肖，据说也非自己创造出来，而是采自古代的突厥。但由此可见暹罗文化的华化之普遍了。

第八章　暹化与华侨（上）

暹罗改国号为泰，是统治暹罗的泰族的民族主义澎涨的表征。暹罗民族有二十余种之多，除泰族外，其人数较多的为中国，老挝，缅甸，柬埔寨等民族。泰族既是暹罗执政权的民族，所谓泛泰主义的实施，大概来说，是有两方面的意义：一是企图联合暹罗以外的泰族，一是泰化或暹化暹罗境内的其他民族。暹罗以外的泰族，是否能因暹罗境内的泰族改暹罗的国号为泰而联合起来，这是一个值得讨论的问题。可是我们在这里，对于这一点，姑置不论。我们所要注意的，是暹罗的泰族的暹化暹罗境内的其他民族的政策。

大致看来，缅甸人与柬埔寨人因为在文化的各方面，而尤其是在宗教上，与泰族的文化与宗教较为接近，所以他们的暹化，比较容易。老挝是被泰族所征服的民族，他们虽有特殊的语言与文化，可是因为他们的文化较低，自被泰族征服之后，泰族用政治的力量去泰化他们，至今他们虽然还保留了一个皇帝，可是这个皇帝，一方面受泰族政府的压迫，一方面又没有现代的智识与振作的精神，只当作泰族政府的傀儡，连到老挝人自己也要叫他做"蕃薯王"，意思就是愚笨。照我个人的观察，老挝人在目前虽仍然留了多少固有的文化，如穿纱笼而不穿帕农之类，但是他们暹化的程度，已相当的深，而且现在正在暹化的途中，所以他们的暹化，是没有什么问题的。

因此之故，所谓暹化暹境内的其他民族的最大问题，可以说是暹化华侨这个问题了。

暹罗华侨向来没有一个正确的统计。可是据普通的观察，至少有三百万至五百万。暹罗全国人口不过一千万左右，而华侨却占了三分之一至二分之一，华侨在暹罗的地位的重要，可以概见。

华侨在暹罗不只是人口众多，在经济上的地位，尤为重要。从大企业如米业与木厂，以至小生意像街摊小贩，多在华侨之手。从大都市如曼谷，青迈，以至穷乡陋邑，都有华侨的足迹，都有华侨的经济势力。许多暹罗人以中国人比犹太人，就是因为华侨在经济上占了特殊的地位。他们还以为远东之所以无犹太人，就是因为有了中国人。

在政治方面，一百七十年前，华侨曾作过暹罗皇帝。近来在政府里，大官员如中央政府的部长，以至小地方官吏，很多都是华侨。暹罗的皇宫与城垣，差不多全为华人所建筑，其受中国的皇宫与城垣的影响最大。此外，在言语方面，戏剧方面像在上章所说都受了中国很大的影响。

总而言之，暹罗文化之受中国文化的影响，至为深刻，可是传播中国文化于暹罗的媒介，主要的却是华侨。

然而恐怕正是因为暹罗受了中国文化的影响太深，而尤其是因为华侨的经济力量太大，和华侨人口的数目太多，所以暹罗的人民与政府，对于华侨特别的顾忌。暹罗近年以来对于华侨在一方面极力加以取缔，在别方面，设法使其暹化。

暹罗的政府和人民，暹化华侨积极的方法，大概说来有三种。第一是以婚姻来引诱，第二以教育来陶染，第三是以法律来拘束。我现在且把三种方法分开来说明。

暹罗华侨之中，与暹罗妇女结婚者，究竟有多少，无从知道，不过就普通的观察，比任何处华侨之与土人妇女结婚者为多。从客观的条件上看，这是由于暹罗妇女的人口较多，与暹罗妇女对华侨特别欢迎，可是从主观的原因来看，这是由于暹罗的人民与政府消极方面限制中国的妇女的入口，与鼓励华侨与暹女的结婚所致。

据暹罗内务部一九一一年的人口调查，总数为八三六六四〇八，其中男子占四一二二一六八人，女子占四一四四二四〇人。照这个统计来看，女子比男子多了二万二千零五十二①人。然据个人的观察，女多于男的数目当不止此。中国人口性的分配大致男多于女，暹罗妇女既多于男，那么华侨之与暹罗妇女结婚的机会当然较多。

不但这样，暹罗人的婚姻，很为自由，男女感情若相契投，父母多能顺其意志。又结婚手续，比较简单，所费有限。此外暹女对于华侨又特别欢迎，因为华侨跋涉重洋以谋生活，多能耐劳受苦。暹罗男子，不但比之华侨较为怠惰，即比之暹罗妇女，也较为平庸。在暹罗好几位教士曾对我说过，华侨与暹女结婚乃天作之缘，因为两方面都能耐劳，能吃苦，而且很有才干，所以不但家务耕种多由妇女担任，就是市场里的小生意以至大都市中的大商店，也多由妇女管理。华侨之中，有了不少是为了发展商业与广招徕而娶暹女的，因为在暹罗，而尤其是在暹罗的乡镇，做生意的人，必要熟识暹罗风俗，与结交顾客，娶了暹罗妇女，在这方面，都有很大的帮助。

暹罗政府近来颁布新例，凡外国人，无论男女之来暹者，必须受过相当的教育。故入口时必要经过一种所谓识字试验。名义上这种法律虽为一般的外国人而立，可是事实上却可以说是为着中国人而特别是中国妇女而设。原来中国男子到南洋各处谋生而受过相当教育者，已寥寥无几，其妻女之受过相当教育者，更不容易。传说暹罗政府所以设立这种法律，是因为近年来在暹罗的华侨多携国内原来的妻女来暹罗，或专回国内娶妻到暹罗者，因而引起政府通过这种法律，以限

---

① 校按：这几组数字又对不上。首先是总人数与男女人数之和对不上，其次是女子比男子多的人数对不上。总人数为8366408，但按提供的男子人数4122168和女子人数4144240之和应为8266408，女子人数比男子人数应是多了22072人。

制她们入口。

这种传说，相当可信。我们可以举出一个例为证。一九二三年八月二日在暹罗的最高学府朱隆功大学，曾开一个讨论会，题目为"妇女有益于国家较之男子为优"。在讨论的时候，有人说过下面一段话："从前华人来暹，仅有男子，在暹娶妻，因其为暹女，故所生子女亦为暹人，其后男女同来，故所生的子女，却为华人。"换句话来说，暹罗的教育界，也以为中国妇女到暹罗，于暹罗没有好处。所以在积极方面，要鼓励暹女与华侨结婚，在消极方面，要限制中国妇女的入口。

暹罗有一句俗话："有钱考上大人，无钱考到字尽。"这就是说，有钱的华人入口较易，没有钱的入口较难。然而从法律的立场来看，其限制华侨的人口，并没有贫富之分。

华侨一方面因为自己少受教育，一方面因为忙于谋生，娶了暹罗妇女以后，所生子女差不多完全受了母亲的影响，多易暹化，乃意中事。而且有了许多华侨，因为娶了暹罗妇女，又因子女暹化，自己也往往因之而暹化。例如妻子不会说中国话，而只说暹罗话，则在家里自己也不得不说暹罗话。说话如此，文化的其他方面，也多如此。若再过了一代，则多有不认其为中国人者。

在教育方面，暹罗政府近年以来，用了各种方法，消极的去取缔华侨学校，积极的，强迫华侨读暹文，华侨学校校长从来是由华侨自任，暹罗政府以收回教育权为名，命令华侨学校校长，须由暹人充任。目的是要使华侨教育行政，直接受暹罗政府的管理。同时凡在华侨学校授课的教员，须经过暹文考试。原来华侨学校的教员，差不多完全来自祖国，不但不懂暹文，而且不懂暹话。这种考试的目的，无非是排斥来自祖国的教员。华侨学校多为小学，高中固少，初中也不多。在华侨学校毕业之青年之能为或愿为小学教师者，既属少数，其能为中学教员者，更不易找。来自祖国的青年，既因不懂暹文而不能在华侨学校当教员，那么华侨学校的教员，不但在来源上因之而缺乏，就在程度上，也因之降低。

此外，暹罗政府又通令华侨子弟从九岁至十四岁者，以暹罗文字为主要教育，其他各种文字为副。因而中文每日至多只能讲授一个钟头，其余皆要以暹文教授。正如我们的中等学校里之以中文为主、英文为副一样。华侨子弟之入校，既多在六岁以后。一到九岁，就要专读暹文，则读中文的时间最多只有三年。读了中文两年或三年，中文的基础尚未弄好，又要改读暹文，结果，不但中文难于进步，而且往往因此而把以前所认的中文忘掉。暹罗政府之施行这种规例，是故意阻止华侨子弟读中文，而强迫他们读暹文。

华侨学校的设立，主要目的是为教授中文，暹罗政府除了命令华侨学校要以暹人为校长外，又要教员懂暹文，同时又要学生读暹文。这无异等于禁止华侨学校的设立。暹罗华侨为了这件事，曾经提出不少的抗议，然而抗议不但没有多大的效果，而且有很多的华侨学校因此反被封闭。据《暹罗华侨日报》二十四年六月二十九日登载，自从拉沙拉氏长教育部后，华侨学校之被封闭者共七十九所。华侨子弟因此而失学者万余人，最近来又封四十余所。暹罗政府宣布这些教育条例，名义上虽说应用于一切外人在暹罗境内所设立的学校，然事实上却是针对着华侨学校。据我个人的观察，英、法、美各国侨民所设立的许多学校，就不在此例。

其实，暹罗政府之对于华侨学校的严厉取缔，与对华侨教育的加紧统制，可以说是开了世界上各国所无的先例。民国二十五年十月，我到暹罗东部一个地方，叫做乌汶，在那里的侨胞所设立的正蒙学校，我看了下面一个布告：

> 为布告事，本校遵照教育部条例，除中文课本外，所有一切中文读物……不得阅读。

又在吞武里府的乌克罗县教育局，命令华侨学生改换暹罗服装。在南汶一位华侨学校校长对我说，他曾问一位小学生："你爱不爱中国？"这位小孩的回答是："不爱。"他又问他为什么不爱中国。这位小学生的理由是：恐怕母亲要打他。原来他的母亲是暹女，她虽嫁了华侨，她却只爱暹罗。她不但只是自己爱暹罗，还要子女爱暹罗。她不但只要子女爱暹罗，还要子女不爱中国。暹罗文字易读，女子多受教育。有些人说：她们在学校时，已深受了"爱暹罗""排中华"思想的影响。这不过是随便举一二个例子。然而暹罗政府之欲以教育来暹化华侨，于此可以概见。

暹罗政府，近年以来，颁布了许多法律，名义上虽为适用于住在暹罗境内的一般人，事实上多为限制华侨而颁布。

譬如在华侨所经营的农场，商店，工厂里，必须任用暹人。照暹罗政府所颁布的条例，许多种企业里，必须有百分之七十五的暹人。又如渔船中，不但工人要有暹人百分之七十五，就是船主也要暹人充任。此外，又如旅馆条例，典当业条例等，无一不是为着限制华侨而颁布的。

暹罗政府前数年除在南邦青迈各处，设立银行汇局及农民协会等机关以帮助农民之外，又有所谓"吃饭然后还债"的口号。在这种口号之下，暹罗农民之借中国人债的，可以往往抗而不还。从前华侨放债的，除用各种方法去追还外，且得到政府的帮助，现在政府不但不帮助，而且往往代人民赖债了。

又如政府公布法律规定凡驾驶三轮脚踏车者，必须认识暹文，这也可以说是给予一部分的苦力侨胞以很大的打击。原来在暹罗的人力车夫多为华侨充任。自三轮脚踏车流行了以后，人力车大受淘汰，以前人力车夫多改驶三轮脚踏车，暹罗政府明白了这些苦力工人之懂暹文者几等于零，因而有了这种限制，结果是驾驶三轮车者多为暹人。此外车站挑夫，起货工人，照政府的规定，只有暹人始能充任。

华侨在暹罗执经济的牛耳，故暹罗政府近来颁布许多法律都是关于经济方面的。其目的无非欲减少华侨的经济势力。在农、工、商业上，暹罗人的智识经验，多有未及华侨之处，加之近年以来，暹罗人因为生活上逐渐提高，生活维艰，他们惟一的办法，是利用政治法律的力量去取缔华侨。而且这种趋势，愈来愈凶。最近来许多华人银行之被检查，华侨有资产者多受嫌疑，例如近来无故检查华侨商店与华商总会，虽说是有政治的作用，然实际上，却是摧残华侨经济力量的行动。

第九章　暹化与华侨（下）

　　暹罗政府近年暹化华侨的政策，除了上面所说的积极方法之外，还有消极的办法。消极办法，大致的说，也有二种：一是限制在中国人入口，一是反对与中国交换使节。限制在中国人入口的方法，又有二种：一是提高入口税，一是入口时经过识字的试验。要到暹罗居住，现在要缴纳一百铢以上的居留税。一百铢暹币，在平时也要一百五十元国币。一个中国人要到暹罗，旅费又要花一百多元国币，两共起来，要三百元以上。赴暹罗的同胞，差不多完全是劳动界，假使一个人能有三百多元去做旅费与税项而到暹罗谋生，他可以用这三百多元在国内来做生意的本钱。而况到了暹罗，未必就有工作。假使按照现在外汇的价格来计算，就要五六百元的国币，才换一百铢的暹币，换句话说，一个要赴暹罗作工的中国人，也需要差不多一千元的本钱，这就可不容易了。暹罗政府未尝不看到这一点，可是正是因为他们看到这一点，才用这个办法，来限制华侨入口。

　　预备到暹罗的同胞，大多数都是家境穷苦，少有受教育或没有受教育的机会，暹罗政府又看到了这一点，所以又颁布了入口识字试验的办法。暹罗政府，好像是学了美国人对待黑人的方法来对待华人。美国人有些省份规定人民要能读美国宪法，才给他们选举权，黑人要求这种权利，美国人就要他们解释美国宪法。其实，宪法的解释，在美国经过一百多年法律学者的努力，其意义也不见得完全清楚，美国人既不愿意黑人有这种权利，就使黑人能够解释，美国人也可以随便留难他们。暹罗所谓入口识字试验，既没有一定的标准，结果是正像华侨的俗语所说："有钱考上大人，无钱考到字尽。"暹罗政府对中国人所试验的，固是中文，但是暹罗政府随便可以用这个办法来禁止中国人入口。因为无论学问怎样渊博的人，也未必尽识所有的中国字。假使暹罗政府不愿你入口的话，他们可以把字典里或俗字中所最不常用的字来考问你，除了你认识所有的中国字外，否则你总有因不识字而被禁止入口的机会。其实，这个识字的试验办法，比之提高入口税的办法，还要厉害，因为后者总有一定的标准，而前者是没有标准的。有标准可以预备，没有标准则无所适从，等于没有法律一样。

　　其实，暹罗政府对于一般新到暹罗的人，用了各种虐待的方法，与蔑视的态度，使稍有血气的人，都难容忍。一般从马来半岛或从安南乘火车到暹罗的人，入口时，虽较容易，然由陆路赴暹的华侨，人数较少。国人之赴暹罗者，多由汕头、香港、海口等处乘轮取海道赴暹。到曼谷时，有好几百人一上了岸便被押入一间小小的居留所，因为人数太多，空气不够，使人真要闷死。暹罗政府简直就不把中国人当作人看待。这也不能不看作暹罗限制华侨入口的消极的一种办法。

而这些限制华侨入口的办法便是防止暹罗华侨的人口过多，而使暹化华侨的政策不易施行。

暹罗政府不愿意与中国政府交换使节，是暹化华侨的一种消极的办法。暹罗政府明白：假使中暹交换使节，则中国派了公使与领事到暹罗后，对于华侨的登记与华侨的保护，都是公使与领事所要办的事情。可是华侨的登记及华侨的保护，结果不但使在暹罗的三百万至五百万人民直接受了中国政府的管理，而阻碍暹罗政府暹化华侨的政策，同时会使全国三分之一至二分之一的暹罗华侨，团结起来。中国人在暹罗的经济势力，不但在首都城镇，占了优越的地位，就是在穷乡陋邑也占有优越的地位。握着经济的权柄，再加以本国政府的帮助，而团结起来，这岂不是对于暹罗政府最不利的事吗？

不但这样，在暹罗无论是居中央政府或地方政府的要职的人，多是华侨或华侨的后裔。假使中国有了公使与领事在暹罗，无疑的要使这些人处于一个很难堪的地位。我们知道华侨爱国的热情，比之国内之一般人浓厚得多。他们虽在暹罗政府服务，然而这是环境使然，决非出自本心。而且所谓"作番官"，从一般的华侨看起来，并非一件很荣耀的事情。有些华侨说："在中国作人七，不如在暹罗作人一。"这虽然是一种聊以自慰的话，同时也是一种自贬的话。不但这样，华侨之中，有的弟弟当了暹罗政府要职而哥哥是华侨的爱国团体的中坚人物。假使中暹交换使节，而办理华侨登记，则他们必处于一种困难的地位。华侨虽可以不做暹罗官，可是暹罗政府不得不用华侨，暹罗政府看到了这一点，所以对于交换使节，始终反对。

然而最奇怪的是：有些暹罗政府人员，在数年前，借口中国尚未完全统一，故不能与中国交换使节。我记得七年前，我曾与暹罗的外交部长谈话，在谈话中，我问他为什么暹罗政府不同意与中国交换使节；他不踌躇的答道：中国现在尚未完全统一，南京有了一个中央政府，西南又有一个政府。照理，我们可以与南京政府交换使节，不过华侨差不多完全来自西南，我们以往既没有与南京政府或北京政府交换过使节，我们现在也不愿得罪了西南政府而与中央往来。因为了这个问题，我们讨论到耳热面红。他最后且说：只要中国内部统一，我们对于交换使节是没有问题的。其实相反的，中国没有南北之分后，暹罗政府愈为顾忌，所以直至现在，中暹还没有交换使节。假使中国政府要派什么侨胞慰问团之类到暹罗，暹罗政府在表面上虽是欢迎，而暗中却处处监视。甚至私人之到暹罗游历者，他们也处处加以注意。我们看看暹罗政府数年以来的亲日排华政策，愈觉得暹罗对于中国的恶感，是与暹化华侨的问题，有着密切的关系的。

照我个人的看法，暹罗政府在积极方面与消极方面虽然想出许多的方法来排斥华侨，但事实恰好相反，这不但不易暹化华侨，反而引起华侨的民族意识。在暹罗未改国号为泰之前，暹罗虽也受泰族的统治，不过表面上泰族不以泰族主义去压迫华侨，暹化华侨，有些华侨对于华泰两个民族的区别，以至对立，并没有注意。现在泰族既把这个泛泰主义的招牌挂起来，使在暹罗的华侨，差不多人人都会感觉到他们若不暹化，必被摈斥。同时也会感觉到暹罗的泰族，不但只要暹化他们，而且想伸手到祖国去拉拢所谓中国境内的泰族，离开祖国的同胞，破坏祖国的统一。华侨爱国的热情，向来浓厚。压迫他们自己，他们可以忍耐，侵犯他们的祖国，他们决不袖手旁观，因之，暹罗政府这一政策，不但不能暹化他们，反而引起他们对泰族的恶感，增强他们自己的民族思想。

何况数十年来，中国的民族主义思想，正是"如月初升，如花怒发"。暹罗的华侨与南洋的华侨，不但只受了这种思想的影响，而且是这种思想的先锋。孙中山先生以为华侨是革命之母，决非虚言。暹罗的侨胞，对于中国革命运动在暹罗的事迹，与中国革命领袖在暹罗的言行，犹能了如指掌。民国十七年的北伐，他们又出了不少的力量，七七抗战爆发以后，他们愈觉得国家存在，他们才能存在，国家灭亡，他们便无以立足于世界之上，所以不但在财力方面，给了不少的帮助，就是在人力方面，也有不少的贡献。

这种中华民族思想的澎涨，比之于泰族的民族思想的澎涨，较为厉害。在实际方面，这种思想的表面，至少可以从地方主义的打破，与中国国语的流行二方面看出来。华侨虽然多来自闽、粤，然而从前不但福建自福建，广东自广东，广东人中，也有广帮，潮帮，客帮，琼帮的分别。各帮"各自为政"，而且时有冲突。到了现在，这种地方主义，已逐渐消灭，中华商会，中华学校，以及许多团体，不但超越帮界，而且超越省界，以整个民族，与整个国家的利益为利益，互相团结一致了。

中国国币，在暹罗与南洋各处的流行，是二十多年来最值得注意的一件事。从前在暹罗与南洋各处，不但一个广东人与一个福建人有言语不通的困难，就是广东人中，一个广州人与一个潮州人，也有这种困难。因为有了这种困难，又因为大家都同住在暹罗，于是多用暹罗语以表达意思。现在不但是一般华侨教育界，以至学校里的小学生都能操国语，就是一般的华侨商界以至劳动界，也多能说国语。青年人固很热心的设法学习国语，老年人也一样热心的去设法学习。比方最近被刺的暹罗中华总商会会长蚁光炎先生，年纪虽在六十以上，代理该会会长冯尔和先生，年纪也在五十以上，他们还是拼命地去学习。不但在京都大邑是这样，就是在小城镇，也是这样。

总而言之：暹罗华侨这种地方主义的打破，与国语的流行，以及最近来各种救国爱国的运动，是中国民族主义的发展的表征，同时又是中国民族主义的发展的动力。暹罗的泰族用了各种方法去压迫华侨，暹化华侨，现在又改暹罗国号为泰，目的也无非是要发展所谓泛泰主义，而消灭华侨的民族观念。那里知道实际上，反因此而增强了华侨的民族意识，使所谓华侨暹化的政策，愈要受到重大的打击了。

第十章　暹化与西化

在南洋各处的华侨中，受当地或者是"土人"的文化的影响最为深刻的，恐怕要算暹罗的华侨了。

为什么暹罗的华侨的暹化程度，比之南洋其他各地方的华侨"土化"的程度为高呢？我们以为这虽与暹罗政府的暹化华侨的政策有关，然而暹罗的政治上的独立，也是主要的原因之一。我已说过：暹罗政府在消极方面，反对与中国交换使节，限制中国人民入口。在积极方面，用婚姻以引诱，用教育以陶染，用法律以压迫，都可以说是暹化华侨政策的实施。此外，暹罗虽像南洋其他的地方有肥美的土地，有丰富的物产，使中国人民趋之若鹜，而同时因为环境的作用，自然而然会受土人文化的影响，而趋于"土化"。可是暹罗却有一种东西，是南洋的其他的地方所没有的，就是暹罗为南洋唯一的独立的国家，这个独立的国家，既有一种暹化国内其他民族的政策，而不像殖民地的政府，特别是英国殖民地的政府，不但对其所管辖的各种民族的文化，往往能够容忍，而且鼓励其保留。同时，暹罗政府在政治方面又给予华侨以参政的机会，只要暹罗华侨暹化，在政治上找个地位是没有问题的。我们知道在南洋其他的地方，在欧西各国的殖民政府统治之下，华侨在经济方面虽占了重要的位置，在政治方面可以说是绝对没有参加的机会。比方华侨可以入英国籍，华侨也许英国化，然而在政治方面，华侨完全不能打出一条出路，在安南的喻帮（帮长），在马来半岛各处的甲必丹（Captain）虽可以说是殖民地政府的一种官衔，然而这种地位，不但低下，而且可说是殖民地政府所用以华治华的政策，有血气与有智识的人，都感觉到这不是一种荣誉，至于土人，不但只被欧西各国所征服，被殖民地政府所压迫，而且是被认为野蛮民族，低劣人种。华侨在这些地方，与这种情形之下，很易感觉到西洋人在政治上，既不以平等来对待他们，而有西洋人与中国人阶级上的区别，同时更易感觉到"土人"所受的种种压迫与痛苦，而不愿与之同化，因为同化或"土化"就是等于做奴隶，做亡国奴，人们对于奴隶，对于亡国奴，只会表同情，决不愿同化。

暹罗就不是这样，因为这个国家是独立的国家，它的人民是自由的人民，它的政府对于华侨，虽有顾忌的心理，虽有排斥的举动，然而它不但不当做奴隶看待，反而觉得华侨在经济上的优越地位，是民族与文化的优越的表示，只要华侨愿与他们同化，他们不但不顾忌，不排斥，而且欢迎到他们政府中来做高官，居要职。所以在暹罗政府里的华侨——暹化的华侨——的人数之多，位置之高，恐怕还比纯粹的暹罗人为甚。政治上的优越地位，既是一种引诱，政府的暹化政策,又是一种力量,这就是暹罗的华侨的暹化程度,所以较高于南洋其他的地方华侨的土化程度的主要原因。

大体来说,华侨暹化的历史,是与暹罗华侨的历史有密切的关系。因为在暹罗既有华侨,这些华侨总免不了要受暹罗的文化与环境的影响。不过因为史料的缺乏,不仅华侨暹化这个问题,少有记载,就是中暹关系的史实,也鲜有存留,从三国时吴康泰使扶南到元代,关于这个问题的材料,在中国方面固不容易找,在西文与暹文方面也不容易找到。

据说,元代暹王敢木丁到中国,曾带了很多中国磁匠到暹罗,他们最初在暹罗所做的东西,完全与中国的一样。后来因为适应暹罗人的需要与嗜欲,遂渐渐改换表面的装饰,由此日趋于暹化。那么,这些工人在其生活方面有意义的或无意义的暹化,也是可能的事。

明代华侨之住暹罗者,人数日多,故华侨之暹化者,为数也在不少,而其暹化的程度也较深。《明史·外国传》载汀州人谢文彬以贩盐到暹罗,"仕到坤岳,犹天朝学士也"。后来且充暹罗使者来中国朝贡,这是华侨暹化一个很显明的例子。又同书载弘治十年,暹罗"入贡时,四夷馆无暹罗译书官,阁臣徐溥等请移牒广东,访取能通彼国之言语文字者,赴京备用"。这大概是因为当时广东华侨之从暹罗回国而通晓其语言文字者已很不少,所以阁臣才有这种的奏牒。换句话说:至少在言语文字方面,华侨之暹化的必定很多。

至于清代华侨之居留暹罗的既多,暹化的程度又较深刻。最显明的例子要算郑昭,郑昭这个名字乃乾隆四十三年的暹罗贡表上所称的名字,而非郑昭的真名。他的真名是信(Sin)或称达信(Taksin)。关于这点,许云樵先生在其所译郎苇吉怀根(Luang Wijit Watkan)的《暹罗王郑昭传》的弁言中有一段解释,如下:

> 其实昭乃暹文的译音,其意为王,并不是他的真名。据暹史所载,他原名为信,所以一般暹人都称他为佛昭达信(Phra Jao Taksin)。佛是圣的意思,通常拿来称呼和尚神佛,或三品爵位的官绅的,但称呼君主,也须用佛冠于昭之前,即是所谓圣君,或圣主之意。达是地方,最初郑信封在该府为太守,Tao Mu'ang 的暹人谈话时简称他为昭达。

又同书页三,又有下面的一段话,述及郑昭的身世,云:佛爷诞生于佛历二二七七年(清雍正十二年,西历一七三四年),岁次甲寅,为赌税吏中国海丰人之子也。《伟人传记》(Nangsu Aphinihan Banphaburut)云:方其初生,卧摇篮中,有蛇入,蟠居其旁,其父以为不祥,拟弃之。初,海丰人与财政大臣昭佛爷碯克里闻其事,见此儿貌不凡,乃请收为义子。及九岁,令入歌萨瓦寺从高僧铜棣攻读。年十三,率之出晋觐颂载佛勃隆歌索皇,得侍卫职。暇则习华语及印度语,均能流利。比年二十有一,昭佛爷〈碯〉克里乃命之薙度为僧。越三载,乃返复任原职。迨佛第囊苏里阿默辚皇即位，始爵为銮狱甲拔，仕于达府，既而擢为太守。既晋爵为佛爷洼卿巴工，迁治甘丕壁府，惟人民犹称之为佛爷达，即登极后，尚自称昭达。

所以从这两段话里，我们知道郑昭不但名字已经暹化，就是在教育，宗教，以至习惯语言各方面都已暹化，又据竹叶本《暹罗国史》载："其时（雍正年间）大城中有华人名郑镛者，中国海丰人，爵居坤佛，为摊主，娶妻洛英生一子，名信，即皇也。"据说：洛英是暹罗妇女，郑昭的父亲娶了暹罗妇女，又有暹罗爵位，同时他到了十余岁始学中国话，则夫妇父子之间皆用暹语，是很显明的。因为这样，郑昭的父亲暹化的程度，也必很深。我们知道中国人之在这个时候，侨居大城的很多，因为大城不只是京都，而又是商业繁盛之区域。郑氏父子既这样的暹化，其他的华侨的暹化的必定很多。又在通商都会华侨萃集的地方的华侨，尚且这样的暹化，则一般华侨之在暹罗内地居住者，其暹化程度之深，可想而知。

上面不过就我们所知的一些历史上华侨暹化的事实，略为解释，我现在且将华侨暹化的各方面的大概，加以说明。

我们先从语言方面说起：大概的说，假使华侨夫妇两人都是来自中国，那么其子女多能说中国话。虽则因为职业与环境的关系，他们兼能说暹罗话。假如其夫来自中国或者是华侨儿子，而其妇是暹人，那么，不但子女会受母亲的影响而说暹罗话，就是为夫的也往往不得不说暹罗话。因为在这样家庭中，母亲固少能操中国话，子女也少能操中国语，因此之故，在华侨学校的第一二年级的教员，往往也得懂暹罗语。教员授中文时，有时还要以暹语解释。大概须候小学第三年级以后，始能全用中国话。以前中国国语尚未流行时，因为华侨中方言各异，互相谈话多用暹语，可是直至现在，除华侨教育界外，能操国语的为数尚不多，又因他们身处暹罗，既以暹罗话为主，故一般华侨于无意中，常常以暹罗语为表达意思的工具。

暹罗的文字，比之中国文字易读得多，因而华侨只懂暹文而不懂中文的也很多。一般华侨子弟，假使从小就学了暹文，则长大时要使其学习中文，很不容易，这固由于先入为主的心理反应，然而中文比暹文难读，却是主要的原因。读了三二年暹文，作文写信可以运用自如，读了五六年中文，未必能有这样的效果。因而有些华侨且主张中文暹化。

在衣，食，住方面，大概来说：华侨住处所受的暹化程度较深，在暹罗政府中任职的华侨，在暹罗政府未通令改穿西服之前，多穿暹人所穿的"帕农"。有些人说穿"帕农"是做暹官的一种条件，然而一般的华侨，多用中服，虽则有些华侨在星期日喜效暹人穿红的颜色。至如男人的浴巾，女子的拖鞋，华侨男女用的很为普遍。暹罗小孩颈项上喜带一串珊瑚，或项珠，女孩下部遮以大约三寸长的银丝，此外，身上多是一丝不挂。华侨小孩效法的也不少，这大概是与暹罗的气候有相当的关系。暹罗人的食品以米为主，而胡椒，椰子，香料又为他们的特别嗜好。用胡椒与椰子做一种东西叫做"供"，用"供"以配鱼肉等物，华侨嗜者很多。至于槟榔，据说不但可以去瘴，而且为交际上的必需品，华侨之染此癖者，在二十年前已很多。至于蹲在地上，与用手吃饭的方法，效者较少。住屋因为气候与经济上的关系，多仿建暹罗的住屋，而且亦有仿暹人之卧地板，蹲坐的。在郊外乡村或小市镇，多模仿暹人所建的"浮脚屋"，这也是因为避免地湿与避免虫兽之害的原故。

在家庭生活方面，凡是娶暹罗女子的家庭，暹化的程度最深。这种家庭，在暹罗恐怕占华侨家庭的半数以上。其次为娶所谓土生的华侨妇女的家庭。至于由中国携来的妻子，则家庭生活暹化的程度最浅。不过也有些习惯为一般普通华侨妇女所采纳的，如以一手抱小孩于身旁的办法等是。至于在政治方面，凡是在暹罗政府任职的华侨，其暹化的程度之深，更不待言。其实，他们往往就不承认其为华侨。在社交方面，暹罗见面时合掌为礼，或在他人前面弯腰而行，以示恭敬。华侨与华侨之间，虽少有仿效，然见着暹罗朋友时，则多行暹礼。

在宗教上：暹罗人所信仰的是小乘佛教，中国人宗教观念较为薄弱，华侨也不能例外。可是比方施饭与僧侣，也为华侨所乐为。此外许多华侨，对于暹罗的"公头"，相当的信仰。"公头"是一种法术，可以使一个人得某种病，也可以使一个人迷醉于某种人物。我有一位朋友，曾受过大学教育，而且是学过自然科学的，对于这种法术，也很为信仰。他并且告诉我：他亲眼看过这种法术的效果。

在医药方面：暹罗也有他们固有的医生与医药品，华侨相信暹医暹药的也多。在艺术方面：暹罗的庙寺，多为华侨技工所建筑，式样自有特异的地方，华侨因为是代暹人建筑，而必须迎合暹人的心理，所以这些技工，也受了暹罗艺术的影响很深。同样，戏剧方面，指导者很多为华侨，暹罗戏剧虽因此而华化，然而既是暹戏，这些指导者也无意的受了暹罗戏剧的影响。

上面不过随便举出些华侨暹化的例子，华侨暹化的历史的悠久，与范围的广阔，已可概见。暹罗的华侨，既因环境上的作用与影响，又加以政治上的引诱，使其暹化的程度日益加深。暹罗政府又实施上面所说的各种消极与积极暹化华侨的方法，目的不过是加强这种同化的作用，而使所有的暹罗华侨，都变为暹人。

可是，暹罗政府这种政策，是否能够实现呢？

照我个人的看法：暹罗政府这种政策，不但难于实现，而且对于暹罗只有害处，没有益处。主要的原因，是在暹罗暹化华侨的历程中，暹罗本身已经剧烈的西化了。暹罗本身既已剧烈的西化，所谓华侨暹化，结果也不过华侨西化而已。其实所谓暹化华侨的政策，只是暹罗的国家主义与泰族的民族主义的表征。而这种国家主义与民族主义，大致的说又是暹罗西化的结果。至少，这些主义是受了西洋文化的影响,而增强其程度的。暹罗的泰族既因西化而发生,或增强其民族主义,难道暹罗的华侨就不会因西化而增强或发生其国家思想与民族意识吗?而况中国的国家改造,与民族革命,主要是发动于暹罗与各处的华侨,又况中国本身的国家主义,与民族主义,也因西化而发生或增强。暹罗的华侨不但只受暹罗西化的影响,且受了中国西化的影响,在双层的影响之下,华侨的国家思想与民族意识,不但比之国内的民众较为浓厚,就是比之暹罗的泰族,也必较为坚强。暹罗欲以暹化的政策去消灭华侨的国家思想与民族意识。然而华侨却因暹罗与中国的西化而发生这种思想与智识,这么一来,暹罗政府的暹化华侨政策,岂不是变为弄巧成拙,欲益反损的吗?

第三编

第十一章　暹罗与西化（上）

　　在暹罗的历史上，有二位很有声望的君主。一为拉玛克摩项（中译敢木丁），一为拉玛第五朱隆功（Chulalongkorn）。敢木丁在十三世纪的末年与十四世纪的开始，曾两次来过中国。朱隆功在十九世纪的下叶与二十世纪的初年，曾两次到欧洲。前者是暹罗提倡中国文化最力的人物，后者是暹罗提倡西洋文化最力的人物。所以从暹罗的华化史上看来，敢木丁是一位先锋，一位功臣；从暹罗的西化史上看来，朱隆功是一位先锋，一位功臣。前者既二次亲到中国，后者又二次亲游欧洲，先后比美，至为巧凑。

　　关于暹罗的华化，我们也在上面加以说明，我们现在且来解释暹罗的西化。

　　暹罗人自己感觉到西化的必要，而积极的提倡西化，虽是最近数十年来才有的事，可是，暹罗与西洋的交通，及暹罗之受西洋文化的影响，却有数百年的历史了。

　　据科姆罗夫（Manul Komroff）所编订的《马可波罗游记》的序言里说：马可波罗（Marco Polo）及其父亲与叔父们曾从中国经暹罗而回威尼斯（Venice）。这些西洋人经过暹罗，究竟对于暹罗有没有多少影响？又除了他们以外，在那个时候，或在他们之前，有没有别的西洋人到过暹罗？我们现在都无从考究。我们现在所知道的是，自东西海道沟通以后，葡萄牙人于一五一一年曾到暹罗，请求通商。从此以后，暹罗与西洋遂不断的发生关系。到了一五四一年，因为暹罗与缅甸打仗，葡萄牙曾帮助暹罗战胜缅甸，暹罗政府为酬答他们的功劳起见，除了给与大城河西南段一块地方，以为他们住所之外，又允准他们在大城建筑礼拜堂，宣传基督教，这是西洋基督教传入暹罗的开始。除了宗教之外，葡萄牙人又授暹罗人以制造枪炮与建筑炮台的方法，至今大城萨文克乐与苏口胎等处，还留着葡萄牙人所建的炮台的遗迹。又葡萄牙人既不断的与暹罗通商，则西洋的许多货物与用品，也无疑的会传入暹罗了。

　　十七世纪的时代，欧人来暹者更多。一六〇四年的荷兰人，一六一二年的英人，一六二一年的丹麦人，一六五九年的希腊人，一六六二年的法国人，一七〇〇年的西班牙人都陆续的到暹罗请求通商。这些西洋人对于暹罗文化贡献较大的要算荷兰人，英国人，希腊人，与法国人。据说：荷兰人，英国人的目的，全为通商，而非传教。但是荷兰人曾教暹罗人以建造铁甲船的知识，而英国人却授暹罗人以航海的技术。此外也有在暹罗政府中任职的，最著名的如希腊人君士但丁范坚。这位希腊人，本来是希腊一个酒店的主人，因为某种原因而逃出希腊，最初在英国人船上当船员，他是一位聪明能干的人物。到暹罗后，得到暹罗皇帝的赏识，遂在政府里任职。后来甚得到暹罗皇帝的信用，赐名为昭丕耶维查荫。除帮忙暹王管理国内政事外，关于发展暹罗的国外商业，都由他一手处理，他对于暹罗很有功劳。可是，后来因为与法国教士太过亲密，而与法国政府发生关系，结果为暹罗所忌而被杀。法国人之在暹罗与荷兰人一样，除宣传宗教与建筑炮台外，并设立学校，介绍医药与传入望远镜等等的科学器具。法国政府在那个时候，欲想扩张势力于东方，遂利用这些教士为先导。最后遂派军舰到暹罗，要求许其长驻暹罗。同时又要求以法国军队为侍卫，因此引起暹罗人的恶感，结果引起一六八八年暹罗发生驱逐法国人的事件。

自暹罗人排法事件发生以后，至十九世纪的初年的百余年间，西洋人虽仍有东来暹罗，可是他们在暹罗的地位，已不复像从前那样重要的了。而且在法国革命至拿破仑蹂躏欧洲的时间，西洋人之到暹罗者，几乎绝迹。直到一八一八年以后，葡萄牙人才又从澳门来暹罗请求通商，不久英国人也不断的请求暹罗订立通商条约。

这个时候（一八一八），美国人也陆续东来暹罗。美国人初到暹罗的目的，是向在暹罗的中国人宣传基督教，后来，也对暹罗人传教，同时又设立医院，介绍西洋医药，并传入种牛痘的方法。然而美国人对于暹罗的最大的贡献，是介绍暹文印字术。据说发明暹文字粒的并非美国人，而是一位英国人。东印度公司在一八二二年派克劳福（Crawford）到暹罗请订通商条约的时候，克劳福感觉言语不通，实为通商失败的重要原因之一。东印度公司乃派一个人到暹罗专学暹罗文字与言语，这位英国人乃著了一本暹罗文法，以为英人学习暹文的课本，并发明了暹文印字粒。后来他带了这些字粒到新嘉坡，暹罗的美国教士乃派人到新嘉坡采用他所发明的暹文字粒，印刷教义，以资宣传。并于一八三六年在吞武里府的三雷设立暹文印务局，暹文的印刷事业，从此逐渐发达。

上面说明西洋文化输入暹罗的史略，大体来说：在这个时期里，西洋文化的输入暹罗，西洋人是处于主动的地位，而暹罗人处于被动的地位。换言之：在这个时期里，暹罗的西化是被动的，而非主动的。同时，正像我在上面所说：当时暹罗人都相信世界文化最高的国家就是中国。自中国鸦片战败，割地丧权以后，暹罗人逐渐的感觉到中国文化的缺点，与西洋文化的优越，因之才感觉到自动西化的必要了。

其实，据说中国鸦片战争的失败，在暹罗当时只有三个人知道。一为帕庄告教由火王，一为帕宾告教由火共帕拉查旺包哇啦，一为昭丕耶马哈希肃哩亚翁。这三个人不但只知道中国战败于英，而且明白西洋势力在亚洲的雄厚，因而感觉到非效法西洋不足以自强。帕庄告教由火王是暹罗第三世皇帕昂告教由火的弟弟，帕昂告教由火在位的时候，就洞识世界大势的趋向，其弟帕庄告教由火在未继位之前，曾为僧侣，他精通梵文与三藏经典，又请外国教士教授拉丁文与英文。他的弟弟帕宾告教由火也同时学习英文。因他是一位军官，对于西洋的军事知识，尤为注意，后来他把英文的炮战术译为暹文。照丕耶马哈希肃哩亚翁则专习造船与战舰的方法，此外，共銮翁撒蒂棘酒尼与乃莫阿马达阿军对于英文也极注重，前者专习医术，而后者专攻化学与机械学。

第四世皇帕庄告教由火，于一八五一年继其兄的王位。在位时消极的改良暹罗许多恶习惯，积极的仿效西法。在政治上，军事上，以至在警务上，都聘西人为顾问。使暹罗的政治，军事，警备趋于西化，同时又任用西人为驾驶轮船，经理印务，改良币制，设立税局，开辟马路。一八五六年又与英国签订协约。

第四世皇西化暹罗国家之外，他对于他的儿子也使其受西化的教育。他就位之第二年（一八五一），就聘西洋女教员教授两个儿子，其中一位就是后来继位的第五世皇朱隆功。朱隆功在一八六九年就位，那时他仅十五岁。因为他的年纪尚幼，由昭丕耶马哈希肃哩亚翁摄政。这位摄政王，在第四世皇未就位之前，不但感觉到西化的必要，而且自己专攻制造商船战船的方法，他现在既当了权位，自然对于西化，更能积极的提倡。至于第五世皇朱隆功，幼时已受过西方教育，对于提倡西化更是不遗余力。而且这位君主在十八岁（一八七三）的时候，就到爪哇游历，同年又到印度游历，其目的在考察这些地方的政治，以资借镜。他游历爪哇，印度之后，深觉到国家的建设，主要的是赖于教育，于是先在王宫里开办两个学校，一为授暹文的，一为授英文的，聘请西洋人为教员，这个学校名为玫瑰园。暹罗教育从来操于僧侣之手，玫瑰园学校的设立，实开暹罗学校的新纪元。入校的学生，除王族之外并令各大臣送其子弟入学攻读。

一八七四年，他自己秉承政权，对于西洋文化的提倡，比之以前，不但较为积极，而且较为具体。他在加冕的时候，就废除以往大臣朝见时的伏跪仪式，改用立行举手的方式。同时取消奴隶制度，改良法院，建筑铁路，设立电邮，训练军队，无一不效法西洋。特别是对于教育的质与量的两方面的改善，尤为注意。除了扩充玫瑰园学校外，各级学校的数目一天一天的增加。而对于女子教育，也极力提倡。一九〇一年巴马銮洒得里维查女校的设立，就是一个显明的例证。在这位英明的君主死后六年（一九一六），且有国立大学的设立。政府方面，为了纪念这位君主提倡教育的热情起见，就名这个大学为朱隆功大学。至于国外教士在这个时期所设立的学校，尚不计算在内。

这位君主不但在国内积极的提倡西化，而且自己于一八九七年，曾亲到欧洲，考察欧洲的政治与文化。在一九〇七年又作第二次的欧游。可见得他对于西洋文化的羡慕之深与提倡之力了。

第五世王，比他的父亲第四世皇更进一步，遣派许多皇族子弟赴欧留学。第六世皇十三岁（一八九三）时，就被遣赴英留学，在欧洲住了九年，始行归国。他从中学而入牛津大学，攻习史学，后来又在英国步兵联队里当过中尉。因为他深受了欧洲文化的陶染，所以他在一九一〇年继位之后，对于暹罗的西化，更能积极的提倡，与具体的推动。如派留学生到英、德、法、俄等国，以及改革日历，分配时间为上午下午，命令妇女，梳留长发，以至效西式服装等等都是。拉玛第五已建立了暹罗西化的基础，拉玛第六在这个基础上，加以发展，使暹罗不但在文化的根本上趋于西化，就是在文化的枝叶上也趋于西化了。

从拉玛第六以后，暹罗的君主，每个人都到过欧洲留学。拉玛第七是拉玛第六的弟弟，他少年时，到过欧洲留学。至于拉玛第八安那达也是很少的时候，就赴欧洲，前数年拉玛第七退位时他还在欧洲求学。

综上所述，我们得到一个概念就是暹罗的自动的西化运动的领袖人物，差不多完全是皇室。暹罗在一九三一年以前是一个专制政体的国家，以皇室的力量去提倡与推动西化，当然容易见效。不但这样，暹罗从来是被目为野蛮的国家，没有什么固有文化，因而文化的惰性，没有什么力量去阻止文化的变迁。同时，暹罗人也很能直率的承认自己文化的落后，虚心的效法西方文化的好处。在暹罗，尚未自动的采纳西洋文化之前，暹罗的文化根本就是印度与中国的文化，印度文化对于暹罗影响最大的是宗教方面，但是佛教既是暹罗的国教，皇帝也可以说是宗教上的领袖人物。其实暹罗政府就常常利用宗教去统治人民，去统一国家，因此印度佛教在暹罗之所以能有很大的力量，也可以说是由于皇室的提倡与推动。暹罗是中国的属国，关系的历史既久长，华侨之居留暹罗的又众多，同时又得了皇帝敢木丁以及后来的皇族亲到中国，传播中国文化，所以中国文化在暹罗之所以有极大的影响，也可说是由于皇室的提倡与推动。同样，照我们上面所解释，西化运动在近代的暹罗之所以有伟大的效果，也可以说是由于皇室的提倡与推动。暹罗是现在南洋的唯一的自由与独立的国家，然而暹罗之所以能得到自由与独立，主要的是由于能够迎合世界潮流的趋向，换句话说，就是由于能够自动地去采纳西洋的文化。

第十二章　暹罗与西化（下）

　　暹罗既没有固有的文化的惰性，去阻止其西化运动，同时又得了有权力的皇室，积极的从事提倡西化。所以暹罗的西化运动，在时间上既来得很快，在程度上又来得很高。关于时间上的西化，上面已经叙述。我们现在再从程度上的西化，加以分析。

　　我说暹罗在程度上的西化很高，主要的是从文化的分析的立场来看。暹罗的文化，无论在那一方面，都受了西洋文化的影响，而且深刻的受了西洋文化的影响。

　　暹罗本来是一个专制政体的国家，然自第三世皇在十九世纪的初年，已能洞识世界大势的趋向，以后暹罗每个君主，不但希望其国家西化，而且自己以身作则，学习西洋语言，广求西洋知识。在消极方面，又能拼除旧制，如取消奴隶制度，破除跪拜的恶习等。在个人上说，他们是西化的领袖，在国家上说，他们是开明的君主，所以在政治方面，暹罗可以说是已经上了正轨，而与欧西各国置于平等的地位。在行政的机构上，各部的设置以至中央与地方的关系，都以西洋的政治为榜样。至于议会的设立，司法的改进，完全效法西洋，而西洋各国之所以愿意取消其领事裁判权，与其他的特殊利益，也是因为明白暹罗的政治，而尤其是在司法方面已有显明的进步，能与西洋各国的法庭没有什么分别。在军事方面，暹罗的西化的程度之深，更不待说。空军与海军，全仿西洋体制。陆军方面，在第四世皇的时候（一八五一——一八六七），大多数的教官都是英人，训练的方法与军事的组织管理，固是西化，就是口令也用英语，到了近来才改为暹罗语。

　　交通工具上的西化，更为显明。暹罗自一八九〇年有了北榄铁路后，五十年来，铁道网已分布于东西南北各处。没有铁道的地方必有公路。年来航空交通线，也分布于全国内外。暹罗自己虽没有轮船往来暹罗以外的口岸，然而暹罗政府早已感觉到新式海运工具的重要。邮政与电报是创始于一八六九年，电话创始于一八八一，无线电创始于一九一三。暹罗幅员较小，这些交通事业的普遍化，比之中国，固然较为容易，但是暹罗人不像我国人在数十年前之反对铁道轮船的建设，实为交通事业的发展的主要原因。

　　经济方面：暹罗以农业为主，暹罗第五世皇已感觉到振兴水利，为发展农业的张本。所以在那时（一九〇二）已聘请荷兰工程师到各处考察，做成发展水利的计划。三十余年来，暹罗政府对于水利的发展，不遗余力，对于农村经济的改良，也很注意。并请了美国的专家，专门调查农业的经济情况，并建议改进的计划。如种子的改良，都很注意。政府对于农产的畅销，除了提倡合作外，又设立银行，拨出专款贷给农民。暹罗人民，对于经商，颇不注意，近年来政府在各处设立商业学校，使人民学习现代的商业知识。十余年前，在曼谷欲找一暹人自设的商行，殊不容易，现在的情形就不同了，以西药行而论，从前除了西人与华侨开办的外，没有暹人开办这种商店，然在十年八年之间，曼谷的暹人之经营此业的，已有许多家了。

衣、食、住方面，暹罗人的西化程度，也相当的深。暹罗人原来所穿的是帕农，自受西洋文化影响之后，帕农固非完全废除，然而上身多穿西衣，而脚则多穿革履，头上所戴的也多为西帽。四五年前，政府且通令政府人员，须着西服，实则许多政府人员，以至一般的人民之着西衣西裤的，随处都可以见到。至于军队所穿的军服，早已是西化了。女子穿西服的，也已逐渐的增加，而最使初到暹罗的人注意的是：大部分的暹罗妇女，上身穿类似西洋妇女所穿的内衣，暹罗一般妇女，从前上身多都袒露，现在穿了这些内衣遍掩了上身的大部份。脚穿革履的，在大都市中很为普遍。暹罗妇女，原与男人一样的剪剃头发。据说从前暹罗与柬埔寨打仗，一天，因为男子悉到外边，只有女子在城里，柬埔寨人知道城内只有女子，便派兵围城，当时有一个妇女情急智生，以为敌军之来，是知道城内没有男子，便建议女子皆剪剃头发，执弓矢立于城壁，柬埔寨人以为立在城壁的皆为男子，不敢进攻。而出城之男子也于这个时候回来，内外夹攻，结果大败柬埔寨。从此以后剪剃头发，变为一种光荣，因而流传成俗。到了暹罗的第六世皇，曾下令暹罗妇女蓄留长发，故现在城市各处妇女之留发与熨发的已逐渐增加。

暹罗人本来以手指吃饭，后来受了中国文化的影响，也有用筷子的。不过西化以后多用刀叉。刀叉的使用，在暹罗很为普遍，在家庭里，在旅行时的火车中，纵有些人用手指吃饭，但也多带一两刀叉。洋盘，厨房用具也多仿效西洋。至于政府所开办的铁路，饭店，及招待外宾的机关，皆为西洋食品为主。

暹罗的普通住屋，多用木做，距地约高数尺，以防备雨季地湿。西洋文化东渐之后，这种房屋，稍为改变，很像美国各小城市的木房。至于内部的布置，上等人家，多趋于西化，西书桌，沙发椅与钢琴，极为常见。政府建筑物之仿效西洋的，更不待说。

在卫生设备方面：暹罗也已逐渐的趋于西化。一八六七年，政府设立卫生局，以管理卫生事宜。卫生局对于曼谷饮水问题，很为注意。曼谷以前因饮水不洁，时有疫症。卫生局请了外国技师医生，共同设法改良，最后乃决定装置自来水，直到一九一四年，工程始告完竣。这于曼谷的卫生方面，有莫大的贡献。

西洋医法之传入暹罗，远在十七世纪。十九世纪初叶，美国教士又传入种牛痘的方法。现在在暹罗，除国家设立的医院外，教会人士及罗氏基金会也设有医院，私人开办的更多，故西药房随处可见。此外，一九〇三年又成立了红十字会。

在教育方面：暹罗教育从来是操于僧侣之手，故寺院就是学校。暹罗人多送子弟到寺院里，一方面供僧侣的差使，一方面向僧侣求学问。寺院既是宣传佛教的地方，一般人进了寺院，所求得的，也是偏重于宗教的知识。富裕之家，间有自请教师到家里教授子弟，然而这种家庭教育，能够享受的人，为数不多。西化教育的开始传入暹罗，是在十七世纪，当时法国天主教士于大城开办学校，后来虽因政治的原因，以至停办，但是此后法国教士所办的学校，在暹罗的西化教育上，仍占重要的地位。十九世纪的上半叶，美国教士在暹罗，对于西化教育的贡献，相当的大，直到现在，比方远至北部的青迈，美国教会所办的学校，成绩卓著。

暹罗的第四世皇，于西洋教育已很注意，他自己读西洋文字，研求西洋知识，又聘请西洋教师教授子弟。到了第五世皇，设立玫瑰园学校，这是西化学校的嚆矢。这个学校，最初目的是为教育皇室与贵族子弟，一八八四年，又开办民众学校，并且又在寺院里，设立学校。此外，逐渐开办各种专门学校，如测量学校，文官学校，医学院。一九一六，且设立朱隆公大学。政府又施行强迫教育，使青年男女都有读书的机会。而教育部及各地方的教育局的设立，都可以说是采取西洋教育制度的表征。

哇齐拉严图书馆的成立，对于古物的保存，技术的奖励，学术的提倡，都是暹罗文化西化的表现。皇家学院在一九二六年颁布著作奖金的办法，凡暹罗学者，对于诗歌，戏剧，历史，文学，科学，技艺等有特殊贡献的，皆可领得奖金。时事上、学术上各种讨论会，研究会，也相继的成立。此外，暹罗的音乐，戏剧都逐渐西化。电影事业近年来的发展尤为惊人。曼谷的最大电影院，不但不下于香港，上海各处，就是比之西洋各处的许多电影院，亦无逊色。

佛教虽是暹罗的国教，但暹罗并不禁止佛教以外的宗教。我在曼谷及青迈各处，曾听过许多西洋教士说：在暹罗，对中国华侨传教，没有对暹罗人那么困难。他们以为暹罗人深受了佛教的影响，要他们放弃其固有的宗教，而信仰基督教，是一件不容易的事。据说：美国教士之最初赴暹罗者，目的是要到暹罗向华侨传教，后来才逐渐的向暹罗人传教。这种看法，也许是对的。不过，我们也须知道，在十六世纪葡萄牙人到暹罗时，已宣传天主教，并且建筑教堂，十七世纪的法国教士，除建筑教堂之外，又设立学校，直至现在，天主教在暹罗的势力还是很大。至于新教一百年来，在暹罗发展之速，尤堪注意。教堂，医院，学校都是西洋教士宣传宗教的机关。用学校以教养，用医院去施恩，用教堂去讲经。暹罗人虽以佛教先入为主，然而基督教徒的宣传方法，既是那么完备，暹罗本身又正跑在西化的路上，所以现在许多暹罗人，尤其是暹罗的青年男女之信仰基督教的，逐渐增多。我在青莱（Chiengrai）与青迈，曾遇过几个入过佛教寺院做过和尚，读过佛经，而后来又变为基督教徒的暹人。我问他们为什么要这样做？他们的回答是：入了基督教与教会学校，不但在职业上易于解决，就是在学问的探求上，也多占便宜。可见西方宗教势力之盛了。

最后，暹罗的文字，以三十六母音与四十六子音构成，字体虽颇类印度文与柬埔寨文，然而暹罗文既是拼音，比较的近于西文。而且自西洋文化输入暹罗之后，暹罗文的许多新名词，简直就是英文的对音。因为生活上所需要的东西，既是逐渐趋于西化的东西，那么，西洋名词的使用，也必定逐渐的增加了。同时，暹罗的学校，对于西文极为注重，能说西洋语，尤其是英语的人很多。

总而言之，暹罗的西化程度是很高的，暹罗近代，在文化各方面上，能够进步，是得力于西化，暹罗之所以能够成为一个自由与独立的国家，也是得力于西化。

第十三章　暹罗与英法

在现代的国家，除了中国以外，与暹罗关系最为密切的，恐怕要算英法两国了。

在地理上，暹罗的东北与法属柬埔寨与老挝相接壤，西北与英属缅甸相毗连，至于南部又与英属马来半岛相交界。暹罗的南部虽有暹罗湾，西部虽有孟加拉湾，为其自由向外发展的出路，但是大概来看，暹罗在地理上是受了英法两国的属地所包围的。

在历史上，暹罗与法国的发生关系是始于一六六二年。那个时候，法国人到暹罗的是传教士，这些教士的主要工作为救济贫苦，医治病人，与安慰监犯。暹罗皇帝因为他们所做的事情都有益于民众，乃允许他们在大城建筑教堂，这就是今日在大城的圣约瑟天主教堂。

这个时候，因为暹罗与荷兰不睦，法国教士乃劝暹王帕纳来马哈辣请法国军事家与工程师来暹罗，在洛帕布里（Lopbouri）及曼谷建筑炮台，法国当时正想伸张其势于东方，因派军舰六十艘到大城，并且要求暹罗用法国兵士为侍卫，这是一六八八年的事。帕纳来马哈辣王既逝，帕马哈布卢王即位，乃将法国人驱出大城，并破坏法人在暹罗的各种建设。从此以后，直至一七六七年，暹罗亡于缅甸，法人及教士虽非完全绝迹，然不但在政治方面，没有力量，就在宗教方面也少有活动。

十八世纪的末叶，越南嘉隆王阮福映因广南灭亡，求援于法国，法国乃乘机逐渐侵略安南，到了一八六一年，强迫安南割让南圻边和定祥嘉定三省，及昆仑岛（Poulo Condore）。法国既占了南圻，一八六三年水师提督克朗第耶（Dele Grandiere）又进一步游说柬埔寨罗东王（Nordon），与法国订《富柬条约》，承认为法国的保护国。柬埔寨在这个时候，名义上是暹罗的藩属，暹罗因而提出抗议，法国不但不加以理会，且在一八六七年强迫暹罗订立《法暹条约》，其内容是承认柬埔寨为法国的保护国，而同时法国承认旧属柬埔寨的巴丹孟与安古二省为暹罗领土，二十一年后法国又向暹罗要求暹罗割让湄东河以东的地方，一八九三年，法国正式占据暹罗藩属老挝，不久又派海军封锁暹罗东边海岸，并驶入曼谷，强迫暹罗割让湄公河以东的地方，并割湄公河，西部及巴丹孟，安古二省为中立地带。

英国人之到暹罗，据说始于一六一二年。英国初到暹罗的目的与法国人有点不同，后者是传播宗教，而前者是发展商业，英人除了在暹罗做生意外，也有在暹罗政府中任职的。到了一八二二年，东印度公司与印度总督想在暹罗发展商业,乃派代表到暹罗要求通商,可是这次的交涉,因为许多原因,没有结果。

再过了三年,英国与缅甸宣战,暹罗因为与缅甸是世仇,因而帮忙英国,英国又乘机会派代表到暹罗要求修订通商条约,暹罗政府答应了,英国于一八二六年签订《英暹条约》,这是暹罗有史以来,与西洋国家签订条约的第一次。从此以后,英国的商船继续不断的往来于暹罗港口,一八五〇年英国在缅甸的势力,已逐渐扩大,又派代表到暹罗修改《缅甸条约》,这次的谈判,虽没有结果,但是五年后(一八五五),维多利亚女皇又派香港总督约翰保宁(John Bowring)为特别代表,另订条约。这个条约,对于许多特殊权利,如领事裁判权,购买土地权,皆有规定。后来其他各国在暹罗获得享受这种权利,皆以此条约为根据。

英国在十九世纪下半叶吞并整个缅甸和马来半岛之后,对于暹罗,除了在经济上扩充势力之外,也想在政治上统治暹罗。同时,又因法国当时在暹罗的势力日益扩大,于一八九六年订了《英法协定》,以湄公河为中立地带,以暹罗的东境巴丹孟,安古,柯叻各处为法国势力范围,而以萨尔温河东岸及马来半岛北部为英国势力范围。到了后来,因为德国的势力侵入暹罗,英法又于一九〇四另订条约,以湄南河为两国势力范围的界线,河的东边属于法,河的西边属于英。

到了一九〇八年,暹罗又割让巴丹孟,安古等地与法国,一九〇九年割马来半岛的吉打,吉兰丹,丁加奴,巴里士四处与英国,以收回两国的领事裁判权为交换条件。这些地方,名义上虽属于暹罗,然事实上,却非受暹罗的直接管辖,这也可以说是暹罗自愿割让的一个原因。

第一次欧战发生后,暹罗于一九一七年加入协约国,一九一八年且派了陆军二千人与空军人员到法国战场参加欧战。战后,暹罗对于德奥以往所享受的特殊权利的条约,既宣布无效,同时又于一九二一年与美国另订新约。法国在一九二四年,英国在一九二五年,也均与暹罗另订新约,放弃旧约中所规定的特殊权利。其他各国亦跟着英国法国而与暹罗另订新约,使暹罗七十年来所受的各种束缚,得以解放。

上面是很简略的说明暹罗与英法两国在地理上与历史上的关系。从文化的各方面来看,英国在暹罗的地位比法国在暹罗的地位重要得多。在经济方面,用不着说,就是在教育与日常的习惯上来看,暹罗所受英国的影响,也较大于法国。暹罗的第四世皇在十九世纪的中叶,已努力学习英文,此后有了好几位皇帝,都到英国留学,皇室贵族与青年子弟之赴英留学者,也比赴法的多。所以暹罗境内懂英文的人比懂法文的人也较多。在学校里,英文比法文较为注重,连法国教会所办的亚参善学校,也要注重英文。所以不懂暹文而懂英文的人,到了暹罗,并不觉得十分困难。然这并不是说法国的文化,对于暹罗完全没有影响,欧战以后,暹罗的留法学生逐渐增加,暹罗的第七世皇曾在法国留学,而留法学生之在政府任职者也算不少。暹罗的现任财政部长朗伯第,就是一个例子。

也许为了这个原故，而特别是因为法国自十九世纪下半叶以后，对于暹罗不断的作侵略的企图，所以暹罗对于法国的恶感，相当的深。凡是到过暹罗与英法的属地交界的地方，对于这一点最容易看出来。在暹罗与法属交界地方，反抗侵略的标语，不但特别的多，而且特别的沈痛。比方在乌汶的县署门楣上，就有了一首诗，意思是假使敌人要侵略我们，我们就是死了只剩一个，也要反抗。而且在这一带的民众，他们在茶余闲谈中，都不忘记老挝与巴丹孟。至于安古有世界著名的安古寺庙（Angorwat），世界人士到这个地方凭吊的，不绝于道，暹罗人对于这个寺庙，更不忘情。我记得有一次经亚兰而搭火车赴曼谷车上，有一个暹罗青年，一听到我说，我在安南曾到过这个寺庙之后，他立刻告诉我道：这是我们的风景区，法国以武力占据这个地方，我们将来必以武力把它取回。暹罗是否能以武力去取回，当然是一个问题，可是暹罗人之仇恨法国的心理，可见是不容易改变的事情了。

暹罗人对法国如此，对英国亦不见得就怀好意，近年来暹罗政府在英属与暹罗交界的地方，对于军事方面的设备，不遗余力。因为暹罗人对于马来半岛的北部，既不忘情，他们又明白，假使英国现在要侵略暹罗，比之以前缅甸之侵略暹罗较为容易，暹罗曾为缅甸所灭亡，英国既能征服缅甸，也能征服暹罗，而况英法两国曾有瓜分暹罗的计划呢。

总而言之：暹罗对于法国既有恶感，对于英国也没有好意。

暹罗在一百年来，无日不受到英法的压迫，所以近年以来，排斥英法的思想，越来越凶。自今年英法对德宣战以来，暹罗更想利用机会去铲除英法在暹罗境内的势力，与收复英法已占据的暹罗的藩属地方。我们说到这里，也许有人要问道：暹罗之被英法压迫，历史上既若是之久，为什么前次欧战时，暹罗不利用机会实施这种政策，反而参加英法战线呢？我们以为这个问题可以从内外两方面来说明：暹罗在二十年前，不但海、陆、空军尚没有成立，就是各种条约的束缚，也未取消。对外方面，暹罗在那个时候还没有一个与国来帮忙，因此它不但没有力量去排斥英法，而且没有胆量去开罪英法。现在呢？情形却不同了，暹罗在欧战中，得到外交部长大来托把攀（Traidor Prabandh）与其顾问美人塞尔（Francis B. Sayer），运用种种的外交手腕，于欧战后废除了各种不平等条约。二十年来对于海、陆、空军又有了多少的预备，他们自以为可恃。加以近来经过几次革命之后，第七世皇普拉加特什克被迫退位，他现在虽然蛰居英伦，但他并未忘记祖国。英国政府对于这位君主，待遇相当的厚，所以暹罗政府，对于英国更为顾忌，使暹罗排斥英法的思潮，更加澎湃。另一方面，暹罗这时已经找到了它的与国，这个与国，正帮忙暹罗，拼命的离间暹罗与英法的关系。这个与国，不是别的，就是日本。日本为什么在前次欧战时不帮助暹罗与离间暹罗与英法，而到现在才这样的做？其理由也至为简单：日本的南进政策，在前次欧战前，在政治上，在经济上都没有什么力量。前次欧战的时期里，日本才利用机会逐渐伸张其经济势力到暹罗与南洋一带。现在它在暹罗的经济势力，既已有了多少基础，遂进一步而发展其政治势力，使一方面能削减华侨在暹罗的势力，以减少中国抗战的力量，一方面能削灭英法在暹罗的势力，以达到称雄东亚的幻梦。暹罗对于英法，既从来有了顾忌之心，对于华侨，又当作心腹之患，一经日本人从中煽动，于此，数年以来，亲日排华与排英排法的政策，便越来越厉害，而所谓泛泰主义与改号为泰，却是这种政策具体的表现。

我们以为暹罗这种排英法亲日本的趋向，固有其历史的背景，然而却是一种短见的政策。暹罗应该明白暹罗在历史上的很多国耻与危机，固由英法而起，可是暹罗在近代之能够独立与统一，也未尝不是英法所赐。十三世纪的中叶以前，泰族在暹罗还是一个没有组织的民族，而托庇于他人篱下，到了一二五八年，希因他蒂王在苏口胎宣布立国的时候，柬埔寨人在洛帕布里还有势力。那个时候，泰族所占的地方，至多不过现在暹罗的二十分之一。泰族在暹罗本来没有国家，本来没有土地，现在的国家是占据别人的土地而建立的，十三世纪至十六世纪的泰国，常为柬埔寨所牵制。十六世纪以后的泰国，曾为缅甸所灭亡，假使柬埔寨不为法国的藩属，缅甸不为英国所并吞，暹罗未必就没有外患，暹罗未必不再为缅甸征服，未必不为柬埔寨人所取回。暹罗——泰族——不应忘记暹罗曾要求过英国的帮助去抵抗缅甸，暹罗更不应忘记英国征伐缅甸时，暹罗曾自动帮助英国，暹罗现在既占了柬埔寨人与其他民族的土地，又少了缅甸的忧患，应自知足。而况暹罗人口只有一千万左右，以暹罗的面积与物产之丰富来看，就使现在的人口总数再加二三倍，尚不至人满之患，为什么再要侵略别人的领土？

英法把暹罗来当作一个缓冲地带，当然也是为他们自己打算，而非专为暹罗着想。不过暹罗也得明白，假使英法想瓜分暹罗，那么暹罗早已灭亡。四十年前，法国派了两艘军舰到曼谷，已使暹罗割地赔款，假使英法两国联合去征服暹罗，暹罗那能抵抗？总而言之：英法既征服了暹罗的劲敌，使暹罗无外顾之忧，同时，英法自己又没有瓜分暹罗的企图，而使暹罗得到独立的机会。现在暹罗不亲善英法而受英法所顾忌的日本的愚弄，想利用第二次欧战的机会而占小便宜，排斥英法。将来第二次欧战结束，英法若联合起来，用严厉的手段去报复暹罗，恐怕暹罗到了那个时候，后悔无及了。何况目前日本用全力以对付中国，尚嫌不够，那里有余力去帮忙暹罗来反抗英法，实现暹罗人泛泰主义的梦想呢!？

第十四章　暹罗与日本

暹罗与日本虽远隔重洋,却有好多类似的地方,在幅员上,两者都比较的狭小;在人口上,两者也比较的稀少;在体格上,两国的人民又比较的矮小;在文化上,这两个国家没有什么固有的文化。两者直接上都曾深受中国文化的影响,间接上,也深受印度文化的滋育。日本的佛教是由中国传播,而暹罗的佛教,主要却由缅甸与柬埔寨传播。虽则许多考古学者断定,暹罗在西历五六世纪的时候,印度的大乘佛教曾直接的输到暹罗,可是这种佛教在暹罗,早已消灭,而现在所流行者,却为间接由缅甸与柬埔寨所传入的小乘佛教。

因为这两个国家都没有什么固有文化,所以对于采纳外来的文化,都较为容易。在以往,他们虚心接纳中国与印度文化,固不待说;日本自明治维新以后,暹罗自拉玛第四以后,对于西洋文化,都能积极的提倡,积极的接受,而且两国的领导西化的人物,多为皇室与贵族方面。

在语言文字方面,暹罗与日本也同样地受了中国的影响;可是两者都经过改革运动,而趋于易读。又如日本的神道教与暹罗的佛教,在派别上虽是各异,然而对于人民生活的影响,却同样有很大的力量。日本政府与暹罗政府都能利用这种宗教的势力,去统治人民,去统一国家。他如日本人之外出喜带剑,与暹人之外出喜带刀,也是风俗上的类似之处。

上面所说的类似之点,也许是偶然的,而不一定因暹罗与日本有了什么关系而致此。不过东亚只有三个独立国家,除了中国以外,这两个国家有这么多的类似的地方,这是值得我们注意的。

而况,近来不但在国内政治方面,暹罗与日本一样的偏向于法西斯蒂主义,而且在向外发展方面,这是我们应该注意的。

日本人的大陆政策,要想并吞整个中国,暹罗人的泛泰主义,也未尝不想号招暹罗以外所有的泰族。大陆政策与泛泰主义,名称虽是不同,实际上没有什么区别,两者都是侵略的口号,两者都是错误,两者都是妄说。

然而从中国的立场来看,我们对于两者都要留意,对于两者都要防备,我所以常常提醒国人不要蔑视我们的南邻,就是这个原因。

暹罗与日本的关系,据说在日本是始于庆长、元和、宽永之间,在暹罗为希啊呦他亚王朝时代(一三五一——一七六七)。日暹关系,比之中暹关系较晚得多。而且最足以使我们注意的是,那个时候的日暹交通,多依赖于中国的船舶,而且日暹的国书,多有汉文的本子,故中国不但是日暹关系的物质方面的媒介,而且是日暹关系的精神方面的媒介。

暹罗与日本在那个时候的关系，主要是在贸易方面。从日本运去暹罗的物品为金，银，铜，雕刻品，金屏风，绘画敷物，铜器，漆品，磁器，太刀，铠，枪，伞，扇子，硫磺，麦粉之类；由暹罗运去日本的货物为花，毛毡，木绵，绉更纱，鲛皮，黑糖，鹿皮，象牙，犀角，漆器，烟，硝锡，槟榔，子簾，乳香，金刚石，珊瑚，琥珀，珠蓝，水牛角，紫檀，黑檀，白檀，火桐，伽罗，沈香，麝香，冰沙糖，西洋布，铁炮，铅，生丝，绢织物，此外又有鸟兽如鹦鹉，孔雀，驴，马，野牛，猫等。

日暹贸易的货物，在数量上如何，无从考据。但是若单以种类上来看，由暹罗运去日本的东西，比之由日本运来暹罗的多得多。我以为假使暹罗人能闭着眼睛去回想那个时候的日暹贸易状况，再来放开眼睛，看看现在日本的货物之在暹罗充斥城市，深入乡村，男女老少，日常所用以至一身所穿的几无一不来自日本的情形，那么他们必能感到所谓日暹亲善者，不外是暹人代日人畅销货物的意思，而免不了要有今昔之感了。

不但这样，在十六世纪的时候，暹罗人曾效法西洋人制造枪炮，供给与日本人，现在暹罗人却要从日本购置军火，假使暹罗人尚没有忘记的话，暹罗人更要有今昔之感了。

据荷兰人享弗利佗的《暹罗国志》：在日本宽永年间，日人之居留暹罗京都者，有六百人。日本人之在暹罗最著名的为山田长政及其子阿因。据说他们对于暹罗皇室都有过很大的帮助。至于暹罗使节与译官之到日本者为数也在不少。至一八九八年，日暹又互订通商航海条约。

暹罗与日本在第一次欧战前，除了商业的关系外，在政治上以及文化的其他方面，可以说是没有什么特殊关系。第一次欧战时期，日本虽乘机积极的在暹罗扩充其经济势力，然在政治方面，尚没有什么活动。

九一八以后，日本除了经济上的南进以外，在政治上也极力拉拢暹罗。其目的无非使暹罗表同情于日本对中国的侵略，以免在国际上处于孤立的地位。在国联会议谴责日本占据东北四省的表决中，只有暹罗一国弃权，暹罗当局在当时虽宣称这种举动并非对于日本有所偏袒，然而暹罗亲日排华的政策，已很显明的暴露出来了。

同时，日本又向暹罗租借克拉（Kra）地腰，希望开凿运河，使英国在新嘉坡的海军根据地失其重要性，并且能争夺英国在马来半岛的经济势力。此外，据说日本又曾向暹罗政府要求在大城租借地方，以为日本移民区域。我个人因为好奇心驱使，三年前游暹罗时，曾特到这两个地方调查，结果虽一无所见，然而日本并不因暹罗不答应租借这些地方，而停止其拉拢暹罗的举动。比方日暹协会主席曾明白的指出荷兰与英国能否长久的保有他们的殖民地，都成疑问。他又指出现在正是日本南进的好机会，在南进中，暹罗最为他所看重，因为暹罗不但有丰富的资源,而且对日亲善。又如东亚文化协会的主席也说:"安南与暹罗人民未享有他们所应当享的待遇,'东亚新秩序'是包括这些地方在内。"其实这种妄说,不但只侮辱了暹罗政府,而且侮辱了暹罗人民,难道日本人不知道暹罗是一个独立的国家吗?暹罗既是一个独立的国家,暹罗自己会为人民谋幸福,何苦日本去担忧呢?

不但这样,去年年底日本曾派一个海军大将到暹罗游说,要求暹罗与日本缔结攻守同盟。同时日本又极力引诱暹罗加入《防共协定》。暹罗对于攻守同盟,业已拒绝,对于《防共协定》,据说也没有参加的倾向。然而无论如何,自德国与苏俄订结《互不侵犯协定》与共同瓜分波兰之后,日本人现已明白参加所谓《防共协定》是上了大当,日本人自作聪明,却上了德国的当,我们希望暹罗不要又上日本的当。数月前,法国报纸曾揭载日德曾签过一种瓜分亚洲的密约,而暹罗也包括在内。

日本人的"东亚新秩序",已给暹罗一种侮辱,日德的密约又要使暹罗成为刀上鱼肉,日本要亲善暹罗的用意,很为显明,可是暹罗去亲善日本的政策,真是其愚不可及。

然而为什么暹罗要与日本亲善呢?照暹罗人的看法,他们亲善日本,对于他们也有好处。比方:暹罗的人士与学生之赴日本者,得到日人的盛大欢迎,暹罗的海陆空军之积极扩充,又得日本的很多帮助;同时日本又派送了很多军事顾问与供给不少的工业资料与暹罗。暹罗在军事上既素来薄弱,在工业原料上又很为缺乏,日本既乐意帮忙,暹罗也乐意接受,然而暹罗人好像忘记了这些小便宜,远抵不过日本货物在暹罗畅销所得的利益。

此外,暹罗人受了近代国家主义与民族主义的影响之后,存了很大的野心,怀着很多的妄想,他们以为缅甸之东,安南之西,马来半岛之北,在历史上有的时候曾为暹罗所征服,暹罗人觉得应该夺回这些地方。我记得在暹罗东部边境有一个地方叫做乌汶,在县署的门上与许多地方都挂起抵御外侮的口号,贴了收复失地的标语,我又记得三年前经过暹罗与马来半岛的边界时,见到暹罗在军事上作了不少的准备,与六年前我经过那个地方的情形很不相同。我们知道东部边境的口号标语,是针对法国,南部边界的军事行动,却是针对着英国。暹罗既非英法的劲敌,同时又要夺回所谓历史上的属地,那么非借日本的力量是不成的。

暹罗又以为在安南,在缅甸以至中国,还有好多泰族的支流。暹罗人自称泰人,对以〔于〕暹罗以外的泰族自然很想联络起来,而成为一泛泰民族。所以暹罗在今年六月间曾改国号为泰,其用意我在第三章里已经申述。我们在这里所要注意的是:暹罗改国号为泰后,暹罗政府与学界曾宣传收复泰族已失的土地,建设泰族的国家。可是暹罗人要想达到这种目的,非靠日本的力量是不成的。

暹罗近年所抱的政策既是这样,日本人又从中煽动,如果一旦使暹罗的国家主义，趋于帝国主义，使暹罗的民族主义趋于侵略政策，恐结局不但为东亚和平之障碍，即对于暹罗本身亦很危险的。

暹罗对于这种政策不能立即改变，不但对于英法很为不利，就是对于中国也有害处。假使这种主义，这种政策实施起来，那么法属安南的柬埔寨、英属缅甸与马来半岛一部分，都要让给暹罗，同时中国境内所谓泰族曾经占据过或尚正居住的地方，也要让给暹罗。

理论上，这种主义与政策的错误，我们在第三章已经说过，我现在所要指摘的是实际上，这种主义与政策是一条行不通的路。

暹罗想要实现这种梦想，故年来遂不得不排英法与中国，同时又不得不亲善日本。然而暹罗好像忘记了假使日本既能帮助暹罗去打败英法，而夺取那些所谓泰族的乡土，那么，日本自己也能打败英法，而夺取这些地方；假使日本自己能占据英法这些属地，日本也能够占据暹罗。暹罗之于英法的属地正是"辅车相依，唇亡齿寒"。何况暹罗之所以能成为一个独立国家，完全依赖英法二国以这块地方作缓冲地带？英法过去既因权利冲突，而给暹罗以独立的机会，英法现在若利用联合战线来压迫暹罗，既使暹罗有日本的帮助，也是毫无济事。又况日本的"东亚新秩序"，以及所谓"日德密约"，无一不是当暹罗作一种牺牲品，我上面所以说暹罗亲日的政策，是愚不可及，就是这个意思。

至于暹罗排华也是错误的，中国与暹罗并不接壤。暹罗要想重回他们所谓南诏祖国，与泰族故乡，那么，暹罗非借日本力量，先占据英法属地不可。可是这么一来，结果是正像我上面所说，不但此路不通，恐怕暹罗本身先受其危！

其实，暹罗排华，至多只给在暹罗的华侨吃亏，可是华侨吃亏，恐怕对于暹罗不但没有好处，反而有害。暹罗的经济权，大半操在华侨的手里，暹罗人，尤其是统治阶级，时假法律以抽税，用政治力量去剥削他们。假使华侨通通被迫而破产，通通被迫而退出暹罗，暹罗人这种闲坐而吃的权利也没有了。因为暹罗人直到现在，不但没有力量去创造华侨所已经造成的经济基础，而且没有经验去维持华侨已经造成的经济基础，一个国家的经济基础，是与一个国家的本身成立，有了密切的关系，暹罗压迫华侨，结果也不过是损害了自己罢！

第十五章　暹罗与南洋

　　暹罗与南洋有很密切的关系，因为暹罗是南洋的一部分，而且是南洋很重要的部分；同时暹罗在南洋又占了很特殊的地位。我们可以从种族、地理、交通、军事、政治几方面来解释。

　　在南洋各处，暹罗境内的种族，比较的最为复杂，而南洋好几种的主要民族都包括在内。暹罗民族，有了二十余种之多。据暹罗内务部一九一一年的人口调查报告，也有十余种，那就是暹罗人，中国人，马来人，柬埔寨人，蒙人，加林人，安南人，香人，缅甸人，爪哇人，欧美及其他各种人。所谓暹罗人大概是包括泰人，老挝人。此外，印度人在暹罗的，也算不少，所以暹罗实为各种南洋民族所组成的国家，这是南洋各处所少见的现象，同时也是暹罗在民族上的一个特点。

　　泰族虽为统治暹罗的民族，然其人口总数，大概不过占暹罗人口总数四分之一至三分之一，中国人占三分之一至二分之一。此外，其人口较多的为老挝，柬埔寨，与马来人。暹罗的泰族，以极少的人口而统治了其他多数的民族与人口，这也可以说是在南洋其他各处的历史上所少见的，同时又是暹罗的种族上的一个特点。

　　在地理上，南洋各处，没有一个地方像暹罗那样被那么多的属地所包围，菲律宾，婆罗洲，苏门答腊，爪哇等处都是岛屿，马来是半岛，除了北部与暹罗接壤外，三面都是临海。缅甸北部与中国交界，东部与暹罗交界，西部与印度交界，可是印度与缅甸同属于英，而缅甸南部全为海岸，安南的北部虽与中国毗连，西部虽与暹罗接界，但是东南全为海岸。只有暹罗差不多四面都为英法属地所包围。它的西北是英属缅甸，它的东北是法属安南，而其南部又与英属马来半岛接壤。

　　不但这样，暹罗在南部马来半岛有一个地腰叫做克拉，这个地腰，东临暹罗湾，西临孟加拉湾，而与缅甸的南部相近。这个地方现在已引起各国的注意。因为假使在这个地方从东至西开凿一条运河，则不但南洋的整个局面必受影响，同时亚洲的交通情况，也必然发生变化。我们知道从香港到法国马赛，要二十天左右的水路，轮船必定要南驶到新嘉坡，然后北驶经海峡殖民地，经槟榔屿而出印度洋，这里绕了一个大湾。假使克拉有了运河，那么行驶欧亚的轮船，可以从暹罗湾而孟加拉湾，大概可以省四五天或四份之一的路程。这么一来，在欧亚的航业上，必然开了一个新纪元。同时，南洋商业的重心，也必从海峡殖民地而趋向暹罗湾一带。因为不但暹罗，安南与欧洲或近东的货物的往来，必经过这个地方，就是马来半岛与欧洲或近东的货物的往来，也必经过这个地方。结果，是英属马来半岛在海峡殖民地的有名通商口岸，如新嘉坡，马剌呷，槟榔屿等处，与荷属苏门答腊的西北沿岸一带的有名通商口岸，都必受到重大的影响。至少在国际交通线与国际贸易的重要性上，必因之而减少。而海峡殖民地只能成为爪哇，苏门答腊的商业中心，暹罗湾除了成为欧亚航业的枢纽外，必变成菲律宾，安南以至南中国的商业的重心。

其实，从交通方面来看，就使克拉地腰不开凿运河，而暹罗因为地理上占有特殊的地位，现在已逐渐成为南洋交通的枢纽了。以前在南洋的铁道、公路，与航空尚未发达的时候，交通差不多完全靠水道，湄南江与暹罗湾偏于一隅，在交通上的重要性，不但远不及新嘉坡，连到西贡与马尼剌也赶不上。现在情形却不同了，暹罗是欧亚航空线的枢纽，将来中国与南洋岛的航空路线一通，暹罗无疑的当变为世界上东西南北航空路线的枢纽。暹罗首都附近的丹蒙飞机场的伟大与壮丽，不但在南洋一带不容易看到，就在亚洲也少有其匹。在陆路交通方面，暹罗以曼谷为中心，南有铁道接英属马来半岛，而直抵新嘉坡，西北也有铁道至亚兰，这就是与法属安南的交界地方，除在安南境内一小段路工尚未完竣，须用汽车接驳外，从曼谷可以坐火车经亚兰，巴丹孟，金塔，西贡，河内，而直抵昆明。暹罗北部又有公路通缅甸，所以陆道的交通方面，暹罗又是南洋交通的枢纽，因为航空，特别是陆路的交通的发达，暹罗的水道交通也同时益形发展。暹罗有一条湄南大江，直贯暹罗全境，为南北的交通干线。暹罗湾在南洋虽偏于一隅，然而因为暹罗内地陆道交通的发达以及暹罗成为缅甸，安南，马来半岛陆道交通的枢纽，暹罗内地与这些地方的资源易于搜取，货物易于流通，曼谷又近暹罗湾口，这都使暹罗湾的地位日益增加其重要性。从暹罗湾至安南，香港，新嘉坡，以至欧美，都有轮船来往。暹罗为米与木出产最著名的国家，暹罗全国的米与木，无不从这里装运而分配到世界各国。所以暹罗在水道交通上，在目前虽比不上新嘉坡与海峡殖民地，然仍不失为南洋海运中心之一。假使暹罗自己能开凿克拉运河的话，那么暹罗湾，无疑的要占新嘉坡与海峡殖民地的海运第一把交椅了。

暹罗的天然产物，素称丰富，除了著名的米木之外，矿产亦极丰富。加以交通便利，将来商业当更加发达，工业也日趋发展，那么它在经济上所占的地位，当然更为重要，而成为南洋的伦敦或纽约。

此外，从军事上看起来，克拉运河的重要性，也很显明。英国以新嘉坡为东方海军根据地，一方面固为保护马来半岛以东的利益，一方面也为保护马来半岛的属地。假使克拉有了运河，而不在英国管理之下，则新嘉坡的海军根据地必失其现有的效能。因为战舰可以通过运河，不但缅甸立刻受其威胁，就是印度也受其控制。新嘉坡军港的建筑，是一九一四年欧战以后的事，一九一四年以前，在亚洲尚没有足以威胁英国在亚洲的利益的国家。一九一四年以后，日本的经济的南进政策，既积极的施行，政治以至军事的南进政策也积极的准备。英国深觉到这种危机，故不惜无限的金钱与力量，建筑新嘉坡军港，凡是到过新嘉坡的人，都会感觉这个军港的工程浩大。所以新嘉坡现在不但是南洋的商业上的中心区，同时又是军事上的根据地。然而英国这种设防的对象无疑的是日本，日本看到英国在南洋的政治与经济的力量之大，与近来的军事上的准备不易打破，于是不得不引诱与拉笼暹罗，租借克拉地腰以开凿运河，以为争夺南洋的根据地。这数年来，英国对于日暹之所以感觉不安，是与这个地腰的租借有很密切的关系。直到现在，暹罗虽尚未答应租借这个地腰与日本，就使答应了，日本现在也未必就有力量去开凿运河，然而克拉地腰在南洋地理上的重要性与特殊的地位，已可概见了。

暹罗与南洋各处最大不同的地方还是政治上的自由与独立。我们知道，南洋各处都为英、美、法、荷所征服，而变为殖民地，只有暹罗是一个独立的国家。它不但是内部完全统一，就是对外也与世界其他的自由独立的国家，同样处于平等的地位。其实一部暹罗历史，就是暹罗民族的统一、自由与独立的争斗史。暹罗始而征服柬埔寨，继而抵抗缅甸，终而应付英法与欧美其他各国，使其成为南洋唯一的自由与独立的国家，使其成为东亚三个自由与独立国家之一，使其成为世界的自由与独立的国家之一。在暹罗境内，我们找不到外国的租界，同时也找不到治外法权。暹罗已没有纳税的束缚，暹罗也没有不平等条约，从这许多方面看起来，暹罗的地位实在比南洋各地的地位优越得多。

南洋的民族，从西洋人看起来是野蛮的民族，是没有开化的民族。西洋人觉得统治他们，不但只是一种责任，而且是一种负担。所谓白种人的负担（White man's burden）的意义，不外就是以为这些野蛮与没有开化的民族，既没有自治的能力，不得不劳及西洋人来统治。灭亡了人家的国家还说是一种负担，这是南洋民族一种大耻辱。暹罗民族是南洋民族的一部分，既能统一内部，又能与各国处于平等的地位，这不但是暹罗民族的光荣，也是南洋民族的光荣。其实，暹罗是南洋其他民族争取自由的很好模样，暹罗是南洋其他民族争取独立自由的一线曙光。

不过，暹罗既处于这种特殊与优越的地位，暹罗应当利用这种地位去鼓励与帮忙南洋其他的民族，使他们也能得到自由与独立，不应该模仿各国帝国主义侵略的方法，去侵略南洋其他的民族。因为这么一来，不但会引起欧美各国的顾忌，而增加其压制南洋其他的民族，而且会引起欧美各国的联合战线，以为对待暹罗的一种政策。暹罗自己有了自由，得到独立，应该也希望南洋其他的民族也有自由，得到独立，这才是人之常情，也是立国之大道。统治南洋的欧美各国，对于暹罗这种鼓励与帮忙，不但不以此为藉口而排斥暹罗，而且事实上，美国对于菲律宾的自由与独立的运动,已表示了相当的同情。至于英、法、荷诸国,说不定将来也许步美国的后尘,使缅甸、马来、安南、爪哇、苏门答腊等处的民族也能得到自由与独立的机会。我们承认这种机会是不容易得到的,就是能够得到,也要相当的时间,但是我们相信假使暹罗欲侵夺南洋这些地方以为己有,则不但南洋的其他民族,必不愿意受暹罗的统治,就是统治南洋的欧美各国,更必不愿意让这些地方与暹罗,结果必使他们对于暹罗发生恶感,使暹罗的本身处于危险的地位。

不但这样,暹罗不应该忘记暹罗的自由与独立,并不是暹罗本身的力量所争取得来的,而是靠着英法所赐与的。英法之于暹罗,关系至为密切,英法二国现在在欧洲既因德国的威胁欧洲而联合起来,以抵抗德国,在亚洲亦同样的感觉到日本威胁其属地,而努力于同谋保护其属地的筹谋。去年新嘉坡英法的海军会议,就是这种举动的表示。此外,美国与荷国也同样无时不以日本威胁其属地为忧顾。那么,英、法、美、荷四国联合起来,以应付日本,也是必然的趋势。暹罗在这个时候,不亲善英、法而亲善日本,自以为因此可以增加其侵略南洋其他民族的力量,同时又提倡所谓泛泰主义以为侵略亚洲各处泰族的口号。其实,假使日本能帮助暹罗去打倒英、法、美、荷在南洋的势力,日本自己能打倒他们在南洋的势力,日本也能打倒暹罗,征服暹罗,这么一来,对于暹罗不但没有益处,反而有害。而况暹罗的亲善日本,现在已引起美、荷,而特别是英、法的恶感,使暹罗在南洋处于孤立的地位?

总之,暹罗为南洋的唯一的自由与独立的国家,然而这种地位,并非由暹罗本身的力量所取得,而全是靠着别人的赐与。现在暹罗既不帮忙南洋其他的民族以争取同样的地位,又不愿意与英、美、法、荷诸国联合起来,以抵抗日本的南进政策,而且还要以泰族的招牌去煽动东亚其他各国的民族,藉日本的力量以侵略南洋的其他的民族的土地,这是一种自亡的主义,自杀的政策。

我曾说过:"南洋是我们侨胞的集中区域,南洋是我们侨胞的第二故乡,为了发展这个区域,为了保护这个故乡,我们应该有整个的政策,使能具体的推动;南洋是我们的海外宝库,南洋是我们过去的藩属,为了增强我们的经济力量,为了增长我们历史的光荣,我们应该有整个的政策,使能具体的推动。"暹罗在南洋既是很重要的部分,又占了很特殊的地位,那么,在我们注意南洋的时候,我们对于暹罗,愈要加以注意了。

南洋与中国

目　　录

自　序 ········· 73
绪　言 ········· 74
第一编 ········· 77
  第一章　历史的回顾（一）① ········· 77
  第二章　历史的回顾（二） ········· 80
  第三章　历史的回顾（三） ········· 83
  第四章　历史的回顾（四） ········· 86
  第五章　历史的回顾（五） ········· 89
  第六章　华侨的人口（上）② ········· 92
  第七章　华侨的人口（下） ········· 95
第二编 ········· 98
  第八章　经济的问题（一） ········· 98
  第九章　经济的问题（二） ········· 101
  第十章　经济的问题（三） ········· 104
  第十一章　经济的问题（四） ········· 107
  第十二章　经济的问题（五） ········· 110
  第十三章　教育的问题（上） ········· 113
  第十四章　教育的问题（下） ········· 116
附　录 ········· 119
  一、新南洋的展望 ········· 119
  二、论中国与南洋的外交 ········· 121
  三、云南与华侨 ········· 123
  四、论中暹的关系 ········· 125
  五、我们岂能再容忍暹罗 ········· 127
  六、谈救济华侨 ········· 129
  七、南洋与青年 ········· 131

---

① 编注：底稿无，为方便读者阅读，区分了（一）……（五）。余不注。
② 编注：底稿无，为方便读者阅读，区分了（上）（下）。余不注。

自　　序

　　在这本书里，除了第十二章之外，其余各章都是最近写的。我本来想把这个题目写成一本较大的书，可是因为时间的关系，未能这样的做，结果不只是有了好多问题不能在这里讨论，连了在这里所讨论的一些要点，也不能尽量发挥，这是我要对读者道歉的。

　　附录七篇，都已在各种刊物发表过，有的虽已失了时间性，然从历史的观点来看，未尝没有保留的价值。故亦附录在这里。

著者。

绪　言

南洋这个名词，我们在这里所用的，大体上是史书上所说的南海。至于明初三保太监下西洋，那个西洋，也与我们这里所说的南洋，有不同之处，因为郑和所下的西洋范围较大，它包括了印度洋的印度。

我们这里所说的南洋，是指英属的缅甸，马来半岛，及婆罗洲；荷属的爪哇，苏门答腊，以及其它的东印度群岛；美属的菲律宾群岛；法属的越南，与暹罗等处。

所谓南洋，虽然有海洋的意义，然而我们所指的却不只是在中国南海（South China Sea）中的岛屿，而且指与我国西南各省，即广东、广西、云南、西康所接壤，而伸出于南海的缅甸、安南、暹罗、及马来半岛等地方。这些地方，本是大陆的一部分，谓之为南洋，顾名思义，也许未甚妥当，然而这个名词沿用已久，我们只好使用下去。

南洋既指南海而言，其范围原也可以扩张，而包括澳大利洲以至新西兰。然而在习惯上，这些地方却在我们这里所说的南洋之外。此外，又有些人以为南洋应该指郑和所下的西洋，包括印度在内。印度的文化与我们这里所说的南洋，虽有了密切的关系，然而在历史上，在地理上，都自成体系，所以我们所说的南洋，应该与印度无关。

从地理上看起来，世界各国中，没有一个国家像中国之于南洋的关系那么密切了。

缅甸的东北与我国的云南、西康毗连，直到现在，中缅的边境界线，有些地方还未能十分确定。安南的北部与我们的云南、广西、广东的南部接壤，暹罗位于缅甸与安南之间，虽然不与中国接壤，可是从云南的南部边境到暹罗的北部边地，特别是在缅甸与安南的交界的地带，距离只有数十公里的途程。所以在地理上，两者的关系也很为密切。假使在缅越交界的地方有了一个走廊，而这个走廊是属于中国，或是属于暹罗，或是由中暹两国去共管，那么中国之于暹罗，在地理上也就衔接起来了。

马来是从暹罗的南部伸出去的半岛，北部属于暹罗，南部属于英国。这个半岛，也可以说是中国的南海与印度洋的分界线，所以在这个半岛的西边的海洋，我们叫做印度洋，在这个半岛的东边的海洋，我们叫做中国的南海。

马剌呷海峡，虽然分开了马来半岛与苏门答腊，但是这个海峡，而特别是在东南方面，并不很广。其实，从新嘉坡或马来半岛的东南角，到苏门答腊的关丹，河口，这两个地方，不只距离很近，而且有了好多岛屿密布其间。又如从新嘉坡到荷属寥（Riouw）岛西岸的首府丹戎比喉（Tandjoengpinang），也不过相隔一衣带水，从这个地方，到苏门答腊的哈利（Hari）、河口中间，也有了很多的岛屿。

苏门答腊东南角之于爪哇的西北角，也只隔了一衣带水。从爪哇的最东的海岸，经过巴里（Bali）岛，龙目巴（Lombak）岛，松巴瓦（Sumbaw）岛，西里伯斯（Celebes）岛，佛罗里（Flores）岛，帝汶（Timor）而至新几内亚（New Guinea）与新不列颠岛等处，从一个岛到别一个岛，距离都不很远。

假使我们从苏门答腊的巨港（Palembang）越过邦加（Bangka）与勿里洞（Bandan）两个岛，而到婆罗洲，海程的隔离，也是很近。再由婆罗洲的西北角的古达（Kadat），或是东北角的各处而到菲律宾群岛，也并不远。

在菲律宾的北边海岸与台湾的南方的东港之间，也有了很多的岛屿。由台湾到福建沿岸的隔离之近，又是我们所熟知的。台湾之所以在历史上成为中国版图的一部分，也就是这个原故罢。

有人说：从福建的沿岸，经台湾而到菲律宾的北部，本来是有了陆地相连，后来才有海洋的隔离。说不定在好多年前，不只是从福建的沿岸经台湾而到菲律宾的北部，是有了陆地相连，就是从菲律宾群岛以至荷属的东印度群岛，这就是从菲律宾的南部而到婆罗洲的北部，经过爪哇，苏门答腊而至马来半岛，或者也有陆地相连。假使这是事实，那么今日中国的南海，就是一个大湖——世界最大的湖，而可以叫做中国的南湖了。

从地理上看起来，中国是东亚陆地的主干部分，在中国沿岸与太平洋之间，有了好多的大小岛屿，从朝鲜半岛或日本本部，经九洲、琉球群岛、台湾、菲律宾群岛、婆罗洲、爪哇、苏门答腊，以至马来半岛，再沿马来半岛的东岸，经暹罗湾，沿越南海岸而北上至东京湾，都可以说是中国东南海岸的外围地带。也可说是中国在太平洋上的屏障。

同样的，苏门答腊，马来半岛，以至缅甸，又可说是中国在印度洋上的外围地带，或中国在印度洋上的屏障。

从南洋的地理看来，南洋的主要地域是中国西南方面所伸出的土脉，这就是缅甸、安南、暹罗，与马来半岛那一带地方，因为这些地方，不只在面积上是一片连接的地方，且与中国有了毗连的关系。

不但这样，在这一个区域里的河流、山脉，大致上都是发源于中国的西南部。缅甸的最大河流是伊洛瓦底江，这条河发源于西康，长达一千二百五十哩。此外，缅甸又有一条萨尔温江，是由云南流入的，长一千七百五十哩。虽则这条河在交通与水利上，远不若伊洛瓦底江之大。此外又如在暹罗与安南的湄公河，是来自云南的澜沧江。安南北部的红河，在我国境内的，又称为富良江。至于山脉，因为安南缅甸与我国西南交界，其山脉，都是从我国伸出去的支脉，或余脉。比方，怒山是从我国沿缅甸而直到马来半岛。从此更可以见得我国在地理上与南洋的关系的密切了。

　　总而言之，从地理上看起来，世界上没有一个国家像中国之于南洋的关系那么密切，这不只是因为南洋的主要区域，像缅甸、安南、暹罗与马来半岛这一片地方，是我国西南区域所伸出的土脉，就是苏门答腊，荷属东印度的其他各处，及菲律宾群岛之于我国，也有了不可分离的关系。这些地方的隔离，多只一衣带水，我国东南方面的台湾与这些地方，尤其是菲律宾的关系，更加密切。其实，从台湾经过菲律宾，而至荷属东印度群岛，也可说是同一土脉，这与我国西南所伸出至马来半岛的那个土脉，形成了中国的西南与东南两方面的屏障。

第一编

第一章 历史的回顾（一）

从地理上看，中国之于南洋的关系，固像上面所说，很为密切；从历史上看，两者的关系，尤为密切。

历史上，中国与南洋的关系，究竟始于何时？尚难确定。《后汉书·南蛮传》云：

> 交趾之南，有越裳国，周公居摄六年，制礼作乐，天下和平。越裳以三象重译而献白雉。周公曰：德不加焉，则君子不享其质；政不施焉，则君子不臣其人。吾何以获此赐也？使者曰：吾受命我国之黄耇曰久矣。

据传说，越裳国的使者这一次来朝贡之后，要想回到他们自己的国家，可是他们却忘记了回去的路途，因此，周公乃制造指南车五乘，给与他们，使他们照着向南的方向回到他们的国家。

《后汉书·南蛮传》的这一段记载，是否可靠，当然是一个疑问。至于交趾这个名词，据我们所知道的，已见于《礼记》，云：

> 南方曰蛮，雕题交趾，其俗男女同川而浴，故曰交趾。

《礼记》据说是汉初河间献王得仲尼弟子及后学者所记而成的书，所以这本书里所记的是否能够代表春秋时代的事实，也是一个疑问。但是假使交趾在周代已与中国交通，而越裳国又在交趾之南，那么越裳国就是后代的越南的地方，是无可疑的。至于所谓交趾，当然就是今日的越南。

我们根据史书所载，秦始皇统一天下，中国的版图已扩充到越南的北部。秦置桂林，象郡，可以说是包括了这些地方。《淮南子》在《人间训》篇中，也曾经说过秦始皇之所以经略这些地方，是因为他想获得犀角、象齿、翡翠、珠玑之利。

关于秦及秦以前的中越关系，《越史略》里曾有下面一段话云：

> 《春秋》谓之阙地。《礼记》谓之雕题。至周庄王时，嘉宁（越南的北部）有异人焉，能以幻术服诸部落，自称碓王，都于文郎。文郎国以淳为俗，结绳为政，传十八世，皆称碓王。越勾践尝遣使谕，碓王拒之。周末，

为蜀王子泮所逐而代之,泮筑城于越裳,号安阳王,竟不与周通。秦末,赵佗据郁林、南海、象郡……自称武王。时安阳王有神人曰臬鲁,能造柳弩,一张十放,教军万人,武王知之,乃遣其子始为质,请通好焉。后王遇鲁稍薄,臬鲁去之,王女媚珠又与始私焉,始诱媚珠求看神弩,因毁其机,驰使报武王,武王复兴兵攻之……遂破之。

这种记载是否可靠,也成为问题。我们所能确定的是,秦置的桂林、象郡,越南北部已包括在内了。

到了汉朝以后,越南隶属中国,有史可征。汉武帝元鼎六年(西历纪元前一一一年),曾平服交趾、日南等处。《前汉书·武帝本纪》中说:

元鼎六年,冬十月,发陇西、天水、安定骑士及中尉,河南、河内卒十万人,遣将军李息,郎中令徐自为征西羌,平之。行东将幸缑氏,至右〔左〕邑桐乡,闻南越破,以为闻喜县。春,至汲新中乡,得吕嘉首,以为获嘉县。驰义侯遗兵未及下,上便令征西南夷,平之,遂定越地,以为南海、苍梧、郁林、合浦、交趾、九真、日南、珠崖、儋耳郡。定西南夷。

这里所谓平定的九郡,有三郡是在越南的境内,这就是交趾、九真,与日南三郡。交趾郡治瀛邻,就是现在的河内省;九真郡治胥浦,就是现在的顺化省;日南郡治朱告,就是现在的富春省。这都入了中国的版图。当时中国在安南境内所统治的南边,大概是到了现在承天府的隘云山。这个山的南方,就是历史上所说的徼外蛮夷的地方,后汉末年,在这些地方所建立的林邑国,其北方边境,大概与汉的象林接壤,而占有现在安南的本部。

王莽末年,岑德曾致书与交趾牧邓让,宣示中国的威德,后来邓让与锡光同江夏、武陵、长沙、桂阳、零陵、苍梧六太守,皆到来朝贡。光武建武十六年(西历四〇),交趾女子徵侧及其妹徵贰反叛,光武乃遣马援为伏波将军,征讨交趾。《越史略》中曾记及此事云:

建武十六年,麓泠县人徵侧,雒将之女也。嫁为朱鸢县人诗索为妻。性甚雄勇。所为不法,太守苏定绳之以法,侧怒,乃与其妹贰起兵攻陷郡县,九真、日南皆应之,略定汉南外六十五城,自立为王。都麓泠。十七年,汉拜马援为伏波将军以击之十八年,援缘海而进……至浪泊上与侧战,侧不能支,退保禁溪。十九年,侧益困,遂走,为援所杀。

我们知道,在汉武帝的时候,曾以路博德为伏波将军征伐越南,到了马援,又被命为伏波将军去平越南。马援平定这个地方之后,据说他曾在日南、象林建立了铜柱,以定汉界,又在铜柱上书了"铜柱折,交趾灭"的字句,并留兵保守铜柱,以防越南土人的反抗。

马援在越南四年之久,他于建武二十一年离开越南;但是留在越南保守铜柱的兵士，却逐渐的繁殖起来，后来增至数百户，他们通通姓马，而谓为马留人。

安帝永初元年（西历一〇七年），九真徼外的蛮族，曾请求内属。顺帝永建六年（西历一三一年），日南徼外叶调便遣使入贡，顺帝曾赐调便金印紫绶。又据《后汉书·南蛮传》所载，后汉的初年，越南逐渐的华化起来，云：

> 人如禽兽，长幼无别，项髻徒跣，以布贯头而著之后。颇徙中国罪人，使杂居其间，乃稍知言语，渐见礼化。光武中兴，锡光为交趾任延守九真，于是教其耕稼，制为冠履，初设媒娉，始知姻娶，建立学校，导之礼义。

这可见国人之到越南的，不只是军队兵士，而且有了犯人，与土人杂居，同时又设立学校，使其华化。

不但这样，我们若据越史所载，所谓越人，也是华夏的后裔。他们的立国君主是鸿庞氏，乃炎帝神农之后，明帝之子。鸿庞氏建国于纪元前二千八百年，共传了二十世。在位的君主，每个人都享寿数百岁，这是第一个朝代。到了纪元前一百七十八年，乃有瓯貉王朝的建立，其君主叫做安阳王，名泮，为巴蜀人，在位五十余年，为越王赵佗所灭。这是周末秦代的事情。此外，《汉书》里也说：高辛氏之犬，应悬谕令，衔吴将军头诣军前，帝女遂从之入山，生子女六人，自行婚配，繁衍众多，始居于湖南，长沙，武夷，后经桂省而至越南。这只是一种传说，不易置信。但是越南人种，不只是与我国人种有了很多相似之点，而且中越人民杂居，有了悠久的历史，故彼此的血统，早已混合，是不能否认的事实。

除了越南之外，缅甸也与中国接壤，就是暹罗与中国，地理上也很接近。然而历史上中越的关系，开始较早得多，这可说是由于历史上广西广东的开辟较早。至于云南之入中国版图，既然较晚，中缅关系的历史，也因之较短，这是由于地理上的崇山峻岭所阻隔，陆道交通很为困难所致。

为了这个原故，在秦以前，中国之于南洋的陆道交通，既只限于越南方面。自汉以后，中国与南洋的交通，主要是由于海道，连了所谓伏波楼船征伐越南，也是靠了海道。所以汉代以后，中国与南洋的其他各处，才正式发生了关系。

第二章　历史的回顾（二）

在汉代，中国与越南的关系，主要虽是由陆道的交通，然而在这个时候，中国与南洋的其他各处的海道交通，已经相当的发达。《汉书·地理志》有一段记载中国与南洋的海道交通，很为详细。云：

> 自日南、障塞、徐闻、合浦，船行可五月，有都元国。又船行可四月，有邑卢没国。又船行可二十余日，有谌离国。步行可十余日，有夫甘都卢国。自夫甘都卢国船行可二月余，有黄支国。民俗略与珠崖相类。其州广大，户口多，多异物。自武帝（纪元前一四〇至八七年）以来皆献见。有译长属黄门，与应募者俱入海，市明珠璧流离，奇石异物，赍黄金杂缯而往。所至国，皆廪食为耦，蛮夷贾船转送致之，亦利交易。剽杀人，又苦逢风波溺死，不者数年来还。大珠至围，二寸以下。平帝元始（纪元后一至五年）中，王莽辅政，欲耀威德，厚遗黄支王，令遣使献生犀牛。自黄支船行可八月，到皮宗。船行可二月，到日南象林界云。黄支之南，有已程不国，汉之译使，自此还矣。（《汉书》卷二十八下"粤地"条）

从上面一段话里，我们可以注意到下面数点。第一：南洋诸国与中国的海道交通，在汉武帝的时代，已很频繁，那么中国与南洋海道交通的历史，恐怕开始于汉代以前，不过因为史料的缺乏，不易证明其确实的年代罢了。上面所举《越史略》中所载越王勾践尝遣使去越南谕碓王事，是否可靠，固成问题，假使这事可靠，而勾践所派使者之到南越，是否由海道而往，也成问题。不过越人善舟，同时那个时候，两广还未归附中国版图，越王遣使从浙江海港，经福建、广东海岸而到安南，并非不可能之事。而且南洋诸国在武帝时，既尝到中国朝贡，中国使者也到了南洋各处，这种海上交通，必非突然而来，而必有相当长久的历史。所以我们可以推想在周秦的时代，南洋交通，当已发展，至汉代而益盛。

第二：照这段话看起来，中国人之到海外的是由日南、障塞、徐闻、合浦等处出发。日南已在越南境内，从那里到南洋各处自然很近，至于徐闻，合浦是在雷州半岛，对面为海南岛，古称珠崖。这些地方，因为靠近南海，遂成为汉时的海外交通的要地。中国人之到海外的，既以此为起点，那么海外诸国之到中国的，大致也以这个地方为终点。所以我们可以推想在汉代，雷州半岛、海南岛与东京湾一带的船舶之来往的，当也很多。

第三：中国君主之所以要派人到海外的目的，大致有两种：一为寻找珍奇物品，二为宣扬威德，至于一般人民之到海外，主要是为了贸易。

第四：这段话里所叙述的几个国名，直到现在还没有十分正确的考定。然据斐隆（G. Ferrand）著的《昆仑及南海古代航行考》（冯承钧译本），及藤田丰八的《东西交涉史之研究·南海篇》《前汉对于西南海上交通之记录》等著作，他们认为都元就是《通典》卷一八八之都昆，或都军国，这个国，是在马来半岛的沿岸。邑卢没国，是《新唐书·南蛮传》中的盘盘国东南的拘蒌密，这个国是在缅甸的沿岸。谌离国是贾耽通海夷道中的骠国悉利城。夫甘都卢国是缅甸的蒲甘（Pugan，Pagan）城。皮宗是马来半岛的彼桑岛（Pisang）。黄支国是《西域记》卷十中的达罗毗荼国（Dravida）都城建志补罗（Kancipura），这就是现在的Conjeveram。

假使这种考证是正确的话，都〔那〕么在西汉时代的使者之到南洋的，已经绕过了马来半岛而到印度洋的沿岸。黄支若为建志补罗，使者所到最远的地方，是在印度的南部了。

第五：从这段话里我们知道上面所说的各国，都会遣使到中国，同时中国也有使者之到了这些国家，而中国的使者之到海外的，是属黄门的译长。

第六：中国使者离开雷州半岛的时候，是乘中国的船舶到了远海，然后又由蛮夷贾船转送。因此我们又可以推想在那个时候，中外的船舶之来往南海各处的，必定互相熟识，互相转送，互相交易。

第七：中外货物交易的种类，在这里也已提及。由中国运往外洋的是黄金、杂缯；而从外洋运回的是明珠、璧流离、奇石、异物、犀牛等等。

第八：海上旅行的苦况，在这里也曾述及。除了风波溺死之外，在海上，在南洋各处都有生命的危险，大概海盗与土人的凶残，是随时随地可以发生的。其实这种情形，不只是在二千年前可以发生，就是一百数十年前也常发生。至于因风波而使船沉人溺的情况，直到最近，凡是由广东沿海一带之乘帆船到南洋的，也是常有的事，而况在那个时候的船舶，还比不上近代的呢。

最后，从这段话里，我们又知道由中国到南洋而至黄支，除了乘船之外，还有步行的路程，步行的时间约十余日，计算乘船与步行共需约十二个月的时间。但是据其回程的记载，从黄支经皮宗而到日南、象林，只需十个月的时间，这也许是因为顺风与不顺风的关系。然而照这里的记载，从徐闻合浦而至黄支，至少也要十个月的时间，那么若合计往返途程，非两年不可。

在《后汉书》里，我们也可找出好几个地方记述中国与南洋的关系的，如卷一一六《南蛮西南夷传》里说：

> 永宁元年（西历一二〇），掸国王雍由调复遣使者诣阙朝贺，献乐及幻人，能变化吐火，自支解易牛马头，又善跳丸，数乃至千。自言我海西人。海西，即大秦也。掸国西南通大秦。

卷六《本纪》也说：永建六年（西历一三一）"十二月，日南徼外叶调国、掸国遣使贡献"。又卷一一六《西南夷传》说："永建六年，日南徼外叶调王便遣使贡献，帝赐调使金印紫绶。"又《西域天竺传》云：

> 天竺国，一名身毒，在月氏之东西〔南〕数千里……身毒有别城数百城，置长；别国数十国，置王……其时皆属月氏，月氏……西与大秦通，有大秦珍物，又有细布，好氍毹，诸香、石密、胡椒、姜、黑盐。和帝时（西历八九至一〇五）数遣使贡献……世传明帝（五八至七五）梦见金人，长大，顶有光明，以问群臣，或曰：西方有神，名曰佛，其形长丈六尺，而黄金色，帝于是遣使天竺问佛道法，遂于中国图画形像焉。楚王英始信其术，中国因此颇有奉其道者。

同卷还有一段是记载大秦国与安息天竺的互市，然这是印度洋以西的国家，我们可以从略。照这数段话看起来，后汉时代中国与海外的关系，不只愈为密切，而其范围也愈来愈广。安息是波斯，而大秦为罗马，假使这么远的地方都与中国交通，那么中国之于南洋的海上交通，必更为频繁。因为不只南洋诸国朝贡中国的愈来愈多，而安息大秦之东来中国的，也必经过南洋一带。

不但这样，掸国在缅甸的北部，其使者来中国的次数，既若是之多，说不定从缅甸北部到中国的陆道，也已沟通。这是前汉以前的史书所未及的。至说"掸国西南通大秦"，然又说"我海西人。海西，即大秦也"，这似乎是矛盾的。假使这里所说的大秦是罗马，那么掸国之于大秦，相距很远，若说这个大秦不是罗马，那么这个大秦也许就是在印度。但是《大秦传》中所说的大秦王安敦，又似是罗马的安敦尼（Antoninus），安敦尼在位十九年，从一六一年至一八〇年，《后汉书》说桓帝延熹九年遣使通中国，正是在一六六年，这是一件很为巧凑的事。假使这里所说的安敦就是罗马安敦尼皇帝，那么中国在那个时候，不只与南洋各处交通频繁，而且与西洋已有了接触了。

第三章　历史的回顾（三）

到了三国的时代，吴孙权曾数次遣使到南洋，而南洋各国之遣使到中国朝贡的也很多。《吴志》卷十五《吕岱传》云：

> 岱既定交州，复进讨九真，斩获以万数。又遣从事南宣国化，暨徼外扶南、林邑、堂明诸王，各遣使奉贡。

交州的平定，是在黄武五年（西历二二六），到了黄龙三年（西历二三一），孙权曾召吕岱回国，所以吕岱之讨伐交州与遣从事南宣国化，当在这数年内。又据《吴志》卷二，赤乌五年（西历二四二）七月，遣将军聂友，校尉陆凯，以兵三万讨珠崖儋耳。次年十二月，"扶南王范旃遣使献乐人及方物"。

这可见吴对于南洋的注意。但是在三国时，出使南洋各处之最著名的要算朱应与康泰。朱应与康泰之出使，《三国志》中并没有说及，而却见于《梁书》卷五四《海南诸国传》的总叙里。今且录之于后：

> 海南诸国，大抵在交州南，及西南大海洲上，相去近者三五千里，远者二三万里，其西与西域诸国接。汉元鼎中，遣伏波将军路博德开百越，置日南郡，其徼外诸国，自武帝以来皆朝贡。后汉桓帝之世，大秦天竺皆由此道遣使贡献。及吴孙权时，遣宣化从事朱应，中郎康泰通焉，其所经及传闻则有百数十国，因立记传。

《梁书》虽然告诉我们，朱应康泰游了诸国之后，曾作记传，其书名前者所著的如《扶南异物志》，后者所著的如《扶南传》《吴时外国传》等，可惜现在都已佚传。因此，他们在海外的事迹不易明瞭。现在所能找出的，只是从片断的记载中推想罢了。比方《梁书》卷五四《扶南传》云："吴时遣中郎康泰，宣化从事朱应使于寻国。"所谓寻国，大概就是范寻统治时代的扶南。《南齐书》卷五八《扶南传》云：

> 至王槃况死，国人立其大将范师蔓，蔓病，姊子旃篡〔篡〕立，杀蔓子金生。十余年，蔓少子长，袭杀旃，以刃镬旃腹曰：汝昔杀我兄，今为父兄报汝。旃大将范寻又杀长，国人立以为王，是吴晋时也。

上面曾指出范旃遣使献乐人及方物，而这里又说范寻继范旃而就王位，那么所谓康泰朱应使于寻国，当是指着范寻统治时代的扶南了。

至于晋与南北朝时代佛教之在中国，很为发达，除了政府遣使到外国之外，僧人之到印度的很多。这些僧人到印度的，固然很多是取道于西北陆道，然而也有不少是由海道的。比方《高僧传》卷四里云于法兰，"远适西域，欲求异闻，至交州遇疾，终于象林"。就是一个例子。

在僧人之中，经过南洋而最为后人所乐道的，要算法显。

法显赴印度，是在晋安帝隆安三年（西历三九九），而回到中国，是在安帝义熙十年（西历四一四），在外时间共十五年。他赴印度的时候，虽由长安取陆道，但他的回程，却由海道而经南洋。关于他记载在外游历的著作，本有数种，惟现在只存《佛国记》，或《法显传》一本。在这一本书里，曾述及他的回程如下：

> 多摩梨帝国，即是海口。其国有二十四僧伽蓝，尽有僧住，佛法亦兴。法显住此二年，写经及画像，于是载商人大舶，泛海西南行，得冬初信风，昼夜十四日，到师子国（按，即今日的锡兰岛）。……于王城北迹上起大塔，高四十丈，金银庄校，众宝合成，塔边复起一僧伽蓝，名无畏山，有五千僧，起一佛殿，金银刻镂，悉以众宝，中有一青玉像……法显去汉地积年，所与交接，悉异域人，山川草木，举目无旧。又同行分析，或留或亡，顾影唯己，心常怀悲，忽于此玉像边，见商人以晋地一白绢扇供养，不觉凄然，泪下满目。其国前王遣使中国，取贝多树子于佛殿旁种之，高可二十丈。……法显住此国二年，更求得弥沙塞律藏本，得长阿含杂阿含，复得一部杂藏，此悉汉土所无者。得此梵本已，即载商人大船上，可有二百余人，后系一小船，海行艰险，以备大船毁坏。得好信风东下二日，便值大风，船漏水入，商人欲趣小船，小船上人恐人来多，即斫𦈎断，商人大怖，命在须臾，恐船水漏，即取粗财货掷著水中，法显亦以军持及澡灌并余物弃掷海中，但恐商人掷去经像，唯一心念观世音，及归命汉地众僧，我远行求法，愿威神归流得到所止，如是大风昼夜十三日，到一岛边。潮退之后，见船漏处即补塞之，于是复前。海中多有抄贼，遇辄无全，大海弥漫无边，不识东西，唯望日月星宿而进，若阴雨时，为逐风去亦无准，当夜暗时，但见大浪相搏，晃然火色，鼋鼍水性怪异之属，商人荒遽，不知那向。海深无底，又无下石住处，至天晴已，乃知东西，还复望正而进。若值伏石，则无活路。如是九十日许，乃到一国，名耶婆提（按，即今之苏门答腊或爪哇）。其国外道婆罗门兴盛，佛法不足言。停此国五月日，复随他商人大船上，亦二百许人，赍五十日粮，以四月十六日发。法显于船上安居，东北行趣广州。一月余日，夜鼓二时，过黑风暴雨，商人贾客皆悉惶怖，法显尔时亦一心念观世音。及汉地众僧，蒙威神佑，得至天晓。晓已，诸婆罗门议言，坐载此沙门使我不利，遭此大苦，当下比丘置海岛边，不可为一人令我等危崄。法显本檀越言，汝若下此比丘，亦并下我，不尔，便当杀我，汝其下此沙门，吾到汉地，当向国王言汝也。汉地王亦敬信佛法，重比丘僧。诸商人踌躇不敢

便下，于是天多连阴，海师相望僻误，遂经七十余日，粮食水浆欲尽，取海咸水作食，分好水，人可得二升，遂便欲尽，商人议言：常行时正可五十日便到广州尔，今已过其多日，将无僻耶？即便西北行求岸，昼夜十二日，抵长广郡界，牢山南岸，便得好水菜，但经涉险难，忧惧积日，忽得至此岸，见藜藿菜依然，知是汉地。然不见人民及形迹，未知何许，或言未至广州，或言已过，莫知所定。即乘小船入浦，觅人欲问其处，得两猎人即将归，令法显译语问之，法显先安慰之，徐问汝是何人，答言我是佛弟子，又问汝入山何所求，其便诡言明，当七月十五日，欲取挑腊佛。又问此是何国？答言此青州长广郡界，统属刘家。闻已，商人欢喜，即乞其财物，遣人往长广，太守李嶷敬信佛法，闻有沙门持经像乘船泛海而至，即将人从至海边，迎接经像，归至郡治，商人于是还向杨州，刘法青州。请法显一冬一夏，夏坐讫，法显远离诸师久，欲趣长安，但所营事重，遂便南下向都，就诸师出经律。法显发长安六年到中国，停六年，还三年，达青州，凡所游历减三十国，沙河已西，迄于天竺，众僧威仪法化之美，不可详说，窃唯诸师未得备闻，是以不顾微命，浮海而还，艰难具更，幸蒙三尊威灵，危而得济，故竹帛疏所经历，欲令贤者同其闻见。

从这一段话里，我们更可以明白《汉书·地理志》所说"亦利交易，剽杀人，又苦逢风波溺死"的情况。同时也使我们明白：晋代从印度乘船回中国，所需时间只百多日，比之汉代之需约一年的时日，相差有了一倍的时间。

法显之后，我国僧人之经过南洋各处，往来于中国印度的，指不胜屈，外国而尤其是扶南国之沙门来中国的也很多。足证南洋与我国的海上交通已经极为发达。

第四章 历史的回顾（四）

《隋书》卷八二《赤土传》里说：

> 炀帝即位，募能通绝域者。大业三年（六〇七），屯田主事常骏，虞部主事王君政等请使赤土，帝大悦，赐骏等帛各百匹，时服一袭，而遣赍物五千段以赐赤土王。其年十月，骏等自南海郡乘舟，昼夜二旬，每值便风，至焦石山，而过东南，泊陵伽钵拔多洲，西与林邑相对，上有神祠焉。又南行至师子石。自是岛屿连接。又行二三日，西望见狼牙须国之山，于是南达鸡笼岛至于赤土之界。其王遣婆罗门鸠摩罗以舶三十艘来迎，吹蠡击鼓以乐隋使，进金锁以缆骏船。月余至其都，遣其子那邪迦请与骏等礼见，先遣人送金盘贮香花并镜镊，金合二枚……贮香水，白叠布四条，以拟供使者盥洗。其日未时，那邪迦又将象二头，持孔雀盖以迎使人，并致金花金盘以藉诏函，男女百人奏蠡鼓，婆罗门二人导路至王宫。骏等奉诏书上阁，王以下皆坐，宣诏讫，引骏等坐。奏天竺乐，事毕，骏等还馆。又遣婆罗门就馆送食，以草叶为盘，其大方丈，因谓骏曰：今是大国中人，非复赤土国矣。饮食疏薄，愿为大国意而食之。后数日，请骏等入宴，仪卫导从如初见之礼。王前设两床，床上并设草药盘，方一丈五尺，上有黄白紫赤四色之饼，牛羊鱼鳖猪玳瑁之肉百余品，延骏升床，从者坐于地席，各以金钟置酒，女乐迭奏，礼遣〔遗〕甚厚。寻遣那邪迦随骏贡方物，并献金芙蓉冠龙脑香，以铸金为多罗叶，隐起成文以为表，金函封之。令婆罗门以香花奏蠡鼓而送之。既入海，见绿鱼群飞水上。浮海十余日，至林邑东南，并山而行，其海水阔千余步，色黄气腥。舟行一日不绝，云是大鱼粪也。循海北岸达于交趾。骏以六年（西历六一〇）春与那邪迦于弘农谒帝，帝大悦，赐骏等物二百段，俱授秉义尉，那邪迦等官赏各有差。

隋炀帝除了遣常骏等到赤土之外，又曾派兵去讨伐林邑。可见他对于扬威耀武于南洋，是很注意的。而且我们看了上面所述《隋书·赤土传》那段话，也可以明白当时的赤土之对于中国的景慕是如何之深了。

至于唐代中国与南洋的关系，愈加密切。贾耽所志《广州通海夷道》，已较为详细。而广州、泉州、杭州各处，都有市舶司的设立，以掌管中外交易事宜。据史书所载，广州曾有蕃坊的建筑，聚居在蕃坊的外国人，据说有了十多万。这些外国人中，最多为亚剌伯人。然而亚剌伯船之来中国的，既必经南洋，那么南洋诸国的商人之到中国的，也必因海上的交通愈繁而愈多。而况有了好多货物之运到中国的，多为南洋各处的土产。所以韩昌黎送郑权赴广州任岭南节度使的文里曾说："外国之货日至，象犀玳瑁奇物，溢于中国，不可胜用。故选帅当重于他镇。"

国人之到南洋的，在这时也是很多。比方苏门答腊的巨港，中国人聚居者很多。《通典》卷一百九十一云："杜环随镇西节度使高仙芝西征，天宝十年至西海。宝应初，因贾商船舶自广州而回，〔曾历南洋诸邦。〕著《经行记》。"同书卷一百九十三"大食"条引《经行记》云："汉匠作画者，京兆人樊淑、刘泚；织络者，河东人乐隈、吕礼。"于是又可见好多国人不只是到了南洋，而且到了波斯各处了。

至于唐代僧人之西行求法的更多。义净的《大唐求法高僧传》，载西行求法的僧人有六十位，而由海道往者在半数以上。其中对南洋的叙述得最为详细的要算义净。义净本姓张，范阳人，他于唐咸亨二年（西历六七一）由广州乘船赴印度，游历了二十五年，经过三十多国，然后回国。在他所著的《大唐西域高僧传》卷下，曾述其行程云：

> 于时咸亨二年，坐夏阳府，初秋忽遇龚州使君冯孝诠，随到广府，与波斯舶主期会南行。复蒙使君命往岗州，重为檀主及弟孝诞使君，存轸使君，郡君宁氏，郡君彭氏等合门眷属，咸见资赠，争抽上贿，各舍奇飱，庶无乏于海途，恐有劳于险地，笃如亲之惠，顺给孤之心，共作归依，同缘胜境，所以得成礼谒者，盖冯家之力也。又岭南法俗，共鲤去留之心，北土英儒，俱怀生别之恨。至十一月，遂乃面翼轸，背番禺，指鹿园而遐想，望鸡峰而太息。于时广莫初飚，向朱方而百丈双挂，离箕创节，弃玄湖〔朔〕而五两单飞。长截洪溟，似山之涛横海，斜通巨壑，如云之浪滔天。未隔两旬，果之佛逝（Palembang），经停六月，渐学声明。王赠支持送往末罗瑜（Malayu）国，复停两月，转向羯荼（Kedah），至十二月举帆还，乘王舶渐向东天矣。从羯荼北行十日余，至裸人国（Nicobar岛），向东岸望可一二里许，但见椰子树，槟榔林，森然可爱。彼见舶至，争乘小艇，有盈百数，皆将椰子芭蕉及藤竹器来求市易，其所爱者，但唯铁焉，大如二指，得椰子或五或十。丈夫悉皆露体，妇女以片叶遮形，商人戏授其衣，即便摇手不用。传闻此国当蜀川西南界矣。此国既不出铁，亦寡金银，但食椰子薯根，无多稻谷。是以卢呵最为珍贵（此国名铁为卢呵）。其人容色不黑，量等中形，巧织团藤箱，余处莫能及。若不共交易，便放毒箭，一中之者，无复再生。从此更半月许，望西北行，遂达耽摩立底（Tamluk）国，即东印度之南界也……十载求经，方始旋踵言归。还耽摩立底未至之间，遭大贼劫，仅免刲刃之祸，得存朝夕之命，于此升舶过羯荼国，所将梵本三藏五十余万颂，唐译可成千卷，权居佛逝矣。

义净从印度回后，乃在佛逝（巨港，Palembang）住了好多年。西历六八九年，因风便曾回广州一次，惟同年冬天，又到佛逝。到了六九五年，始回洛阳。他除了来往于南洋数次外，在南洋住了十多年。这恐怕是中国僧人住在南洋最久的了。

宋代初年，对于南洋虽不甚注意，然而广州与南洋的贸易，始终不断。梁廷枏《粤海关志》指出当时广州进口货物，单以乳香一项而言，已年达三十四万八千余斤。后来杭州、宁波、泉州各处都有外国商船来往，中国与南海的关系，愈为密切。

至于南宋，因为财物缺乏，政府乃极力提倡海外贸易，以资弥补。比方，绍兴七年，上谕市舶之利最厚，若措施合宜，所得动以百万计，岂不胜取之于民？就是一个例子。

因此，宋人对于南洋的知识也较前代为丰富。《宋史》卷四八九《注辇传》，曾载该国使臣娑里三文所历的航程。而周去非的《岭外代答》，赵汝适的《诸蕃志》，对于南洋各处的叙述也比较详细，虽则两者都没有到过南洋。《诸蕃志》据其序里说："乃询诸贾胡，俾列其国名，道其风土，与夫道里之联属，山泽之蓄产，译以笔言……存其事实。"然而这本书的材料，却有很多是采自《岭外代答》。为省篇幅起见，我们且录《岭外代答》卷三"航海外夷"条于下，以见当时中国与南洋关系的概况：

> 今天下沿海州郡，自东北而西南，其行至钦州止矣。沿海州郡，类有市舶，国家绥怀外夷，于泉、广二州置提举市舶司。故凡蕃商急难之欲赴愬者，必提举司也。岁十月，提举司大设蕃商而遣之，其来也，当夏至之后，提举司征其商而覆护焉。诸蕃国之富盛，多宝货者，莫如大食国，其次阇婆国，其次三佛齐国，其次乃诸国耳。三佛齐国者，诸国海道往来之要冲也。三佛齐之来也，正北行舟，历上下天竺与交趾洋，乃至中国之境，其欲至广州者，入自屯门，欲至泉州者，入自甲子门。阇婆之来也，稍西北行舟，过十二子石而与三佛齐海道合于竺屿之下。大食国之来也，以小舟运而南行，至故临国，易大舟而东行，至三佛齐国，乃复如三佛齐之入中国。其他占城，真腊之属，皆近在交趾洋之南，远不及三佛齐国，阇婆之半，而三佛齐阇婆又不及大食国之半也。诸蕃国之入中国，一岁可以往返，唯大食必二年而后可。大抵蕃舶，风便而行，一日千里，一遇朔风，为祸不测。幸泊于我境，犹有保甲之法，苟泊外国，则人货俱没。若夫默伽国，勿斯里等国，其远也不知其几万里矣。

由这段话看起来，我们可以明白南洋实为大食国人或亚剌伯人之到中国的枢纽，而三佛齐尤占了最重要的位置。所以赵汝适的《诸蕃志》"大食国"条也说："其国，本国所产，多运载与三佛齐贸易，贾载贩以至中国。"

第五章　历史的回顾（五）

元代与南洋的关系，尤为密切。而且在这个时候，除了海道的交通之外，陆道的交通，也很为发达。我们知道：当时云南还有一个大理国，到了元代始灭了它。同时元代又用兵于缅甸，开中缅的陆道交通。从马可波罗的游记中，可以明白这条陆道，是中国到西南亚的一条孔道。此外，元代又用兵于安南占城，同时又用了船舶千艘，兵士二万，粮食一年，去攻伐爪哇。这一次大规模的海上战争，虽然耗费了很多的财物与生命，然而不只征服了好多地方，且俘获了好多土酋，得了金宝香布，直五十余万，以及好多金银犀象等物。因为海上的交通繁盛，元室又曾在上海、澉浦、杭州、温州、泉州、庆元、广东，设了七所市舶司，以与诸蕃贸易。

因为元朝的兵威震慑欧亚，南洋诸国之来朝的，络绎不绝。比方，《元史》述及暹国罗国的地方，就有了十六处之多。而使者或私人之到南洋的更多。因而对于南洋方面的著作，也较为丰富。史弼之征爪哇，杨廷璧之使八马俱蓝等国，固有史可征；而周达观之随使招谕真腊，著《真腊风土记》；汪大渊之附舶历游南海，著《岛夷志略》。各种记载，不只像周去非、赵汝适之记其所闻，而是记其所亲见的事实。这表示国人对于南洋的认识，已较前代为深刻了。

明朝初年，南洋各国之到中国朝贡的也不胜枚举。除了国君遣使朝贡之外，君主的亲属之遣使贡献的，也不乏人。洪武七年（西历一三七四）："谕中书及礼部臣曰……诸国人贡既频，劳费太甚，今不必复尔，其移牒诸国，俾知之。"然而据史书所载，此后南洋诸国之遣使朝贡的，并不因此而停止。

明代国人之出使南洋，最为人所乐道的要算郑和。关于郑和的身世及其下西洋的事迹，近来曾有好几本著作详加叙述，我们在这里，只把《明史·郑和传》录之于下：

郑和，云南（按，为昆阳）人，世所谓三保太监者也。初事燕王于藩邸，从起兵有功，累擢太监。成祖疑惠帝亡海外，欲踪迹之，且欲耀兵异域，示中国富强。永乐三年六月，命和及其侪王景弘等通使西洋，将士卒二万七千八百余人，多赍金币，造大舶，修长四十四丈，广十八丈者六十二。自苏州刘家河泛海至福建，复自福建五虎门扬帆，首达占城，以次遍历诸番国，宣天子诏，因赐给其君长，不服，则以武慑之。五年九月，和等还，诸国使者随和朝见。和献所俘旧港酋长，帝大悦，爵赏有差。旧港者，故三佛齐国也。其酋陈祖义，剽掠商旅，和使使招谕，祖义诈降，而潜谋邀劫。和大败其众，擒祖义，献俘，戮于都市。六年九月，再往锡兰山国，王亚烈苦奈儿诱和至国中，索金币，发兵劫和舟，和觇贼大众既出国，内虚，率所统二千余人，出不意，攻破其城，生擒亚烈苦奈儿及其妻子官属。劫和舟者闻之，还自救，官军复大破之。九年六月，献俘于朝，帝赦不诛，释回国。是时交趾已破，郡县其地，诸邦益震，誓来者日多。十年十一月，复命和等往使至苏门答腊。其前伪王子苏斡剌者，方谋弑主自立。怒和赐不及己，率兵邀击官军，和力战追擒之，并俘其妻子。以十三年七月还朝，帝大喜，赉诸将士有差。十四年冬，满剌加古里等十九国咸遣使朝贡，辞还。复命和等偕往，赐其君主。十七年七月还。十九年春复往，明年八月还。二十二年正月，旧港酋长施济孙请袭宣慰使职，和赉勒印往赐之，比还而成祖已晏驾。洪熙元年二月，仁宗命和以下番诸军，守备南京，南京设守备，自和始也。宣德五年六月，帝以践阼岁久，而诸蕃国远者犹未朝贡，于是和、景弘，复奉命历忽鲁谟斯等十九国而还。和经事三朝，先后七奉使，所历占城、爪哇、真腊、旧港、暹罗、古里、满剌加、渤泥、苏门答剌、阿鲁、阿枝、大葛兰、小葛兰、西洋琐里、加异勒、阿拨把丹、南巫里、甘把里、锡兰山、喃渤里、彭亨、急兰丹、忽鲁谟斯、比剌溜山、孙剌、木骨都束、麻林、剌撒、祖法儿、沙里湾泥、竹步、榜葛剌、天方、黎伐那孤儿，凡三十余国。所取无名宝物，不可胜计。而中国耗废亦不赀。自宣德以还，远方时有至者，要不如永乐时，而和亦老且死。自和后，凡将命海表者，莫不盛称和，以夸外番。故俗称三保太监下西洋，为明初盛事云。

关于郑和出使的事迹，除了《明史》及近人的著作外，明史实录纪传也有记载。又随郑和出使的马欢、费信、巩珍三人，各有著作。巩珍的《西洋番国志》已佚，马欢的《瀛涯胜览》，费信的《星槎胜览》还存。这是关于研究南洋的最可贵的史料。

在明的盛世，南洋各国都到中国朝贡，但是到了明的末年，永历因为清兵而尤其是吴三桂的追击，却不得不逃到缅甸，而群臣之随入缅甸的也很多。无名氏在《也是录》（云南丛书）中有一段话，说及此事云：

顺治十六年五月初九日，缅酋遣贡甚厚，亦优答之。时缅妇自相贸易，杂踏如市，诸臣恬然，以为无事，屏去礼邈〔貌〕，皆短衣跣足，阑入缅妇贸易队中，踞地喧笑，呼卢纵酒，虽大僚无不然者。

又云：

八月十三日，缅酋来招黔国公天波渡河，并索礼物，盖缅酋以中秋日，各蛮皆贡献，故责币帛以彰声势。天波至，胁令椎髻跣足，以缅礼见。天波不得已而从之。

到了顺治十八年（西历一六六一），缅甸人还捕了永历，过了一年，他为吴三桂所杀。我们若看了郑和出使西洋之后，再看永历逃亡缅甸，以至其被执被杀，不禁感慨系之。

至于清代，中国之于南洋的关系，更为频繁，这是人们所熟知的。清代的法律，虽有禁止国人出洋的规定，然而国人之出洋的，并不因此而停止。尤其是自西洋各国占领南洋之后，开辟殖民地时，需用劳力，而国人之到南洋的因之愈多。中国之于南洋的关系，也就愈为密切。同时国人对于南洋的认识，也较为深刻。有清一代，关于南洋的著述也比较丰富。较早的如谢清高的《海录》，尤为近人所重视。谢清高是嘉应州人，生于乾隆三十年（西历一七六五），死于道光二年（西历一八八一①）。十八岁就随番舶出洋，航海十四年之久。三十一岁，因盲归国，寓于澳门。他不只游了南洋各处，而且到了欧美各国。有人说他的著作是国人环游世界的第一本著作。关于他这本书的来历，《海录》中杨炳南的序言说：

> 余乡有谢清高者，少敏异，从贾人走海南，遇风覆其舟，拯于番舶，遂随贩焉。每岁遍历海中诸国，所至辄习其言语，记其岛屿、阨塞、风俗、物产，十四年而后返粤，自古浮海者所未有也。后盲于目，不能复治生产，流寓澳门，为通译以自给。嘉庆庚辰春，余与秋田李君游澳门，遇焉。与倾谈西南洋事甚悉。向来志外国者，得之传闻，证于谢君，所见或合或不合，盖海外荒远，无可征验，而复佐以文人藻绘，宜其华而鲜实矣。谢君言甚朴拙，属余录之，以为平生阅历，得藉以传，死且不朽。余感其意，遂条记之，名曰《海录》。

此外，又如徐继畬的《瀛环志略》，魏源的《海国图志》，薛福成的《东南洋海岛图经》，胡炳熊的《海外殖民伟人传》，对于南洋均有叙述。

在清代的上半叶，南洋各国之朝贡中国的仍然不少，然自鸦片战争以后，中国本身既受了西洋势力的压迫，不只清室对于南洋无暇顾及，南洋各国也逐渐的被西洋各国所吞并。至于暹罗，虽因英法两国的猜忌，而维持其中立状态，但自鸦片战争以后，也因中国的积弱，而停止贡献了。

在政治上，清代的下半叶，南洋各国虽为西洋各国所瓜分，而不再为中国的藩属。然在西洋各国对于南洋正事开辟的时候，国人之到南洋的却骤然增加，而逐渐造成南洋华侨的经济力量。

---

① 编注：道光二年应为公元1822年。

第六章 华侨的人口（上）

国人因什么要到南洋呢？主要的可以说是为了谋生。我们知道：国人之到南洋的百分之九十以上是闽粤两省的人，闽粤两省，除了因为像我们上面所说的地理上的密切关系，与历史上的长期交通，而使这两省的人们之到南洋的较为容易之外，闽粤两省地瘦人稠，与南洋一带的地肥人稀，又可以说是这些人们所以要到南洋各处的主要原因。

且先从闽粤的地瘦人稠方面来说：比方，广东东江的好多县份，是广东一省中的人口移殖于南洋各处较多的地方。根据民国廿九年《广东经济年鉴》的报告：以人口密度较小的澄海一县来说，每方公里耕地，平均有了九百六十五人。潮安县每方公里耕地，平均有了二千二百九十人。潮阳县每方公里耕地，平均有了三千一百六十二人。至于普宁县每方公里耕地，平均有了五千二百六十二人。

根据《福建省统计年鉴》第一回的报告：福建到海外的华侨最多的二十个县的耕地及人口的比较表中，平均每人能得耕地二市亩以上的，只有两个县。以华侨最多的晋江、龙溪、永春几个县来说，每人平均只有耕地一亩多些，而福清一县，每人平均尚没有一市亩地。

由此可见广东、福建的耕地之少，人口之多。假使他们没有移殖南洋，同时又没有南洋经济上的接济，则其穷苦的情况，是颇难于想像的了。

反过来看，在南洋一带，数百年前以至百余年前，人口之稀少，固不用说。直到现在，除了爪哇有了人满之患外，苏门答腊，婆罗洲，以及好多地方，人口都很稀少。以暹罗而论，土地等于中国的十五分之一，而人口却只等于中国四十五分之一。若比之广东福建，人口之稀少，尤为显明。而况像暹罗与南洋各处土地肥美，一年一次的收获，往往可以供养三年而无缺。此外，南洋各处天然物产很为丰富，各种植物，蔬菜，水果以至动物，四时繁殖。就算一个人是惰汉，靠了天然的物产，也不会饥饿的。

南洋各处自西洋人占据之后，从事开荒辟土，需用劳工苦力特多，因为当地土人习性怠惰，殖民地政府不得不设法鼓励我国人民往其属地，这也是国人移殖南洋的一个主因。

此外，历史上以至在现代，国人因政治的原因而避居南洋的，为数不少。宋末不少遗民，因不愿受元人的统治，而迁移到南洋；明末也有不少忠于明室的人，跑到南洋。太平天国败亡之后，其徒众之逃于南洋的，也为不少。而在南洋的好多秘密社会，皆是由这些人组织的。近代革命运动，在南洋的种种活动，得力于这些会党的帮忙的很大。

至于因为毁败风化，而不容于其乡里的人们，也有不少跑到南洋，以为避身之所。

因为了地理上的密切的关系，历史上的长期的交通，又因为闽粤两省的土瘦人稠，南洋的土肥人稀，以至于初期的殖民地政府的鼓励，与中国国内的政治上以至风俗上的种种原因，所以国人之到南洋的，至为繁多。

但是国人之在南洋的，究竟有了多少呢？这是一个不易解答的问题。大致的说，华侨之在南洋的，至少有了一千万以上。

在十八世纪的初年，一个法国教士名字叫作巴勒刚（Patlegoin），曾估计暹罗有了六百万人口，而中国人占了四分之一。到了十九世纪的末年，这就是一八九〇年左右，劳德雅氏（M. G. Rautier）曾估计暹罗有了一千万人，中国人约占了三分之一（参看 H. S. Hallett, *A Thousand Miles on the Elephant in the Shan State*）。到了一九三二年，莫索尔夫氏（M. Mosolf）在其《中国的移民》（*Die Chinesische Auswanderung*）一书中，指出从一九一八至一九一九的一年，中国人之从中国到暹罗的，有了七万人。他又指出，从一九一八至一九二八的十年中，从中国到暹罗的华侨有了九十万之多。假使我们照此估计，一九二八年至一九三八年的十年中，也有九十万，同时从一八八八年至一九一八年的三十年中，国人之移入暹罗的，每十年也约有九十万，则从一八八八年至一九三八年的五十年中，国人之到暹罗的就有四百五十万。若再加上劳德雅氏所估计的三百万人，那么华侨之在暹罗的，就有了七百五十万。据暹罗数年的人口估计，共有一千四百万左右，中国人就占了一半以上了。

我们应当承认：自十九世纪的末年至现在，在暹罗的华侨，除了死亡之外，还有返国的。然而我们也得指出，中国人因为传统上多妻多子的观念，以及其在暹罗优越的经济地位，再加上从国内源源不断的人口的迁入暹罗，其人口增加的速率之高于土人，是无可疑的。

我们再若根据巴勒刚的估计，在十八世纪初年，六百万的暹罗人口中，华侨占了四分之一，这就是一百五十万，到了十九世纪的末年，据劳德雅估计，一千万的暹罗人口中，华侨又增到约三分之一，这就是三百万。那么在最近的一千四百万的暹罗人口中，华侨占了二分之一，这就是七百万左右，也是自然而然的。所以在暹罗人口总数的增加中，华侨人口的增加率之高于土人，是无可疑的。其实，这不只暹罗这样，就是在南洋其他的地方，也是这样。

马来半岛，一九三一年的人口报告，总数为四百四十万左右，华侨有了一百七十万以上。除其他人种之外，马来人则不够二百万，华侨人口占了马来半岛的人口总数约百分之四十。假使我们把一九一一与一九二一年的人口报告来看，可以看出华侨人口的增加率，也是高于马来人与其他人种的。一九一一年华侨在马来半岛，只占了该半岛的人口总数百分之二十八，到了一九三一年，华侨却占了马来半岛的人口总数约百分之四十。这就是说：在二十年中，华侨人口增加的比率，是百分之十一以上。假使我们照了这个增加速率来估计，则从一九三一年至一九四六年的十五年中，又要增加百分之八左右。这么一来，现在的华侨之在马来半岛的，恐怕也占了人口总数的二分之一，这就是二百五十万左右了。

缅甸，据说日本未占领之前，有了五十余万华侨。日本侵略缅甸的时候，虽有好多华侨逃难回国，然而这些华侨，差不多都经过昆明，其总数大概不过四万人，故留在缅甸的，还有五十万人左右。

安南，据法国政府方面的报告：华侨人口在一九二六年只有三十一万多，这种估计是不可靠的。因为法国政府像南洋其他各处的政府一样，凡是生在其殖民地的，都算为土人，不当作华侨看待，结果大部分的华侨，都不计算在内。其实，在堤岸与西贡，就有了二三十万的华侨。金边、公佛、河仙、特锡一带，华侨之多，更不待言。至于中圻及北圻的海防等处，华侨的人数之多，也甚显明。所以越南华侨的数目，当在一百五十万左右。而况自一九二六年至一九四五年的二十年中，除了海道交通外，陆道交通也较方便，国人之到安南的，不只源源不绝，而且必大大的增多。

荷属南洋群岛的华侨，据殖民地政府的报告，一九三〇年是一百二十三万多，这个数目是十多年前估计的，而且凡是生在这些地方的，也不计算在内。所以若照我们最低的估计，当有二百五十万以上。

菲律宾，有人估计华侨人口约为二十余万，然而这个数目，也是太少，假使我们加了一倍，就有五十万。

总而言之，暹罗的华侨若不占暹罗人口总数二分之一而有七百万，至少总有四百万至六百万之间，再加上马来半岛的二百多万，缅甸五十万，安南一百多万，荷属南洋群岛二百多万，菲律宾五十万，合计南洋各处的华侨，当在一千二百万至一千五百万之间。

第七章　华侨的人口（下）

上面是解释国人移殖南洋的原因及南洋华侨人口的数目，现在要谈华侨人口的质素问题，以及土化的问题。

谈到华侨人口的质素问题，应当先指出离开祖国而远渡南洋的人们，从我们中国的固有文化的立场来看，他们可以说是穷苦而少受或没有教育的阶级，或是政治上与风俗上的叛徒。远托异国，既为昔人所悲，而离乡背井，又为亲朋所不取。所以除了在国内是贫无立锥之地的人们，少有愿意离开其桑梓的。而况南洋各处，又为国人所目为蛮夷之域，荒野之区，出国远行，已为传统思想所不许，跑到文化低下的国家，其为国人所不取，更为显明。

为了穷苦而去南洋的人们，往往是在国内少有或没有机会去受教育的人们，穷苦而又没受过教育，从固有的文化来看，可以说是下层阶级的人物。至于在政治上或在风俗上，有了反背的思想或行为，而跑去南洋的，那是真正中国文化的叛徒了。

然而正是因为这样，那些远渡外洋的华侨，不只在体质上是很能耐苦的，而且在意志上也是很为坚强的人物。

从国内到南洋，无论是由海道或陆道，而尤其是在交通工具简陋的时候，远渡重洋，固不容易，跋涉山川，也是困难。上面所述法显的回程，以及其他的记载，海道之难，实不可以言语形容。直到近代，广东各处的人们，乘帆船到南洋的，海洋上所遇到海盗及风浪的危险，仍然甚多。无边的海洋，悠悠的昼夜，没有坚忍的毅力，固不易渡过，而况海盗一来，风浪一来，则生命危在旦夕。在一艘一二千以至数百吨的帆船上，粮食水量，固不能多载，就是睡觉的地方以至坐位，亦难设备。普通的说，从广东沿岸乘帆船赴南洋的，在从前要数月，在近代也要十数天，稍因天气不良，则所需的时间，又不知多少倍，其困苦的情形，更不待言。

到了南洋之后，居留地或殖民地政府，是否准其入口，又成问题。就使能进口了，不少凶残的土人，各种凶暴的猛兽，以至各色各样的疾病，这就是华侨所说的水土不服，无一不使他们有了生命的危险。

然而能够受了这些的危险与困难的人们，不特要有健康的身体，而且要有坚强的意志。假使他们没有这种身体，没有这种意志，他们不易抵达南洋，就是能够抵达了，他们也不能久住下去。

其实，从历史上看起来，我国民族的发展，在地理上是从北方迁移到南方的。南方一向为人们所目为瘴气之地，炎热之区。从北方迁于南方，而尤其是移到南洋的人们，也可以说是开辟疆土的先锋，实为我国民族的优秀份子。一般在政治上，因为不愿受了异族的统治而南迁的，其民族意识的坚强，固不待说；一般为谋生或别的原因而南移的，因为与异族常常接触，以至有时争斗，尤其是受了西洋人的压迫，受他们的国家主义，民族主义的影响，故其爱国心，比之国内的同胞浓厚得多。近代推倒满清与革命运动的成功，可以说是得力他们的帮忙不少。至于闽广两省，在经济上成为国内的富庶之区，主要的也是得了他们的帮助。

所以这些华侨，不只比之南洋的土人为优秀，就是在我国的人口质素方面，也可以说是优秀份子。

他们本身固是优秀份子，他们在南洋所养育的子孙，大致上也很为活泼，虽然有不少受了土化，而有多少的恶习，然而他们对于国内的各种不良习惯，却少受影响。至于有人说，一般混血的华侨，多是聪明灵敏的人物，我们虽不能确证，然而只要我们看看一般侨生之在国内外学校者，其智能，决不下于在国内生长的学生。

上面说明了海外华侨人口的质素方面，我们现在且来略谈南洋华侨的土化问题。

我们已经说过：国人到南洋的，乃一般穷苦而少受或没有教育的人们，他们到南洋的，大致上是赤手空拳，只身而往，少有能带妻子同去的。到了南洋之后，许多与当地的女子结婚，这不只限于在国内未婚而到南洋的人们，就是在国内已婚而有子女的也是这样。一方面虽由于中国多妻制的结果，一方面也由于与当地女子结婚，有很多的益处。所以一些有了积蓄而娶当地妇女的固然很多，一般不名一文，而与当地妇女结婚的也为不少。

原来南洋各处的妇女，普通来说，是比南洋各处的男子勤劳得多。好多土人，作丈夫的往往依赖妻子过活。妇女则除了管理家庭，养育小孩之外，还要从事各种农工商业。南洋各处，看到在田里耕种的，固多为妇女，从事各种手工业的，也多为妇女，挑东西到市场里出卖以至在好多土人商店里作生意的，也多为妇女。

因为妇女能够勤劳，有了各种才干，所以华侨若与之结婚，不只不是一种负担，乃是一种利益。其实，有了好多华侨到了南洋之后，因为在大城市里不易寻找工作，而跑到小城市或乡村中作小生意或他种工作，若与当地的妇女结婚，则其妻子不只可以帮忙其工作，而且因为妻子在当地的亲朋既多，对于丈夫的工作，也有很大的帮忙。

不但这样，在南洋结婚，手续较为简单，而所费又很便宜。加以生活比较简单，结婚之后，衣食住的问题，都比较容易解决。故华侨多乐娶当地的妇女。反之，若在国内结婚，携妻同到南洋，则除了国内要化一笔很大的结婚费与路费之外，妻子到了南洋之后，风土语言，处处生疏，不只不能帮忙，反而成为一种累赘了。

我们还要指出：因为当地的妇女都能勤劳，男子却多怠惰，结果，当地妇女很喜与华侨结婚，因为后者也能刻苦。故好多西洋人常说：华侨与当地妇女结婚，从其事业的发展方面来看，是"天作之合"。

为了上述的各种原因，华侨与当地妇女结婚的特别多，结果，华侨便易于土化。

华侨与当地妇女结婚，因为当地妇女少懂中国语言风俗，结婚之后，华侨免不了要与妻子说当地话，或是随了当地的风俗。有了子女之后，作父亲的，既因事业与工作，未必时时能在家里，家里一切都由妇女管理，于是子女之趋于土化，是自然而然的。母亲是土人，子女土化了，父亲也不得不土化。这么一来，结了婚则易趋于土化。至于子女之土化，更不待说。若再传到第三代，根本变成土人了。有些华侨，因为不愿其子女土化，而送入华侨所设立的学校读书，但因为这些小孩，不懂得中国话，所以有些华侨学校，小学里的第一与第二年级的教师，教中文时，须用当地土话去解释。由此便知这些小孩土化程度之深了。

同时，殖民地政府，或居留地政府，而尤其像暹罗政府，很怕华侨的人数太多，因而除了鼓励华土结婚，企图使华侨自然而然的土化之外，又用了各种法律，去推进华侨土化。比方，限制中国国内妇女的移入，限制华侨教育的发展，都是希望华侨能够土化起来，以免在其统治之下的殖民地或国家，有了种族分化的危险。

这是南洋各处的殖民地或居留地政府的看法，然而若从我们的国家与民族的立场来看，华侨土化，却是一个很为严重的问题。其实，三四十年来，因为华侨爱国的情绪愈浓，民族的思想愈强，同时因为南洋华侨教育的发达，与国内妇女南移的日多，遂使南洋的殖民地或居留地政府的排华政策愈为厉害。近二三十年来，南洋华侨之到处受了排斥，而引起巨大的损失与严重的惨案，是与华侨土化这个问题有了密切的关系的。今后政府在侨务上，对此不能不特别加以注意。

第二编

第八章 经济的问题（一）

南洋地处热带，四时皆夏，物产至为丰富，而且特产甚多。如树胶、椰子，乃是世界其他各处所少有的。所以有人说，假使没有了热带地方出产的东西，那么世界的经济，将受到相当的影响。其实，在东西海道还没有直接沟通以前，南洋的好多物产，像香料及其他奇异之物，已为西洋人所珍重。十五世纪以后，航海家之所以冒险东来，主要的目的，也可说是为了寻找这些物产。从这一方面看来，哥伦布也不能算是例外。因为他的目的也是要寻找这些物品出产地的东方，他之发现美洲，可说是偶然的。

南洋除了气候优美，有了地面上的丰富物产之外，地下的宝藏，更为不少。各种金矿，尤其是锡的产量之多，为世界首屈一指。

南洋各处多为岛屿，就是与大陆连接的地带，如安南、暹罗、缅甸，海岸线都很长，因而渔盐之利，也极丰富。我国广东，虽地处海边，有时还要从暹罗安南等处输入渔盐。

总而言之，南洋不只因为地处热带，地面上有了丰富的物产，就是在地下，在海边，也有了丰富的物产。西洋各国之所以占据南洋，日本之所以侵略南洋，都可以说是为了这个原故。

这不过只是从其大概方面来说，假使我们作进一步的观察，则在南洋各地，又各有其特殊的物产。安南除了大量的米之外，又有木材、玉蜀黍、番薯、豆类、硕莪、烟草、甘蔗、椰子、棉花、咖啡、肉桂、胡椒、水果、茶、漆，以及煤、铁、锡、水泥等等。在暹罗，也是以米为大宗，至于木材、树胶、椰子、胡椒、锡、水果的产量，也是很多。在缅甸，米、玉蜀黍、麦、豆、棉花、蔗、糖、石油、银、铅、锌、锡、钨等等，均极丰富。在马来半岛，树胶、椰子、硕莪、油棕、黄梨及其他各种水果、米、锡、铁、金、钨、锰等等，都很著名。在荷属各处，树胶、蔗、糖、烟草、咖啡、椰子、油棕、木材、米、茶、金鸡纳霜，以及石油、锡等等，出产很多。至于菲律宾，出产著名的有蔗、糖、烟草、椰子、木材、麻、米、玉蜀黍等等。

说到南洋各处主要物产的产量，据一九三九年《国联统计年鉴》：南洋的树胶占了世界树胶的产量百分之九十以上，一九三八一年中，除了南洋各处自用之外，输出的有了八百一十七公吨。稻米的产量占了世界的产量百分之二十五，而其产量为二万六千八百五十九公吨。此外又如椰子的生产额，占了世界的生产额百分之七十五。金鸡纳霜在一九三五年占了百分之九十八。木棉在同年占世界的输出额百分之八十七。他如硕莪，硬质纤维，均占了世界输出额的百分之五十五以上。

矿产之中，锡的产量，照同处同年的统计为九十二公吨，占了世界锡的总产量约五分之三。至于铁的蕴藏之富，据说南洋各处总共达二十七万万吨。煤的蕴藏量总共约二百零四万二千万吨。石油的蕴藏量，只在荷属各处，就有五万万吨之多，其他各处如缅甸的蕴藏量，尚不计算在内。此外如钨、锰、锌、铅等矿产的蕴藏量，均为不少。

大致的说，安南以米为出口大宗，而玉蜀黍、树胶、胡椒、柚木等次之。暹罗也是以米为出口大宗，据一九三八至一九三九年的统计：占暹罗输出贸易价值约半数，为暹罗的收入的最大宗。锡、柚木、兽皮等次之。缅甸在农产方面，也以米为出口大宗，棉花次之。矿产以石油为出口大宗，青铅次之。马来亚半岛的出口以树胶为大宗，锡与椰子次之。荷属各地以石油为出口大宗，树胶、茶、蔗糖次之。菲律宾的出口以糖为大宗，椰油及麻次之。

西洋各国占据南洋的目的，既为搜取物资，故各种原料，多运去西洋各国。比方越南的原料，运去法国及其属地的，约占了百分之五十以上。马来亚的树胶与锡，最大的主顾虽为美国，然而其次就是英国。其他物品之运于英国及其属地的也多。荷属群岛的产品，运去荷兰的也不少。至于菲律宾的原料，大部分也是供给美国，在菲岛的输出贸易的总值上，占了百分之七十五以上。

我们同时也得指出，二十年来，日本对于南洋各处的物资的掠取，也极注意。在菲律宾，荷属群岛，以至暹罗的出口物资之运去日本的，为数不少。日本在菲律宾只次于美国，在荷印各处，日本自一九三九年欧战以后，竟占了头位。至于日本占领南洋各处的时期，其物资之全为日本所垄断，自不待言。

我们上面已经指出：南洋除了爪哇一岛之外，到处都可以说是地肥人稀，经济上发展的前途，无可限量。一个人到了南洋，只要愿意工作，少有饥饿之虞。衣住既很为简单，而食在安南、暹罗、缅甸各处，更不必忧虑。因为这是大宗米粮的生产地区。有些人说，南洋各处土人习性之所以怠惰，主要是由于天然物产丰富，并非无稽之谈。

因为南洋物产丰富，南洋成为西洋各国与日本搜取物资的仓库，同时又为西洋各国与日本畅销货品的市场。所以西洋各国之所以占据南洋各处，除了搜取其物资之外，又极力去推销其货物，把南洋的原料去制造货物而畅销于南洋，这可说是西洋各国与日本之掠取殖民地的目的。每个殖民地政府，在其殖民地内，都以最便宜的价值与高压的手段，去掠取殖民地的各种原料，所以各处殖民地的原料，主要是供给于其宗主国的。

然而同时凡是到了南洋的人们，也很容易看到，在安南商店里，多卖法国货物，公路上多是走法国汽车。在菲律宾，商店多卖美国货物，在公路上多走美国汽车。在英属南洋各处，多销英国商品。在荷属南洋各处，多销荷兰货物。因为每个国家在其属地里，对于本国的货物，则减税或无税输入，而对于其他国家货物的输入，除了重税之外，往往又用了各种方法，使其不易输入。就是输入了，也使其难于畅销。

自第一次欧战发生之后，西洋货物的来源几乎断绝，日本遂乘机而起。所以在那个时期，日本货物之输到南洋的，大为增加。第一次欧战之后，一则因日本货物在南洋的市场中，已有了基础，再则因日本之于南洋，在地理上较近，运输较为便宜，三则因日本在其国内或在中国所设立的工厂，所用的工人工资较低，货价较廉。所以日本的货物，在南洋的市场上，从上一次欧战之后，始终占了很重要的地位，连了有些西洋商人，也要在日本人所开设的工厂中定货。虽则往往注明是来自英国或德国的。因此，二十多年来，凡是到过南洋各处的人们，总能看见日本货物，到处充斥，到了这一次欧战发生之后，日本更乘机垄断整个南洋的市场了。

然而自日本投降之后，日本在其国内及在我国的工厂，既受了很大的打击，货物的来源，也受了很大的影响。同时，今后日本在南洋的市场，也必因之而消失。从这方面看起来，今后除了西洋各国的货物又要畅销之外，我国工业若能加速发展，则在南洋的市场上，也必占了一个重要的地位。

第九章　经济的问题（二）

上面已经指出：南洋因为物产丰富，成为西洋各国与日本的原料供应所，同时又为西洋各国与日本的商品畅销场。然而假使我们要问：南洋之所以能够开辟，使其物资能够供给于世界各国，与南洋之所以能够繁盛，而成为西洋各国与日本的商品畅销场，这是由谁所造成的？或是由谁所经营的？那么，我们可以不假思索而答，主要的是由于我国在南洋的侨胞的力量。

华侨是开辟南洋的先锋，远在西洋人未到南洋之前，到处已有华侨的足迹。比方苏门答腊的巨港，在唐代已为我国所开辟。马剌呷，在葡人未到之前，已有了华侨经营。就是西洋人来了南洋之后，南洋各处在经济上的发展，主要的仍是依赖华侨。有些地方，在政治的建设上，也是得力于华侨。暹罗曼谷皇朝的建立，安南河仙的管理，都是得力于华侨。关于这一点，我们当在别处加以叙述，这里我们先将华侨对于南洋经济方面的建设，略为说明。

在南洋各处，无论那一个主要地方的开发，都是得力于华侨的。好多穷乡陋邑，深林大山，既多华侨的足迹，而这些地方的经营开辟，也往往是由华侨包办。同时，无论何种事业，若有了华侨参加，发展必定很快。十九世纪佛兰克（Christopher Fryke）在其所著的《东印度之航海及军事纪实》（参看商务印书馆所刊行的黄素封译本页一三五）一书里，已经告诉我们道：

> 华人愿受荷政府之节制，亦逐渐迁入，荷人亦喜与之交，愿授以种种权利，以达互惠之目的，盖无论何种事业，有华人参加，均可飞黄腾达也。

又如前马来亚海峡殖民地总督斯维泰咸（Sir Frank Swettenham）也说过：

> 盖马来诸邦之有今日，华人之力为多，此功此德，非言语所能尽述。当白人未莅斯岛时，岛中华人，已有为矿工者，为商人者，为农人者，为渔人者。白人既到，草创之初，全赖华人财力，得以平治道路，大兴土木，行政之费，胥在于是。华人首采各矿，至今犹然。率皆伐山斩木，深入丛棘，躬冒危险，以获大利。然湿热中人，死者无算。又能为冶工、为樵夫、为木匠、为烧砖匠、为建筑家，凡公署桥梁、铁路等等，皆出其手。又能投巨资于此岛，为欧人所不敢为。又善经商，设轮船公司，以通马来各埠。又能招致工人，前来开发天然富源。政府就而税之，占全收入十分之九。凡一事既成，宜知其成功之所在，读此文者，应知华人有造于马来诸邦为如何也。

从这一段话里，我们可以明白：马来半岛，不只是地方的一切繁荣，全由于华侨的劳力得来，就是殖民地政府之所以能够维持，也有赖于华侨所缴纳的税饷。所以假使没有了华侨，这些地方，恐怕还是深山荒地，土人仍然过其原始怠惰的生活，西洋各国也不会有了今日那样丰富的资源，庞大的市场，以及充裕的税收，以维持其浩大的殖民地政府的行政费。

至如马克奈尔（MacNair）在其《华侨志》里，还进一步指出暹罗这个国家，在近代之所以兴盛，乃由于暹罗人得了华侨的智慧与血统，使其精神焕发，以建设新的暹罗。他说：

> 凡曾观察暹罗之生活者，皆知暹罗今日国势之强盛，胥由华人之功。盖华人以其智慧与血统，注入暹罗民族，而后暹罗人民精神焕发，此公认之事实也。

原来国人之到暹罗的，既有了千多年的历史，而华侨之在暹罗的数目，又比南洋其他各处的为多。华暹联婚，暹人之有中国血统的，真不胜其数。连了传到现今的皇室，也是郑昭之后。在暹罗政府中之居高位的如内阁总理，各部部长，又多为华侨的后裔。暹罗人既多习性怠惰，而少有振作之心，那么这里所谓有了华人的智慧与血统注入暹罗民族，而后暹罗人民精神焕发，实有相当的理由。

凡是到过暹罗的人，都能容易看到：不特在政府中的领袖，既多为华侨的后裔，就是在经济上的一切建设，无一不以华侨为主体。暹罗以产米为大宗，所有碾米工厂，差不多全为华侨所经营。暹罗以产木著名，锯木工厂，也差不多握在华侨的手中。皇宫以至遍地林立的佛寺，也差不多完全由华侨建筑。沿海的渔艇，湄南河的船舶，深山中收买山货的商人，火车站及轮船码头的工人，原来都是由华侨充任。假使没有了华侨，那么今日的暹罗，实在不可想像的了。

连了一些帮忙暹罗人以抑制华侨的西洋人，对于华侨这种功绩，也不能加以否认。多尔（W. A. M. Doll）曾任过暹罗政府的财政顾问，他过去虽然提议好多限制华侨经济发展的方法，希望在未久的将来，能使华侨的经济力量完全消灭，可是在其报告书中，也曾有了一段话说：

> 近来在报纸上以及在与暹罗领袖的谈话里，并不缺乏各种征象，这就是希望用限制的方法，去从快阻止在暹罗的外国商人的各种动作，以及其汇款的自由。我要警告这班急于用这种方法的人们，因为这种方法，不只没有办法去快达其目的，而且只会延迟其希望的实现。在现在外国的商人及店主，正像是一个高楼中的第一层的墙柱，而成为整个国民经济机构中的不可分离的部分。你若毁坏这下层的墙柱，而同时希望这整个高楼仍然屹立，这是不可能的。除了你好好预备了支掌的东西，先放进去，一切不能更动。专只去谩骂与惩罚中国的商人，因为他们占了重要的地位，而没有责备暹罗人，因为在其民族性格中缺乏了个人对于经商的才干，而使其能与中国人有了同样的地位，这是很不公平的。在我前两次的报告书中，我从观察而得到的结

论，并没有存心去排斥对于这个国家曾有过而且还正做了很重要的贡献的一个民族……因为这种作法，不只是不智而有害，而且是完全不公道的。

多尔之所以发了这种言论，无非是因为暹罗政府与人民对于华侨的经济事业，用了很严厉的方法去压迫，希望因此破坏华侨的经济基础，而建设暹人的经济力量。所以他除了承认华侨在暹罗的经济方面的贡献之大，与基础之固外，并且指出暹罗人的经济力量之所以薄弱，是由于其民族性所造成。所以要想很快的破坏华侨的经济基础，而培植暹罗人的经济力量，不只不易，而且有害。

华侨在荷属南洋马来半岛，以及暹罗的重要性，固像上面所说。华侨在安南、菲律宾，以至缅甸的地位，也差不多相同。因为华侨在南洋的好多地方，不只勤于所事，而且人数众多。排斥华侨，等于破坏这些地方的本身力量。这一点，我们可以把新嘉坡来解释。新嘉坡在一八一九年正月廿九日，当拉夫尔斯（Sir Thomas Stamford Raffles）占据这个岛的时候，只有少数的马来人与中国人，他用了各种方法，引诱与鼓励人们到这个地方，结果，出乎意料之外，不到五个月，他可以报告他的上司，在这个岛上，已有了五千居民，然而这差不多完全是中国人。他很明白：勤劳的中国人，一到这个地方，这个地方必定繁荣，所以他更努力去引诱与鼓励他们的移入。到了日本未占据新嘉坡之前，这个岛上，约有七十万居民，中国人却占了约六十万。我们想想，假使英国殖民地政府，若不顾手段而排华，使这么多的华侨都离开了这个地方，新嘉坡要成什么样的新嘉坡呢？

第十章　经济的问题（三）

南洋的开辟，既有了华侨作先锋，南洋的繁荣，又由于华侨的努力。华侨在南洋经济上的地位，也无疑的因之而重要，这一点，我们在上面已经稍为说及。我们若再进一步从经济的各方面，略加分析，华侨在南洋经济上所处地位的重要，更为显明。

国人之到南洋的，在早期是偏重于经营商业。《汉书·地理志》里所说"有译长属黄门，与应募者俱入海，市明珠、璧流离、奇石、异物，赍黄金杂缯而往"，就可见国人在南洋经商的历史之早。而且该书又说："中国往商贾者，多取富焉。"这又可见国人在南洋，因经商而发达的很多。

西洋人到了南洋之后，南洋的政治权，虽逐渐的入西洋人之手，然而商业权，一直到了现在，大致上还是由华侨掌握。比方，在西洋航海家到南洋购买香料的时代，从南洋各处土人采买香料之权，还是握在华侨的手中，这一点，《明史·外国传》里也曾提及。其实直到现在，搜集各种土产，转卖于西洋人的，还是由华侨代办。因为华侨商人，不只满布于穷乡陋邑，就是深山大林中，也有他们的踪迹。所谓山货客，多为一般华侨，他们背了一个包袱，提起一枝扁担，跑到那些地方去，收买兽皮及各种山货，由各人搜集而转卖于左近市镇的商店，然后再运去通都大邑。同时不只小市镇中的商店往往是华侨开设，就是通都大邑中的商店之转卖这些货物于洋商的，也多由华侨所设立。

其实，很多地方，无论是西洋人也好，土人也好，假使他们不与华侨发生间接的关系，生意是作不来的。暹罗政府，为了鼓励人民从事商业，所以设立了一些商业学校，然而在这些商业学校里，潮州话是编在课程之内的。因为暹罗的华侨，最多的为潮州人，除了暹罗话之外，潮州话最为流行。所以潮州话在商业上的效用，从某方面看起来，比之暹罗话还大得多。

这是从商业方面来说，若从农业、矿业、工业、渔业与交通各方面来看，华侨也占了很重要的地位。寻找香料，是西人到南洋的主要目的，然而据西洋人的考证，第一位在英属马来亚种植胡椒的是一位华侨。直到现在，凡是到了出产胡椒较多的安南南部的公佛各处，园主业主，差不多都是华侨。树胶、椰子、甘蔗等等种植，也多为华侨所经营。尤其是在早期经营的时代，差不多全为华侨所垄断。稻田在南洋，本为土人所耕种，然而华侨之耕种的也不少。就是好多土人耕种的，其种子，农具的购买，也多由华侨贷款为之。至于米谷之运销，也多由华侨经办。一般城市附近所经营的各种蔬菜田园，以供给城市的居民的，也多为华侨所经营。

锡是南洋的重要矿业，华侨之经营锡矿的，据一九一〇年的统计，其产量占总产量百分之七十八。矿业主人固多是华侨，矿业工人，也差不多全为华侨。

　　在工业方面，南洋很为落后，然而像安南，暹罗的米较，火锯，像马来半岛的胶厂，像荷印各处的糖厂，多为华侨所设立。二三十年来，我国妇女之到南洋的日多，华侨的家庭手工业，如织布、织袜、织面巾等等，也逐渐的发达起来。此外各种家庭厨房用具之为华侨所制造的也很多。

　　渔业也多为华侨所经营。市场里卖鱼的固多为华侨，就是海傍附近的渔船，也多为华侨所有。

　　交通事业上，大的轮船公司，固多为西人所组织，但是船上的厨工，却多为华侨。行驶小埠的轮船，以至江河海傍的货船，则多为华侨所办。比方，暹罗湄南的谷船，全为华侨所垄断，新嘉坡的驳船，也全为华侨所经营。

　　火车交通原为政府所经营，而其工人则多为华侨。火车上的餐厅，也由华侨承办。火车站及轮船码头的挑夫，多为华侨。在好多地方，拉洋车的以至汽车的司机，也多属华侨。

　　南洋的华侨，不只在南洋的经济上占了重要的地位，就是在国内的经济上，也占很重要的地位。福建南部，而尤其是广东，之所以称为富庶之区，主要是由于华侨汇款接济。所以福建的厦门，广东的汕头、广州、海口各大城市之所以繁荣，无论在直接上或间接上，都与南洋的华侨，有了密切的关系。

　　广东沿海一带的乡村里，许多家庭，年间用费，主要也是来自南洋的。比方，文昌一县，大部分的人家是依赖南洋的汇款。南洋经济繁荣了，这些地方的乡下也充裕起来，南洋不景气时，这些地方也穷困了。

　　在福建的南部与广东的一些地方，不只是日常生活方面靠了南洋的华侨接济，其他好多事业的发展，也是靠南洋华侨帮忙的。像文昌一县，县立中学固要到南洋募捐，乡村里的小学，也要到南洋募捐。广州的岭南大学，里面多少伟大的建筑物，如爪哇堂等都是由华侨捐款建筑的。至于厦门大学及集美学校之设立，其得力于华侨，更不待说了。

　　医院方面如海口的海南医院，都是由华侨筹款设立的，其他各种的慈善事业，也是如此。

　　生产事业，也很多是得力于华侨的。在闽广两省的好多农、工、商、矿业，以至于各种交通事业，多由华侨投资。假使没有南洋华侨，则闽广两省的经济，无疑的必趋于枯竭。只要看看自白人占据南洋之后，福建广东的都市与农村的凋零，就可明白了。

　　而况南洋华侨的汇款，不只对于广东福建的经济，有了很大的影响，就是对于我国的整个国家经济，也有了很大的影响。我国国际贸易的平衡，主要是得力于南洋华侨的汇款。据一般估计：在一九〇二年一年中，华侨汇款就有一万万五千万元国币以上。一九三一年有了四万万元以上。在南洋最不景气的时候，这就是从一九三二年至一九三六年的数年间，每年也有了三万万元以上。这可见我侨胞在海外经济力量的雄厚。一九三七年又有了四万万元以上，一九三八年达了六万万元以上，一九三九年增加到十二万万元以上，而一九四一年的半年中，竟达了六十万万元以上。这些数目，虽然包括海外各处如美洲华侨的汇款在内，然而南洋华侨的汇款，约占了百分之九十。

不但这样，这些数目尚不包括好多私人之带款，以至私家信局的汇款，或是用别的方法的汇款。于是更可以明白华侨每年汇回国内的款项之巨了。

其实，数十年来中国革命之所以成功，以至抗战之能够持久，不消说，与南洋华侨的经济上的援助是有了密切的关系的。

第十一章 经济的问题（四）

我们在上面已经指出中国在汉时已与南洋有了货物的交换，从中国运去南洋的有黄金与杂缯，从南洋运来中国的有明珠、璧流离、奇石、异物。此后，两方的交易日多，《宋史·食货志》云：

> 以金、银、缗钱、铅、锡、杂色布帛、精粗瓷器市易香药、犀、象、珊瑚、琥珠、琲宾、铁、皮、玳瑁、玛瑙、车渠、水晶、蕃布、乌满苏木之物。

可知中国所运去南洋的货物种类较少，而南洋之输入中国的货物较多。照这样看起来，可以说我国之依赖于南洋的地方较多，而南洋之依赖于我国的地方较少。

这种情况，直到近代还是一样。虽则近代从南洋所输入中国的货品与从中国输出南洋的货品，在种类上与以前有了很多的不同。比方我国本来以农立国，有了好多农产品在我国所没有或不能生产的，固不得不仰给于南洋；可是有了好多是我国所有的或可能生产的，也往往要从南洋输入。就以米来说罢：据一九三九年的海关报告，从越南、暹罗、缅甸三个地方所运入中国的米，就达了二百五十万公担。其中从暹罗输入的约一百三十六万公担，从安南输入的约一百万公担，其余的为缅甸所输入。

木材、药材，每年从南洋各处所输入的，为数也不少。据一九三九年的海关报告：前者约有一百五十万公担，后者约有三百五十万公担。

南洋特产中，如树胶、椰油、咖啡，每年输入中国的数量，也为不少。树胶约有二百五十万公担，椰油约有四十万公担，咖啡约有八万公担。事实上，这些东西，皆可在海南岛出产的，只要我们今后对于海南岛能够开辟，大量的种植这些东西，那么今后多少必能自给。

上面所说南洋的输入品，除了木材、咖啡之外，每种都占这些物品输入的总额百分之六十以上。

矿产如煤油、汽油、柴油、煤锡等，据一九三九年《海关统计月报》的报告：这些物品之由南洋进口的，煤油为一四四四九九六五公斤，汽油为一〇〇一三八九四四公斤，柴油为一一六六六八吨，煤为五二九四二二吨，锡为八八四七〇公斤。除煤只占总进口额百分之三十八外，其余均占总进口额百分之六十二以上。这就是煤油为百分之六十二，汽油为百分之七十四，柴油为百分之六十七，锡为百分之八十三。

此外，每年从南洋输入我国的铁与铁器，进口额也占了各国输入的第一位。

由是可以看出重要的矿产，我国之依赖于南洋的，至多且大。

总而言之，过去南洋所输入我国的货物种类既多，而在近代所输入我国的好多农产、矿产以至鱼盐等，不只是一个现代化的国家所不可缺的，而且是平时的人民生活而尤其是战时的国防所必需的东西。我国在以往之依赖南洋而取给这些物品，既比之世界任何地方都要多，今后当更加需要了。

而况，地理上，南洋之于中国的关系既如此密切，无论在海道或陆道运输上，都很方便。尤其是我国南方各省之与南洋接壤的，或是位在海滨的，从南洋输入好多必要物资，比之从国内各地方输到这些省份，在交通上尤为便利。至于那些国内所少有或没有的特产，更不得不取给于南洋了。

可是南洋经营这些农产矿产的，既多为华侨，那么所谓取给于南洋者，也可以说是取给于自己的侨胞。

不幸的是南洋的好多产物像锡与树胶，往往因为产量过多，而受了国际上的限制。这对于南洋华侨之种植树胶与采锡事业，有了很大的影响。自这次战争以后，人造树胶以及各种代用品，不只已经发明，而且能够大量的制造。这对于南洋的特产的销路，又必有了更大的影响。换句话来说，对于今后华侨的经济发展，又有了很大的阻碍。这是我国政府当局，不能不加以注意的问题了。

我们再从近代我国的物品之输到南洋方面来看，我国货物之输出南洋各处的历史虽久，然直到现在，其在南洋的进口货品额中所占的百分率，可以说是微乎其微。据一九三九年各方面的报告，整个南洋的进口货品总价约为二十一万万金单位，而由我国输入的只有六千万金单位，占总额还不够百分之三。以华侨最多的暹罗与马来半岛来说，也不过占了百分之四左右。于是可见我国之输入南洋的货物数量之少了。

西洋各国在殖民地里极力去搜取其原料，同时又极力推销本国的货物。故其输入南洋货品总额的百分比往往很高，固不待言。就以日本而论，在没有占据南洋之前，其输入南洋的货物，据五六年前日本方面的估计，约为三万万日圆。而其估计南洋各处的输入总额为三十二万万日圆，占百分之八以上。至于日本在我国国内设立的工厂，出品之运去南洋的恐怕还未计算在内。日本在南洋的日侨比之华侨少得多，然而他们输到南洋的货物，却比我国输到南洋的多得多。

南洋有了一千多万的华侨，然而我们输出南洋的物品是那样微少。例如暹罗与马来半岛，华侨占了总人口的百分之三十以上，我国货物运到这两个地方的只占了输入总额的百分之四，今后我们应当格外努力推销国货于南洋，否则我们的华侨只有使用西洋的货物了。

原来华侨去国愈远，离乡愈久，其爱国爱乡的情绪，愈为浓厚。同时对于国货的购买，更具热忱。反之，对于抵制外货的心理，也特别坚强，只看数十年来南洋华侨的抵制日货运动，就能明白。所以他们一见了国货，就使价钱稍昂，或货质稍差，往往也愿购买。此实为我国国货畅销南洋的一个很好的心理因素。

三四十年来，国内商人与华侨商人，对于国货之畅销南洋，未尝不努力推动，可是因为我国工业，发展困难，正像无源之水，可待而竭，无根之木，可待而枯。这又是我国政府与人士之关心华侨经济问题的，所不能不加以注意的了。

在南洋，我们有了那么多的华侨，而大部分又为商人，因为国货的来源太少，不能推销国货于土人及西洋人，也算罢了；连到自己所用的货物，也多要仰给于外人，这是多么可耻的事呵！

第十二章　经济的问题（五）

我们已经说过：国人之所以要跋涉重洋而到南洋各处的，不外为着谋生。他们离开祖国的时候，往往像俗语所说只有一条短裤，与一条竹竿。然而经过数百年，尤其是近百余年来的奋斗，南洋的商业，主要固为华侨所掌握，就是南洋的农业，以至工业，也多为华侨所经营。暹罗人因叫我们的侨胞为东方的犹太人，而且以为南洋之所以少有犹太人，是因为有了华侨的原故。这是讥骂我们侨胞的话，然而侨胞在南洋的经济力量的雄厚，由此也可概见了。

但是我们不能不指出：华侨在南洋的经济力量，不但自南洋受了敌人蹂躏以后，蒙了很大的损失，就是抗战以前，在最近的二三十年中，已有了日落千丈的景象。其所以致此的原因，虽然很多，可是主要的是由于下列几种势力的威胁：

第一是由于殖民地或居留地政府用政治力量，颁布了好多条例，以限制华侨经济的发展。我们不能在这里详细指出那些对于华侨不利的法律，我们只要指出限制华侨入口，增加入口税，人头税，禁止华侨购置地产，以至限制华工以及好多关于限制华侨经营工商业，农业的法令，都是华侨经济上的致命伤。一个华侨，从国内到南洋，要化一笔很大的旅费，入口时又要给一笔很大的入口税，在安南金塔各处，每年所纳的人头税，差不多要了百元的越币，好多侨胞，每月薪金所入，也不过十元十余元，而半数以上要来缴纳人头税。同时其他各种限制的条例，是随时可以变本加厉的。

第二是由于土人经济势力的逐渐澎涨。民国二十年间，我在暹罗京都作过考察，那个时候，曼谷暹人之开西药店的，差不多没有。然而五年后，我到曼谷时，却有了七八家之多。二三十年前，海防开设商店的，差不多完全是华侨，然而现在最多的却是安南人了。暹罗、安南，固是这样，菲律宾、爪哇、马来半岛，又何尝不是这样。

第三是由于日本势力的伸张。日本自上次欧战发生之后，因为欧美货物的来源缺乏，乃大量的推销其货物于南洋，三十年来，其在南洋的经济力量，日来日增，有些西洋商人，也因为日货物美价廉，而有在日本购了货物，贴上制于德国或英国的商标，以欺骗顾客。至于华侨从前之推销西洋货物的，也有不少因为国货缺乏，西货太贵，没有生意可做而倒闭的。结果，日本的货物之畅销于南洋的，真是无孔不入。南洋的一般人，而尤其是土人身上所穿的衣服，家中所用的器具，多是从日本运来的商品；同时日本人不只是做批发的生意，而且开零售的商店，使华侨在经济上的地位，受了很大的打击。南洋华侨经济之日益破产者为此。

这次敌人占据南洋以后，华侨所受的打击，更加厉害。所以今后华侨的问题，而尤其是华侨在经济上的问题，是最值得我们注意的。

我们应当指出：自南洋各处被敌人占领之后，不只是华侨的厄运，就是西洋各国之在南洋有殖民地的，或是有经济上的关系的，以至南洋的土人，也蒙了很大的损失。因为敌人的目的，既是掠取南洋的资源，那么英、美、荷、法各国政府及其人民的工商农矿业之在南洋的，固被敌人所占夺，而土人的一切产业，也为敌人所统制了。比方安南暹罗的米，以及其他各处的日常生活上所必需的物品，在敌人掠夺之余，华侨固无以为生，土人也难于过活。因为华侨在南洋，从来既执了经济的牛耳，所以这一次所受的损失，也特别的大。战后要恢复其过去经济的力量，也比较困难。而况正像我们上面所说，在南洋尚未失陷之前，侨胞的经济力量，除了受日本的威胁之外，还受了殖民地或居留地政府与土人的威胁呢！

因之，我国政府今后应怎样设法来改善华侨的待遇，而使其能恢复固有的经济基础，以至将来能发展其经济力量，这是一个很值得我们注意的问题了。

同时在胜利之后，殖民地政府对于土人的待遇，也必加以改善，在改善土人待遇的政策之下，是否与改善华侨的待遇发生矛盾，这也是一个很值得我们注意的问题。其实，以往殖民地政府往往藉口保护土人，而颁布了好多限制华侨的条例，所以今后怎样的去解决这个问题，又是政府当局应予重视的了。

不特这样，我们应当指出：土人在近二三十年来经济势力的澎涨，虽是得力于殖民地或居留地政府的保护政策，比方，暹罗政府规定在华侨所设立的工厂或公司中，要有多少暹罗工人之类；然而土人在近年来智识的发展，实为其主要原因。

南洋土人近年来智识发展得很快。这是主要得力于教育的逐渐普及，而尤其是文字的学习较易。比方懂得暹罗话的人，一年或六个月就能懂得暹罗文。同样，安南自改用罗马字之后，妇孺车夫都能读书。智识的发展，使他们感觉到经济上的落后，而愈努力于智识——专门智识的讲求，为商的学商，为工的学工，以至为农的学农。他们既逐渐的利用现代的智识去发展其经济，再加以殖民地或本国政府的保护，那么他们经济力量的逐渐澎涨，是自然而然的了。

反观我们的侨胞，离开祖国而赴南洋谋生的人，多是少受教育的。在以往只靠着他们的勤俭，而在经济上占了地位，在现在则专以勤俭去经营事业是不够的，所以今后怎样去灌输他们现代的智识，以应付这种新的局面，又是一个很值得我们注意的问题。

我们知道，以往的土人不只没有智识，而且怠惰得很。一个土人，比方一个马来人，既没有经营事业的经验，同时假使今天有了一块钱的入息，往往不用完这一块钱，就不愿再去工作。比起没有教育，能勤俭，又有经营事业经验的华侨，是比不上的。然而现在他们不只有了智识，不只逐渐的勤俭起来，而且逐渐有了经营事业的经验，若再加以政府的保护政策，而给与他们好多的便利，那么华侨之不易与他们竞争，使华侨经济的逐渐走向没落之途，也是自然而然的了。

教育是百年大计，专门的智识，并非一朝一夕所能求得的。南洋沦陷以后，华侨的原有的学校，摧残殆尽，再加以奴化教育的压迫，使我们想在战后立刻发展南洋华侨教育，是不容易的。所以要想华侨在最短时间内，发展教育以为复兴其经济力量的张本，也是比较困难的事情。因此之故，我们又不能不希望政府当局以至社会人士，今后应设法奖励一些有智识的人们，尤其是有专门智识的人们前往南洋，帮忙华侨发展其经济力量，否则以后南洋华侨的经济不特不易发展，就是以往已有的经济基础，恐怕也不易保留了。

总而言之，以往的华侨，赤手空拳到南洋，使南洋成为我们的宝库，救济了国内的好多同胞，繁荣了国内的好多地方，帮忙了我国的革命运动；现在他们遭了最大的厄运，有了最大的危机，他们差不多没有力量去复兴其过去的地位，这时候，假使政府当局，国内人士，不为他们设法，以维持与发展其经济的地位，不特对不住他们，而且是对不住国家！

第十三章　教育的问题（上）

上面我们已经指出华侨经济的危机，不只是由于殖民地或居留地政府的各种限制，而且由于土人智识的发展，及华侨教育的落后，所以这里，我们要略谈华侨的教育问题。

大致的说，华侨子弟所受的教育，可分为三种。一为入外人在南洋所开设的学校中读书，二为回国入一些为华侨子弟而设立的学校或其他的学校，三为在南洋华侨自己设立的学校里求学。

第一种的学校中也可以分为数种，一为殖民地政府所设立的学校，二为外国教会所设立的学校，三为土人所设立的学校。我们可以说，除了暹罗以外，华侨子弟之进入土人所设立的学校的，为数很少。华侨在南洋各处，虽有很多娶当地妇女，然而他们对于土人的文化，多持着鄙视的态度。故其子弟，不受教育也算罢了，要受教育，他们很少愿意送入土人所设立的学校。然而关于这一点，暹罗可以说是一个例外。因为一来暹罗是一个独立的国家，华侨及其子弟之在暹罗的，只要自认为暹罗人，晓得暹罗的语言文字，都可以在暹罗的社会上以至政治上占了重要的地位。二来暹罗政府，要使暹罗境内的人们趋于暹化。三来暹罗当局要使暹罗境内的教育，趋于一致，故暹文成为主要的与必修的科目。反之，在西洋各国的殖民地中，土人的语言文字，虽可存在，然而政府却以其本国的文字语言为主，土人的语言文字，便成为次要的了。土人设立的学校，着〔若〕果注重他们的语言文字，懂了这种方言，固有很大的用处，懂其文字，却不若学了英文、法文、或荷兰文的用途之大，这是在暹罗以外的华侨子弟，少入土人学校的主要原因。

至于教会所设立的学校与殖民地政府所设立的学校，虽然前者偏重于传教而后者却不然，可是在殖民地设学校的，多为其本国的传教士，如安南的教会学校，多为法国教士所设立，菲律宾的教会学校多为美国教士所设立，他们与殖民地政府的关系，往往很为密切。其所办的学校，与殖民地政府所办的学校，主要目的都是培养一般政府下级人员，或商店店员，或少数的小学教师。专门智识，既少施教，而对于政治与社会思想有关的科目，差不多可以说是没有的。所以南洋的殖民地，除了菲律宾几间大学，河内大学，与蕴酿很久而始终没有成立的新嘉坡大学之外，其余各处根本没有大学。华侨子弟之入这种学校的很多，但入了这种学校，却很少有机会去学习中文，甚至有了很多连中国话也不懂，结果，往往对于其他华侨，不但少有益处，反而看不起其他的侨胞，因而有些人说，从中国的立场来看，这是忘宗的教育。

说到第二种教育，在国内最先专为华侨而设的学校，要算暨南学校。这个学校是在满清末年，端方督江苏时所创始的。辛亥革命后，该校也就停办。直到民国六七年间才恢复起来。然而华侨学生之回国入该校的，在满清末年与民国初年，并不很多，后来由南京迁到上海附近的真茹，除了中学师范班之外，又设大学部，但从此以后，不只专收华侨学生，而且收了国内的学生，故不能谓为纯粹的华侨学校。

暨南之外，广州岭南学校很早就设华侨班，后来又成为华侨学校，教育侨生不少。因为华侨多为福建及广东人，岭南位在广州，故侨生之到该校的很多。又如中山大学，后来也有华侨班的设立，收容了不少华侨子弟。

抗战以后，尤其是自暹罗排华与南洋各处被日人侵略的时候，华侨及其子弟回国的很多，在昆明有了育侨学校的设立，创办者多为暹罗回国的华侨，这个学校，初为私立，后改为国立，最后又归并于国立西南中山中学。此外教育部设立第一国立华侨中学，初在云南的保山，后因日本侵入云南，乃迁到贵州。其后又在四川綦江左近设立国立第二华侨中学。

这些学校的设立，用意甚善，不过成绩都不算好。原因很多，大略来说：第一是学生的来源太少，暨南以至后来的育侨之所以不能不收国内的学生，就是因为学生的来源不多。第二，华侨子弟既已回国，就不能专为华侨而设立学校。若因为一些华侨学生的中英文程度较差，设法使其补习，固有用处，若专设学校而收容他们，结果使他们成为一个特殊学校，不只与中国的正常教育有了区别，而且使其少有机会与国内学生接触。结果华侨学生终为华侨学生，程度好的，又要转入国内其他较为著名的大学，华侨学校好像始终成为学生收容所，实在毫无意义。

近二三十年来，因为在南洋各处华侨学校林立，学生读完侨校小学或中学，回国入国内著名学校的很多，就以国立西南联合大学来说，有一个时期，有了百多华侨学生，这些学生，成绩好的固是不少，然因为南洋各处的侨校办理较差，故侨生回国以后，入了较好的学校，也有不少因程度的关系，而不能完成其学业的。

不但这样，南洋华侨，富有的固是不少，然而能够送子弟回国求学的也并不多。因为这么一来，所用的费用过大，而况就是有钱的，也为了离家太远，做父母的未必能放心让其子弟返国读书。

至于一般在南洋西人或土人所设立的学校读书，而不懂得中文的华侨子弟，回国读书，困难更多。因为无论学习西文或南洋各处的文字，比之学习中文都较容易，一个学生，先学了这些文字而回国再学中文，年纪较小的尚感不易，年纪已大了的，更为困难。读了三四年西文，或一二年南洋各处的文字，就能写信作文，读了五六年中文，却未必能够如此。而先入为主，读了比较容易的文字，再去读比较困难的文字，其所感觉的困难，又是不可想像的。所以有了好多这种的侨生，回国之后，读了三两年就灰心了，结果是中文既学不成，西文或其他种文字也因之而荒废，在国内既不能以学问去谋生，回南洋也有了很多的不便，所谓东不成西不就，白白费了可贵的光阴。

  总而言之，回国求学，本来不是一件容易的事，回了国，求了学，结果却又东不成，西不就，那是一件多么不幸的事！

  原来华侨之居于海外的，对于国内情形能够熟识的并不很多。很多在国内就没有什么亲戚朋友。为了爱慕祖国，好多人愿意送子弟回国求学，然而子弟年纪太小的，固难送其回国，年纪较大的，若在南洋入了土人所办的学校，或是西人所办的学校，则回国入学，其困难固如上述。就是在南洋入了华侨所办的学校，也因为了好多学校办理不善，回国升学，也成问题。

  因之，我以为今后对于华侨教育所要特别加以注意的，是华侨在南洋所设立的学校，假使这些学校办得好了，不只好多想入西人或土人所办的学校的人会进了这些学校，就是毕业之后，在当地以至回国升学，也有很大的好处。

第十四章 教育的问题（下）

华侨学校之设立，最早的据说是爪哇巴达维亚的明诚书院。这个书院成立于一七二九年，从那个时候起，直至一九〇九年始停办。然而我们也得指出，这是一个旧式的学塾，里面所教的，也只是八股文章。

此外，一八九七年在新嘉坡所设立的养正学校，一八九九年在菲律宾所设立的中西学校，都可以说是南洋华侨学校比较早的。到了戊戌政变之后，康有为及其徒众逃命南洋，努力提倡教育；而革命领袖，在这个时候也到南洋，想以学校为宣传思想的场所，因而对于教育也努力提倡。因之，南洋的学校乃如春笋怒发般地遍布各处。在日本未侵略南洋之前，据说在马来亚一带，就有了一千一百八十九个华侨学校，学生人数，约有十万之多。其他各处的学校，数目也当不少。

在民国初年的时候，南洋各处的华侨学校，只有小学，民国八九年间，中学次第设立。中学的三三制实行之后，南洋各处的华侨学校，初中固有不少，高中还是寥寥无几。

从学校数量的方面来看，三四十年来，南洋华侨学校的发展相当的快，可是在质的方面，却有好多必须改良的地方。

南洋的华侨学校之所以在质的方面不满人意，原因很多，大略言之，约有数端：

第一是大多数的学校没有一定的经费，好多学校是靠月捐维持的。结果，教员不能安心教学。华侨不乏富有之人，然而愿意捐款于学校以为基金或经常费的，真是寥寥无几。所以大致的说，南洋华侨学校的经费，实在不很充裕。

第二，在南洋人们常说"金钱说话"，这就是说有钱的人说话，才有效力。南洋的华侨学校，多由董事会去管理，董事会的董事，而尤其是董事长，往往是有钱的人。他们未必懂得教育，因为在他们之中，很多是少受过或没受过教育的，因为他们有了钱而作董事，同时对于学校的内部行政无所不管，结果是作校长的不能自由去发展学校，而其甚者，是某人一作校董会主席，校长教员以至听差都用了自己的亲戚，学校行政，弄得一塌糊涂。

第三是缺乏良善的教师，我们上面曾经说过，到南洋的国人，目的是为谋生，他们多是少受教育或没有教育的，后来因为华侨发财的不少，虽然有些受了教育的人到了南洋，去探视亲朋，然而大致上这些人多是因为在国内无事可做，才跑到南洋的。在南洋教师最感缺乏，而学校又正在增加的时候，他们遂变为这些学校的教师了。反过来说，在国内一般有了良好的训练，而同时又有了相当的经验的教师，愿意到南洋办教育的，实在太少。而况在南洋的华侨学校，薪俸又很低微，一般国人而尤其是智识阶级的心目中，南洋乃是蛮荒之地，炎热之区，就使南洋华侨学校用了很高的薪俸来聘请，恐怕大多数的人们还视为畏途。而况这些华侨学校之给与薪水，又特别的少呢。

第四，近二三十年来，南洋各处殖民地政府特别是暹罗政府，对于华侨学校，严加限制，教师的资格，与课本的内容，都要审查，其他各种限制的条列尤多。这对于华侨教育的发展上，均成为极大的阻碍。在暹罗，华侨学校的校长是要暹罗人担任，在这些学校教书的教师，又要经过暹罗政府暹文的考试。此外，每周又只允许华侨学校授五六个钟头的中文，一切功课又需用暹文去教授。这么一来，国人到暹罗而不懂暹文的人们，都不能充当教师。然而暹罗政府还认为这种办法不够严厉与澈底，再以各种原因为藉口而大事封闭华侨学校，在很短的时间中，封闭了数十间侨校，其目的，无非要消灭华侨所有的学校。这可说是南洋华侨学校的最大的厄运。

我们应当指出，这是以往的事情，可是今后若不设法使殖民地或居留地政府改变其排华政策，那么华侨教育的前途不可乐观。这是一般关心侨务，而尤其是关心侨教的人们所不能不加以注意的。

除了上面所说的各种原因之外，我们还要指出，我国文字之难读，实为教育上的大障碍。这种障碍，在南洋的华侨教育上，尤为显明。在国内，除了有好多机会去认识中文之外，懂了中文以后，就可以用之以谋生或处世，若能再通晓一种外国文字，那就很好。在南洋，只懂得中文是不易谋生处世的，因为中文在那里并不是主要的文字，而且往往也不是次要的文字。在殖民地里面，西洋文字是官家文字，也可以说是主要的文字，其次是土人的文字。比方在安南，除了法文之外，安南文（用罗马拼音的）是很重要的文字，所以只懂得中文是不够的。中文之学习既难，又无大用，那么在智识的灌输上，用中文比之用西文或土文也要困难得多。

而且我们不要忘记，在南洋华侨的数目虽多，然而我们是侨居异地，我们只懂得中文，不只不易与西人及土人作生意，就是华侨与华侨之间，专只使用中文，也还不够。而况闽广方言又多，懂得自己各种方言已不容易，要懂土话与西洋话，更是困难了。

中文既不易学，中国的方言又多，在国语尚未盛行南洋的时候，好多华侨乃用其地方的方言去授课，结果是懂了中国文字，在自己华侨的社会中，还未必能谈话，加以南洋的华侨，既有很多是少受或没有受教育的，所以就使有人懂了中国文字，也不能用文字去与不懂得文字的人们表达意思。中文本来难读，可是辛辛苦苦的读得懂了，在南洋的用途又不大，这就是说，不只不能与西人或土人交谈通讯，连了在与华侨的接触中，也未必能交谈达意。结果是懂中文者还是自成一个特殊的阶级，而非大众的文字，至于在商业或经济上，效用也较少。

不但这样，在南洋的一般华侨学校里，很少注重于西文或土文，所以一般人了华侨学校的子弟，不只是往往不懂得西文——土文是用不着说的——而且是往往不懂得土话——西洋话更不待说了。而况从国内到南洋当侨校教师校长的人们以至一些侨胞，染了内华夏而外夷狄的传统思想，对于土人语言及西洋语言，持了蔑视以至仇恨的态度，以为这不是读书人所需要的。同时在这些华侨学校里所用的课本，差不多完全是来自国内，对于南洋的地理、历史、风土、人情，以及其他一切有关南洋的事情，完全没有说及。结果，是在侨校读书的学生，对于国内的情况，既只有书本上的智识，好像隔靴搔痒，对于南洋的情况，又只有表面的观察，缺乏系统的研究与深刻的认识，于是回国来作事，固有人地生疏之感，就是在南洋做事，又有了学非所用之虞。要想用了这种教育去发展华侨的经济，谁都知道是一件不容易的事情了。

而况所谓华侨学校，又多只是小学，初中已不多，高中更少。小学与中学的教育，只是一种普通的教育，根本的教育。中文既难读，初中以至高中毕业之后，中文能通顺的，已算难得，专门智识，更谈不到。要想把这种教育去发展各种经济上的专门事业，也是一件不容易的事情。其实，种植、开矿、捕鱼、制盐，以至经商，都要专门的智识，以往一般少受教育或没有教育的侨胞，固早已成为时代的落伍者，而现今华侨学校所养出的人才，若仅以懂得一些中文为目的，而欲与西洋人以至文字易读而各种智识正在发展的土人，在南洋的经济上争优胜，那是空想。所以我们要想在南洋发展侨胞经济的力量，以至维持我们侨胞原有的经济基础，除非设法去鼓励国内有识之士与专门人才到南洋外，今后南洋的华侨教育，还要特别的加以改善！

附　　录

一、新南洋的展望

在太平洋战争没有爆发之前，南洋只有一个独立的国家，这就是暹罗。到了日本占据南洋的时候，这个唯一的独立国家，也变为附庸地位。日本投降以后，暹罗固是恢复其自主的地位，菲律宾以至缅甸，也先后独立起来。荷兰在这几年来，虽然拼命用武力去压迫印度尼西亚的人民，梦想恢复战前的殖民地帝国，然而印度尼西亚的人民的百折不回与抵抗到底的精神，已使这种梦想粉碎，所以就使印度尼西亚不能在最短的时期达到独立的地位，它也正是走着自主的途径。

在日本投降之后的安南，胡志明所领导的独立运动，声势浩大，可是年余以来，受了法国武力的压迫，在表面上这个运动虽受了很大的打击，然而法国的抗德既是一败涂地，法国的抗日，又使其尊严尽丧，今后安南人在武力上，也许不是法国的对手，在心理上，却已大为改变，不能再去忍受法国的统治。最近来，法国政府，极力利用保大，希望使他成为傀儡，以号召一部分的人民，而达其统治安南的传统政策，然而战后的安南人，既已非战前的安南人，这种政策，恐怕不易实现。而况，据报章所载，现在的保大，也非已往的唯命是从的保大了。比方，他反对交趾与安南的其他部分分治，这也是胡志明所极力反对的。质言之，现在的安南人，不只是要求一个自主的安南，而且要求一个统一的安南。所以法国人若不彻底觉悟，而还要迷恋于以往的武力统治，或是鞭策政策，结果是必使安南人的反抗心理，愈为坚强。

我们知道，在南洋的各民族中，民族主义与国家意识的色彩较淡的，恐怕要算马来亚的人民，然而二三十年来，像土生华侨陈祯禄之不断提倡民主与统一的马来亚，以至像在日人占据时代的马来亚人的抗日运动，已经表示马来亚的人，也正在推动其自治自主的运动。最近马来亚联邦的成立，虽然表现出英国政府还要利用已经不合时宜的苏丹与传统政策去统治马来亚，然而这种作法，已经引起马来亚人反感。而况，英国政府既已经给与印度而尤其是锡兰与缅甸以独立自主的地位，只要马来亚的人民，努力去推动这种运动，我们相信，他们在不久的将来，也必能达到这种地位。

总而言之，美国之承认菲律宾为独立国家，与英国的承认印度而特别是锡兰与缅甸的自主地位，已使南洋的局面，焕然一新，荷兰与法国，尽管设法去维持其南洋的殖民地，可是印度尼西亚人与安南的民族自决的运动，已使荷法的政府，感觉到只用武力去压制这种运动，是没有用的，因而也不得不作多少的让步。至于一向被人看作还在醉卧的马来亚，现在也醒起来了。从前只有一个独立国家的南洋，现在又加了两个——菲律宾与缅甸。印尼，安南，以至马来半岛，也都正在努力去推动其独立运动，那么这三个地方，迟早也要变为独立的国家，是可预料的。所谓新南洋的表征，就是新国家的成立，而所谓新南洋的展望，也就是新国家的实现。

然而，在这种新国家成立之后，与这种新国家的实现的过程中，我们站在中国的立场上，还有进一步的展望，这就是中国之于南洋的新国家的关系，而尤其是今后的华侨之在这些新国家中的地位。

华侨在南洋的地位，颇为重要。在人口上，华侨在好多地方，像在暹罗，马来半岛，而尤其是在新嘉坡，占了大多的数目。暹罗的汰人，不若华侨之多，马来半岛的马来人，不若华侨之多，在新嘉坡的人口总数中，华侨占了百分之七十以上。

除此以外，华侨在南洋的经济上，又占了很特殊的地位。商业固差不多完全操在华侨之手，在农工矿业上，也占了很优超的地位。在战前的西洋人与在日本占领时期的日本人，虽然用了各种方法去制止华侨的经济发展，然而华侨的经济基础，并不因之而崩溃，在日本占领的时期，西洋人的经济力量，给了日本人破坏，日本投降以后，日本的经济力量，也随之而消灭。现在西洋人虽卷土重来，然而他们在过去既差不多完全用政治力量去发展其经济，那么今后这种力量，既因各处民族的独立而丧失，则其经济力量，也必不能像以往那样的去发展，是无可疑的。至于土人的经济力量，一向薄弱，完全没有基础，欲在短时期中与华侨抗衡，似乎是不可能的。

然而我们不能忘记，南洋各处成为独立国家之后，假使政治制度没有民主化，而政治力量完全操于土人之手，这不只使所谓人口总数中的大多数的华侨，没有参预政治的机会，而又成为少数人统制多数人的现象，而且恐怕会使华侨的经济力量，又必受到土人的压迫而衰落。暹罗的汰人，一向利用其政治力量去压制华侨经济的发展，菲律宾人以至最近的印度尼西亚人，也有了这种趋向。假使已经独立的缅甸，与将来独立后的安南与马来亚，也像了暹罗那样作法，或是变本加厉起来，那么今后南洋虽然是脱离殖民地束缚，而得到自主的地位，一个民族或甚至于一个少数的民族，压迫另一个民族或一个多数的民族的现象，恐怕又将重演起来。这不只是南洋的厄运，而且是东亚与世界的不幸！

我们庆祝菲律宾与缅甸的独立，我们期待安南、马来亚与印度尼西亚的独立，我们尤希望在今后的新南洋的新国家里，不要再有一个民族压迫别个民族的现象，不要再行统治〈者〉虐待被治者的政策。

二、论中国与南洋的外交

中国之于南洋的关系，虽是至为密切，然而政府对于办理南洋的外交，从来就不大讲究。我愿意在这里略为说明这一点，希望能够引起当局的注意。

我们知道，在民族上，在文化上，南洋各处，虽也有其特殊的地方，可是在地理上，在经济上，这些地方，却也可以说是自成一个单位，与我国有了很密切的关系。而况，海外华侨之在南洋的，人口既很为众多，足迹又无所不至，从爱护华侨的立场来说，我们也不应当把这些地方的华侨，看作一盘散沙，好像一个地方的华侨与其他地方的华侨，没有什么关系，而没有一个整个看法，没有一个通盘的政策。

可惜我国政府，向来就缺乏了这种看法，与缺乏了这种政策。比方在外交部里，我们不但没有一个南洋司，就是南洋各处的事务，也不一定是属于亚洲司，在太平洋战争没有发生之前，处理菲律宾的外交事宜的主管机关是美洲司，处理缅甸安南马来半岛与所谓荷属印度的外交事宜的主管机关是欧洲司。只有暹罗是属于亚洲司。然而在那个时候，中国之于暹罗，却又没有交换使节。日本投降以后，菲律宾，缅甸，都独立起来，这两个国家之于我国的外交事宜，当然属于亚洲司，然而安南，马来半岛，与所谓荷属印度，还是属于欧洲司。

我们并不否认，在外交上，凡是属于欧洲的殖民地，我们不能不与欧洲的国家接洽，属于美国的属地，我们也不能不与美国接洽。然而这是一个客观的看法，而不是一个主观的立场。从主观的立场来看，我们对于整个南洋的外交事宜，也应有一种统筹办理的政策，而不应完全随着他人的立场而失了我们自己的立场。而况，事实上，中国之于南洋的关系，历史是那么长久，地理是那么接近，人种文化又那么密切，华侨人口又那么众多；此外，华侨不只在南洋的经济的地位极为重要，就是对于国内的经济上，也有很大的影响，所以就事理上说，中国之于外国的外交，少有像于南洋这么重要的，在外交部里，设立了一个南洋司，才算合理，而且至为需要，否则在外交部中，也应有一个较有权力的机关，专为联络以至应付南洋的事务。

这不过是从我们对于办理南洋外交的机构与政策上说。假使再从我们所遣派到这些地方的外交人员来看，我们也感觉到失望。照政府的意见，也许以为像暹罗只是一个蕞尔小国，而其他地方，又是西洋人的殖民地，因而不必去选择外交上的特出人才，遣派到这些地方，因而其所遣派的，多为外交上的第三四流的人物。这是一个很大的错误。

我们不要忘记，比方像暹罗这个地方，有了至少占其全国三分之一以上的人口的华侨，所以当大使或领事的人们，非有特别的才干是不足以胜任的。因为他不只要应付中暹的外交事宜，也还要应付人口众多而分子相当复杂的华侨社会。至于像在新嘉坡，像在安南的堤岸，除了应付了人口占了绝对大多数的华侨与应付土人之外，他还要应付统治这些地方的西洋人。

不只这样，华侨去乡愈远，爱国之情愈殷，其所希望于大使公使领事的，愈为殷切。他不只是在其事业上或利益上，要求保护，他的好多的琐碎事情，也希望使馆领馆有人去参与。儿子结婚了，女孙订婚了，他都希望公使能驾临，父母死了，他也希望领事能参加"守夜"。华侨学校以千百计，开学典礼，毕业典礼，领使也要被请去训话。华侨商店的数目，不胜枚举，招牌字，也往往希望领事去题写。

在这种的环境之下，除了需要有才干的大使公使领事之外，还要有一大批的人员，才能应付过去。可是事实上，遣派到这些地方的外交人员，人数既少，有才干的也不多。因而使好多事务，琐碎的固是无法应付，重要的更不易推动。年前我在新加坡，住了三个星期，看到那位有才干与好体格的伍伯胜总领事，天天疲于奔命，事事难于应付，也不外是因为领馆的人员既少，有才干的更不多。因此，在我国与南洋的外交上，又产生了好多的畸形现象。

举一个例罢。在我国没有遣派领事到安南之前，安南的法国政府，用了一种所谓嗡帮制度，去管理华侨。所谓嗡帮，就是帮长。华侨分为好多帮，如福建帮，潮州帮，广肇帮，琼雷帮等等。每帮有一个帮长，大致上，帮长是一位有地位有财产的人物，华侨入口，要他担保，华侨有纠纷或是关于华侨缴纳人口税，他也有劝解催收的责任。

这种制度，在没有设立领馆的时候，未尝没有作用。然而领馆设立之后，应当取消了。事实上并不是这样，好多应该由领事馆去管理的事务，还是由帮长去处置。有时在国内领了护照，得了法国领事签准而到安南的人，还要帮长担保，还盖手指印。这种畸形现象，一方面固由于安南的法国政府，漠视了我国领事的职权，一方面也由于一般被遣派到这个地方的外交人员，缺乏才干，不善于办理外交。同时，又以领馆人员，往往寥若晨星，就使人家愿意给与我们去管理，我们也没有充分的人力，以资应付。结果是不少领馆，等于虚设，做领事的，往往对于应管之事，反而不管，而好多不必要作之事，反而要作。

总而言之，南洋既为华侨的中心地域，南洋华侨，不只在南洋占了经济上的重要地位，就在国内，也占了经济上的重要地位。所以我们对于南洋的外交，不只要有一个统筹办理的政策，而且要有才干的人物，与充分的人员，才能够应付。

三、云南与华侨

　　华侨在海外各处最多的，要算南洋，南洋与国内各省在历史上，而尤其是在地理上关系很密切的，要算云南。

　　以地理论，云南与南洋毗连，缅甸、暹罗、安南、马来半岛、苏门答腊、爪哇等处，都好像是云南的手足；以历史论，唐代的南诏，宋代的大理，与南洋也有过关系。郑和是滇人，三保太监下西洋，在中国是美谈盛举，在南洋是扬威耀武。凡是到过南洋的人，都能听过他的故事，凡是住在南洋的人，还能得到他的余荫。在常理上，云南人之居留南洋者应该很多，可是事实上，国人之侨寓南洋者，百分之九十以上乃出自远隔重洋的闽粤，这虽由于以前云南与南洋的交通不便，然而云南地广人稀，也可以说是主要原因之一。

　　近年以来，云南与南洋的交通，逐渐改良，因而南洋侨胞之回滇者，日见众多。我们相信，将来云南人士之到南洋者，也必因之而增加，故今后南洋的华侨与云南的关系，也必愈加密切。滇省政府对于这一点，也早已看到。除了省政府议决设立侨胞垦殖委会，及接待处，以帮忙回国发展实业的侨胞之外，省教育当局，对于一般回滇升学的侨胞子弟，也尽力设法，使其在省立及其他的学校读书。侨胞之回滇者，除了为国服务的机工人员外，多为实业界，与教育界，滇省当局对于这些职业各异的侨胞，都能特别注意，分别帮忙。我们相信：不但回滇的侨胞必定很为感激，就是海外的侨胞，也必闻之喜慰。

　　最近暹罗政府对于华侨百端压迫，华侨之回滇者益形增加。我们很恳切的希望侨胞垦殖委员会能积极的实现其使命，接待处能赶快的成立，同时教育当局如能设立一侨生升学委员会与招待处，使一般青年之回国者，对于入校读书与临时住宿种种问题，都能得到相当的解决，则不但对于回国的侨胞，有莫大的帮忙，就是对于云南，对于国家，也有莫大的好处。

　　在华侨未到南洋之前，南洋不过是一座荒邱，一片莽原。华侨披荆棘，辟田园，现在已成为海外乐园，变为第二故乡。英国殖民地政府也得承认：没有华侨，不会有今日的南洋。华侨空手南渡，现在却握南洋的经济权，使他们国内的亲朋得了不竭的财源，使我国国际贸易，得了不少的弥补，使闽粤成为富庶的区域，使广州成为革命策源地。云南地广人稀，苟能利用他们经济的力量，与开拓的经验来发展云南，则云南将来在经济方面以及其他方面的地位，必因之而增高。

　　南洋华侨教育的振兴，已有四十年的历史。在量的方面，已有很大的进步，可是在质的方面，却未见得十分完善。高等教育固尚未萌芽，高级中学也寥寥无几。这固由于良师的缺乏，学董的固执，然而当地或殖民地政府的压迫，也是主要原因之一。故纵使教师与学董得人，教育发展也不容易。南洋有一千万以上的侨胞，青年男女之应入校读书者，至少有两百万，这些青年的家境，虽非尽皆富有，然经济状况，总比之国内民众，较为充裕。又华侨青年，对于本国情况，虽有隔膜之处，可是对于内地一般青年的恶习，少有习染，故在品格上，比较纯正。青年求学，在经济上既没有多大的问题，在品格上又比较纯正，苟能在学问的研究方面，再加努力，则其成就也必较大。

地方的发展，国家的富强，主要是依赖于财力与人力。华侨关于这两方面都能有相当的贡献，所以我们很希望国人，而尤其是云南的当局与人士，对于这些满腔热情远道归来的华侨，要特别加以注意，特别给予精神上的鼓励，与实际上的帮忙。

四、论中暹的关系

　　暹罗与中国的关系，至为密切；这种关系的历史，又至为悠久。据史书所载，三国时吴康泰曾出使扶南，晋时扶南也常常遣使来中国朝贡。隋时常骏又使赤土，据说常骏使赤土时，大受其国王与人民的欢迎。其大方丈告诉常骏道："今是大中国人，非复赤土国矣。"后来赤土国王又派其子那邪迦与常骏到中国晋谒隋炀帝。扶南、赤土，就是后来史书所说的暹罗。到了元代，暹国皇帝敢木丁，曾亲到中国朝贡，同时带了好多中国磁器工匠回暹罗。明洪武时，暹罗国王派其子昭禄群英到中国朝贡，洪武命礼部员外郎王恒等赍诏及赐印曰"暹罗国王之印"。清代乾隆年间，暹罗被缅甸征服，后来得了一位华侨，名字叫作郑昭，驱逐缅甸人，恢复暹罗国，郑昭遂作了暹罗的皇帝。

　　自郑昭被其女婿暹罗人却克里杀害篡位之后，暹罗的当局，虽极力设法阻止中国人恢复其政权，然而却克里以至其后代，直到鸦片战争的时候，还假冒为郑昭子孙，却克里自称郑华，其后代称为郑佛、郑福、郑明。而且到了现在，华侨及其后裔之在暹罗政府中处高位，居要职的，不胜枚举。至于华侨与暹罗人员之间，因为通婚及其他关系，两者的情感也很为融洽。

　　直到十年以前，因为暹罗人受了日本人的煽动，于是排华的运动日趋激烈，其结果，使在暹罗的华侨，蒙了有史以来所未有的损失。

　　暹罗虽借了日本的势力虐待华侨，以至默认敌人占据东四省，反对中暹交换使节；但是暹罗这种政策，不但对于暹罗没有益处，反而有了大害。日本人最初利用暹罗排华，待到既达目的之后，又进一步侵略暹罗，所以在太平洋战争爆发之后，暹罗也不久被了日本所占据。暹罗本来是为虎作伥，结果引狼入室，自食其果。到了现在，暹罗的一般人士，虽是很为懊悔，可是已经晚了。

　　照常理说：暹罗这样的对待中国，在同盟国胜利之后，中国似可以严厉的方法予以报复，但是根据我国政府当局三十五年二月间的宣言，中国对于暹罗，既没有领土的野心，而却尊重暹罗的独立自主。中国对于暹罗，既没有领土的野心，中国也必希望他的同盟国，而尤其是英国也没有这种野心。我们相信，英国对于中国这种宣言，必定很表同情，虽则暹罗在南洋尚未沦陷之前，因为实行亲日政策，不只排斥中国，而且排斥英国。

　　中国对于暹罗，既有既往不咎的态度，宽容对待的心理，使暹罗在日本战败之后，还有保存其独立的机会，那么暹罗对于中国，而今而后，就不能不格外的友善了。

　　暹罗应怎样与中国友善呢？我们以为最低的限度，暹罗应该作到下面数点：

第一、暹罗应该与中国交换使节。现代国际关系密切，国与国之间，不能不有使节的交换。南洋各处的英、美、法、荷的殖民地，我国通通都派有领事。暹罗是一个独立的国家，我国侨民之在暹罗的人数又多，暹罗过去反对与我国交换使节，是蔑视我国权利。我们知道据历史记载，我们从前曾常派使者到暹罗，在广州还曾有过暹罗馆，这就是暹罗使节来中国所住的地方。而况在现代的国际关系中，除了两国完全没有关系，没有不交换使节的。中国与暹罗，不只因为中国有了很多侨民在暹罗而有了密切关系，而且因为商业及他种关系而有了密切的关系，在这种情况之下，暹罗还反对与中国交换使节，这殊与国际间之道义合作相悖逆。所以我们希望在盟国胜利之后，暹罗应该立即与中国互派公使领事，至少在我国方面，应该要求暹罗这样的做，否则我们在暹罗的侨胞，不但得不到国家的保护，就是受了暹罗政府或其他的压迫，也无从申诉。

第二、暹罗对于华侨的一切不平等的待遇与法律，应该取消。关于这方面的改善，范围很广。比方，限制我国人民的入口条例，以及华侨进口所受各种的虐待，又如对于华侨在经济方面，教育方面，好多限制条例，都要加以废除。至于其他的好多不平等的待遇，也要加以改善。暹罗政府当局，有了一种偏见，以为华侨之在暹罗，经营事业是妨碍暹罗人的权利，甚至往往以为华侨是东方的犹太人，然而他们忘记了假使没有华侨，则近代的暹罗不会进步那么快。其实若从历史方面来看，在现在统治暹罗的泰族尚未占据暹罗之前，中国人民在暹罗已有了相当的地位，而那时的暹罗，也实为中国的附庸国家。所以华侨之在暹罗，比之泰族之在暹罗，犹具有优先的历史，而况若以人口来说，在暹罗的泰族，不过只有了二百万至三百万，华侨却有了三百万至五百万。换句话来说，在暹罗的华侨，实为多数的民族，而泰族可以说是少数的民族。若以近代民族自决与民主政体的原则来说，中国人民在暹罗的政治上，也应该占了重要的地位。数百年来，泰族握了政治的权柄，少数的民族，以歧视的眼光去统治多数的华侨，是一件很不平等的事情。泰族此后对在暹罗的华侨，实应视为一家，不可以政治的力量压迫华侨，把我国的侨胞当作被征服的人民一样看待，进而互相协同合作，对外建立独立自主的新国家，对内树立自由平等的民主政治，则暹罗今后的前途，当有无限光明。此实为铁蹄蹂躏之余的暹人，为酷爱和平之中华民族所共同的期待。

五、我们岂能再容忍暹罗

中国之于暹罗，在历史上是素称友善的。三国时扶南王已遣使到中国朝贡，隋代炀帝命常骏等出使赤土，赤土王又派其儿子陪同常骏到中国朝见。到了元朝，其王敢木丁曾两次来华。明初洪武曾赐"暹罗国王印"，清代暹罗的使者以及其王子王姊们之来华的，犹史不绝书。百余年前，我侨胞郑昭因为驱逐缅甸人有功，建立延到今日的曼谷王朝，奠定了暹罗现代立国的基础。可惜郑昭不久，却为其婿暹人却克里所弑篡位，然而那个时候却克里还不敢反背中国，自称为郑昭之子。鸦片战争以后，暹罗政府乘了我国的外患内忧而停止朝贡，暹罗朝贡固是停止，但是华侨之在暹罗的，不只是数目日多，而且中暹两个民族，却相处得很好。

不幸二十世纪的初叶，暹罗的第六世皇就位之后，对于华侨很为仇视，他匿名刊行一本书，把华侨当为东方的犹太人，讥我国人为低劣的民族，从此以后，暹罗排华思潮，遂逐渐的膨湃起来了。

十多年前，暹罗政府又为日本所欺骗，大提倡其日暹亲善的口号，而加强排华政策。我国东北被日本占据的时候，暹罗就袒护日本，同时又藉日本的力量去排斥英法与中国，而对于我国的侨民，尤为虐待。国人之入暹罗境的，除了增加入口税之外，又用识字试验的办法，去留难其入口；同时在上岸的时候，又用了种种不人道的方法去侮辱他们。比方，在一个小小的新客衙里，把一般的侨胞像猪牛一样的逐其入内，因为空气恶劣，卫生设备的缺乏，不知晕倒了多少侨胞。至于暹罗政府对于已在暹罗的华侨，又严格取缔其学校，封闭其报馆，用婚姻去引诱他们，用法律去压迫他们，使其暹化，使其忘宗，华侨学校须用暹人做校长，华侨商店要挂暹文的招牌，华侨工厂的工人规定了百分之七十以上要用暹人，以至车夫也用了种种的方法，不准华侨去充当。同时又反对与中国交换使节，这是等于与中国绝交。此外，我国人之有知识者，若到暹罗游历，则派密探追随，然而这还不能满足其倒行逆施的欲望，于是又以华侨救济国内难民的事件为藉口，而指其为妨碍邦交，图谋不轨，因而封闭华侨银行，大捕华侨领袖。

不但这样，暹罗的一些历史学者，及政府领袖，又鼓吹其所谓大泰主义。以为唐代南诏，是泰族的祖国，中国西南，乃是泰族的故乡。而缅甸的摆人，安南的佬族，都是泰族的子孙，他们除了煽动所谓各处的泰族之外，又假借日本的势力去争柬埔寨的西南边地，与掠取马来半岛的松卡等处。

日本失败之后，他们明白大泰主义成为梦想，因而又改国号为暹罗。同时又更换了一些政府的人物，好像是悔祸改过，以求自新；然而事实上，对于排华的举动，却日益厉害。在华侨庆祝日本投降的时候，暹罗不共贺胜利也算罢了，反而又演出屠杀华侨的惨剧。直到现在为止，排华行为，尚且层出不穷，这真是太不自量了。

我们知道，华侨在暹罗占了暹罗人口总数的三分之一以上，以至二分之一，假使我们除了老挝，马来各种民族之外，所谓真正的泰族，人口最多不过占了暹罗人口总数三分之一，还不若华侨的人口那么多。华侨跋涉重洋，谋生海外，其所求者不外是产业得到保障，身家能够安全，质言之，所谓安居乐业而已。然而泰族更施其凶残的行动，在日本尚盘据暹罗的时候，海外侨胞受了敌人与暹人的虐待，固无可奈何；然在盟国胜利之后，暹罗不自悔祸，不自改过，而犹施其压迫华侨的手段，假使我国政府与人民对于这事不加以特别注意，则不只数百万之暹罗华侨蒙受其害，就是中国在国际上的地位，也要受其影响。

因此，我们不能不希望政府从速设法去制止暹罗这种排华的行为，在必要的时候，还可用在越南北部的国军去保护暹罗的侨胞，对于十余年来为虎作伥，虐待华侨的罪魁，如前国务院总理銮披汶，及艺术厅厅长銮威集之流，严加惩办，以快人心。

此外，除了从速交换使节之外，对于虐待华侨的一切政策与条例，应即要求其取消。至少，我们应该先要求其恢复一九三〇年以前的状况，然后再详细查明在一九三〇年以后，各种对于华侨不利的法律，加以纠正。又对于华侨的财产生命之受损失的，也要使其赔偿。

我们想想：在国人欢祝胜利的时候，而在暹罗的华侨犹遭残杀。南望侨胞，血流湄南，此而可忍，何以为国，更何以为胜利之国？我们诚恳的希望政府从速设法处理这个事件，因为这不只是国家的面子问题，而是侨民的生死关头呵。

六、谈救济华侨

　　自南洋战事爆发,而尤其缅甸失陷以后,华侨逃难回国的,络绎不绝,因而救济华侨,成为近来一个很重要的问题。我们住在昆明的人们,对于这个问题的重要性,最能容易看出来,好多侨胞从南洋而特别从缅甸各处逃难回国的,在长途上所受过的千辛万苦,固不待说;就是因染疾病而死亡,与为敌人所残害的,也不知几许。惠通桥畔的血债,尽管有了滚滚的怒江去冲洗,也是永远不会使我们忘记的。

　　这些逃难的华侨,在长途上既遭了不少的困难,回到昆明之后,还有不少要带妻子在街旁露宿。而且在长途上,他们的行李,有的遗失,有的被抢,他们的钱财,有的用光,有的被骗,所以初到昆明的时候,为了饥饿所驱使,有不少的人,连穿着一件外衣与一条长裤,也要把来出卖,自己却只剩了一件内衣,与一条短裤。昆明现在虽是夏季,然而"一雨便成冬"的气候,是久住热带的华侨所最不惯的,这真是所谓饥寒交迫的一幅悲景。可是在这种情况之下,还有多少没有良心的人们,故意去压低他们的物价,一张顶好的英国毛毡,标价虽不过二百五十元国币,而买者还要减到一百元国币,其尤甚者,把一百元的新滇币,当作一百元国币去欺骗他们。此外以一元卢比当作二元国币换用的,也不乏人。

　　所以救济华侨,不只是因为他们逃难回国,需要帮忙,而且是因为他们易于被骗,也需要帮忙。

　　自政府与社会人士把昆明的文庙作为华侨卖物的市场之后,故意压低华侨物价的现象,已逐渐减少,而各处招待所的设立,对于膳宿方面的困难,也大致解决。最近来据中央所派慰侨的负责人谈:逃难华侨之没有衣服可穿的,也正在设法给与,所以一月以前逃难华侨的苦痛与紊乱情况,虽不能说是完全改善,至少已经部份的解决。而一月以来,政府与社会人士之所谓救济华侨的主要问题,可以说是注重于疏散方面。

　　所谓疏散华侨,事实上就是遣送他们回去原籍。南洋各地的华侨,大多数是从广东与福建两省出去的,故遣送他们回到原籍,主要也可以说是遣送他们回到广东福建两省。可是疏散华侨,要有交通工具,因而最近政府当局与社会人士之从事救济华侨工作的,无不集中力量去解交通上的困难。大致说来,交通上的问题要想解决,首先要有汽车与汽油,就目前的情形来看,车辆的租借,比较容易,而汽油的购买,最为困难。听说最近中央派来昆明慰问侨胞的数位,与侨务有关的主管人士,曾亲自出马为华侨购买汽油,这可见得疏散华侨的困难。

　　我们要指出:遣送华侨回原籍,固是救济华侨的一种办法,然决不能算为救济华侨的唯一办法。而且这种办法,只是一种治标的办法,而非治本的办法。只是一种消极的办法，而非积极的办法，为什么呢？

第一，有些华侨，根本就没有家可归。他们久离祖国，有的全家偕去，有的在外结婚。经过相当长久的时间之后，在国内固未必完全没有亲戚，然他们自己却也不一定就有房产。这次仓卒逃难回国，在南洋本来没有储蓄的，今后固"无以为生"；就是在南洋有了储蓄的，也未必能带出来，以为经商的资本，或购置房产之用，因而遣送他们回去原籍，并不能解决他们生活问题。

第二，好多逃难回国的华侨的原籍，已经成为沦陷区域，厦门、汕头、潮州、广州、琼崖各处，都是华侨故乡的中心，可是这些地方，都为敌人所占据。这次南洋为敌人所侵略，华侨离开南洋，是不愿受敌人的压迫，是不愿作倭奴的顺民，现在遣送他们回去原籍，结果还是回去沦陷区域的话，那么这不只违背了他们逃难回国的初衷，而且事实上，这些沦陷区域是否能回去，也是一个问题。

我特别的指出这两种困难，并非完全反对遣送华侨回去原籍的办法，其实好多有家可归，而同时又不受敌人压迫的地方的华侨，不但是热心救济他们的人士希望他们回去原籍，就是他们自己，也何尝不乐于这样？因为离了祖国愈远愈久的人，思念乡土的情绪愈深而愈切。至于无家可归，或是家在沦陷区域之内的华侨，是否或能否还要遣送回去原籍，却是一个最值得我们考虑的问题。

我们知道：逃难回国的大多数的华侨，不但目前的生活问题，需要政府与国内人士去解决，就是今后的生活问题，也要政府与国内人士去帮忙他们解决。华侨在海外，在职业上本来各有不同，在海外固不能不有职业，以维持生活，回国之后，也不能不专靠救济以维持生活。所以我们希望政府与社会人士，除了遣送他们回乡之外，应进一步与赶快的去设法为他们介绍职业。同时对于一般逃难回国的华侨学生，也要设法使其入校，以免失学。其实数年以来，政府曾竭力提倡华侨新村，华侨垦殖，同时又拟普遍设立华侨学校，以收容华侨学生，我们认为目前，就是实现上项计划最好的机会！

我们相信，能在职业上与教育上去帮忙华侨，不只能使救济华侨的工作从治标而趋于治本，从消极而趋于积极，而且对于目前的疏散问题，至少也可以得到部分的解决。因为遣送他们回去原籍，既因交通的不便与其他的困难，那么假使他们能在云南或甚至在贵州，广西，湖南，四川等处，有事可作，有校可入，则所谓疏散去原籍上的种种困难，也必因之而减少。

最后，我们愿意提醒国人，我们对于逃难回国的华侨，固是设法予与救济，我们对于在南洋被敌人压迫的华侨，也要予与救济。自然的，这一种救济，不一定是在物质方面，事实上怎样去给与他们在精神方面的安慰与鼓励，比起物质方面的帮忙与救济，尤为重要。南洋有了一千万以上的华侨，假使一千万以上的人心不死，而能够团结起来，组织起来，倭奴固是凶残，不但征服不了华侨，而且征服不了南洋！

七、南洋与青年

以前国人之到南洋的，多是一般少受教育的人们，今后国人赴南洋的，应当是一般有智识的人们，而尤其是一般有智识的青年！

我所以这样的说，并非没有原因的。

第一，以前南洋是一片荒芜的田园，是一个没有开辟的地方，各处的殖民地或居留地的政府，对于华侨之赴南洋的，不但没有排斥，而且十分欢迎。南洋是一个物产富庶的地方，就算你是一个惰汉，到了南洋是不怕饿的。假使你能稍为努力，你可以请求当地政府给你一块地方，自己耕种，在那个时候，土地既往往用不着以金钱购置，土地的所在地与土地的幅员大小，也可由你自己去圈定。政府既负了维持治安的责任，政府对你的产业，又往往可以免除赋税，所以只要国人愿意赴南洋，不怕没有工作的机会。不但这样，在那个时候，殖民地政府对于南洋各处，正努力开辟，铁路的建筑，以及各种的建设，处处都需要工人。国人之到南洋的，假使不愿意去开垦种植，也随便可以找到一件工作。所以在那个时候，到南洋者多是一般劳力的人，他们虽是多数没有受过教育，但是发展事业的机会，却是很多。

现在呢，南洋各处虽没有全部开辟，可是物产富庶的地方，多已利用。不但土地的价值，日日增加，土地的赋税，也日日增加，交通以及各种的建设，也已逐渐完备。同时除了华侨以外，南洋各处的土人，也不像从前那样怠惰，而靠天吃饭。凡是华侨的劳力界所能做的工作，他们现在也努力去做，结果是华侨的劳力界不只是受了土人的排斥，而且受了殖民地政府种种条例的限制。人〔入〕口税的增加，与入口额的规定，固使国内的劳动者不像从前那样随便可以赴南洋，而人头税的增加，使了一般已在南洋的华侨的劳力界，也不易谋生。比方，在安南的柬埔寨各处，每个华侨，每月要缴六元越币为人头税，一般靠劳力以为生的华侨，每月所得的入息，普通不过十元至十余元，人头税已要每月薪水之一半或多半，那么他们生活情形的困难，可以想见。所以没有受过教育的华侨，要在现在的南洋，靠劳力以谋生，是很不容易的。因此之故，今后国人之赴南洋的，应当是一般有智识的人们，而尤其是有智识的青年。

第二，以前在南洋的西洋人，大多数是在殖民政府里任事，而一些从事于实业，而特别是作生意的，多是规模较大的公司。这些规模较大的公司与一般购买者之间而特别是对于土人，必赖一些中间人，而这些中间人，差不多可以说都是华侨。换句话来说，西洋人多只是作批发生意，而零沽的商店，差不多全在华侨的手里。自前次欧战以后，好多西洋人却兼作这些零沽生意，他们直接由欧美各处购买货品来南洋，同时又直接的拆零出卖与华侨与土人，结果，是以前华侨所占的中间人的地位，逐渐失掉。华侨既少受教育，在这种情形之下，想与西洋人竞争，是不容易的。所以今后国人之赴南洋的，应当是一般有智识的人们，而尤其是有智识的青年！

第三，南洋土人，素来惯于怠惰，但是近十余年来已逐渐觉悟，加以南洋各处土人的文字，比较容易学习，土人的教育已逐渐的普及。暹罗是一个独立的国家，实行强迫教育，成绩已很显著。安南自采用罗马字母以后，一般妇孺，读了一二年书，都能阅读写作。此外，菲律宾、爪哇、马来各处的土人教育，也正在发展。除了受过普通教育之外，他们还有各种商业与职业学校。所以从前由华侨所垄断的各种工商业，现在已逐渐为土人所争夺。比方，二十年前的海防，凡是商店，除了少数的外国人所开设的外，差不多都是华侨所开设的。现在呢，土人所开设的商店，比起华侨所开设的已多得多。海防固是这样，安南的其他地方，都有了这种趋向。至于暹罗，暹罗人的商业，原来已很发达，暹罗政府又颁布了好多法律去限制华侨的商店，民国二十一年，我到暹罗的时候，曼谷的西药行，差不多完全为华侨所开设；可是民国二十五年，我到暹罗的时候，暹罗人在曼谷所开设的西药店，至少有了五家。这不过只是随便举一个例罢。至于菲律宾的土人，在美国教育制度的淘染之下，对于现代的商业的智识，比之一些没有受过教育的华侨高明得多。现在的爪哇人，也能觉悟起来，只有马来人较为落后，然而马来文字既比中文易读，只要马来人努力，马来人在工商业上也必占了重要地位。

南洋各处的土人，既都因受了教育而增加其智识，在工商业上逐渐争夺华侨的固有的地位，那么今后国人之赴南洋的，应当是一般有智识的人们，而尤其是有智识的青年！

此外，我们知道，自前次欧战以后，日本在南洋的势力已逐渐的伸张，到了这次欧战，而尤其是法国败北之后，倭奴的南进声浪，愈唱愈高。南洋沦敌，华侨在南洋地位的危险，可以立见。在这种的环境之下，就使有了智识的人，若不团结起来，也不能保存其固有的势力。所以今后的华侨，若是少受教育，那么不但不能与倭奴竞争，不但不能与西人抗衡，恐怕比之土人，还且不如。这是今后的国内的智识份子，而尤其是有智识的青年，所不可不特别注意的。

总而言之，现在的南洋，已与从前的南洋大不相同，从前没有受过教育的人，到了南洋，不但随便可以找到工作，而且有了好多机会，使他们成为实业家，大商家；现在则没有智识的人，不但不易赴南洋，就是能够赴南洋，寻找工作也不容易。

也许有人要问我：为什么特别要有智识的青年们赴南洋呢？我的回答是，有智识的中年人，不但在事业上多已确定，而且个人习惯与适应环境上，也不容易改变。南洋的风俗环境,既与国内的有了不少不同之处,那么适应这些不同的风俗与环境,比较上,中年人不若青年人那么容易。不但这样,要在一个地方作事业,对于那个地方的语言应该认识,南洋各处的语言,比起中文虽容易学习,然而要中年人去学习,究竟不若青年们学习得那么快与准确。

［略］①

---

① 编注:因时代差异,个别词句有删节,以［略］表示。

越南问题

目　录

自　序 ·· 139
 海阳桥① ·· 141
 论法国人在越南的尊严 ··· 158
 法军入河内记 ·· 164
 压迫重重的越南华侨 ·· 167
 河内与海防 ·· 171

附　录 ·· 173
 越南与日本 ·· 173
 论泰越的关系 ·· 177
 泰越冲突与泰国危机 ·· 179
 关于暹罗华化问题 ··· 182

---

① 编注：底稿标题前原有序号"一"，为与正文章节标题对应，删去该序号。余不注。

自　序

　　这本册里的各篇文章，是我在一九四六年三月间因为到了河内与海防而引起一些的杂感写成的。我那次在河内与海防的时间，虽是很短，然而在短短的两周中，我看了那些地方完全由中国的军队与政府人员去管理，后来又完全交与法国的军队与政府人员去统治。同时，又看了新兴的越南政府，也正在推动其独立自主的运动。这是最近的中越法的关系中最重要的一幕，也是今后的中法越，而尤其是后两者的新关系、新局势与新问题的开始。

　　我是站在一个中国人的立场而说话，也许是站在一个情感较富的中国人的立场而说话。然而我既不希望我们的军队去长久占领越南人的地方，我也不希望法国的军队去长久统治越南人的国家。站在这个立场来说话，我也可以说是说了中立者所说的话。假使法国的朋友们觉得我在这里所说的话有点过火，那不过是因为他们是站在侵略者而作的批评罢了。

　　附录的几篇文章，都是抗战期间写的。《关于暹罗华化问题》是岑家梧兄二十九年间的旧作，现在一并附录在这里，藉供参考。

三十八年六月十日于广州。

海阳桥

一

一九四六年三月二十六日的清晨,我与友人从海防乘车到河内的时候,路过海阳桥,看见了桥的两端,各有三个兵士。记得数天前,我从河内乘车到海防的时候,并没有这种现象,然而现在却是这样。这三位兵士,一是越南的,一是法国的,一是中国的。法国与越南的兵士,站在桥的两旁,相对而立,而中国的兵士,不知是很凑巧的,或是有意的,站在这两者的中间,处于中立的地位。三者在距离上,并不很远,然而除了大家互相注视之外,静默的无一言。自然的,这位中国兵士,既不懂得说越南话或法国话,这位越南兵士,也不见得能说中国话或法国话,至于那位法国兵士,也不见得能说中国话或越南话。所以就使他们而想谈起话,也不可能。

在他们的静默的情境中,好像又有了一种幽闲的态度。因为大家并不严格的去立正,而有些随便的去休息。然而这里所说的静默的情境与幽闲的态度,恐怕只是一种外表的看法,在内心上,他们也许是很不耐烦,很为紧张,充分地表示越南而尤其是越北目下的局势。

这三位兵士,代表了三种民族,三个国家,三种情绪,三个地位,以至于这三方面的关系。我的朋友说:"这是中越法的交叉点。"我回答道:"这也是一国三公的局面。"

这条海阳桥本来是在法国人统治越南时期所建筑的。自日本占据越北之后,自然是由日本人去管理,可是因为盟军的飞机常常去炸,直到日本投降后的时候,海阳桥断了三分之一。是一个多月以前,才由中国的在越南接受日本投降的当局去修理起来,使往来河内与海防之间的火车汽车,可以直驶而无阻。

这条桥是由中国方面去修理,目的是便利运输,也可以说是主要的是为了军事上的交通。在中国军队尚未完全撤退之前,中国方面无疑的要想保持这个交通要点,所以派兵守护。最近来,法国根据了中法条约,派兵来越北接防,他们为了要想保持海防与河内的交通线,所以对于这个要点,也派兵守护。至于越南方面,现在已有他们的政府,要求独立,而且他们以为越南是越南人的越南,海阳桥也不能算作例外,所以他们也派了兵士去守护这个要点。

所以，海阳桥成为三种民族与三个国家的交会点。

海阳桥固是这样，整个越北，又何尝不是这样？这一篇谈中越法的关系的文章之所以从海阳桥说起，并非没有意义的。

二

我们知道，海阳桥是差不多位在海防与河内的中间。从海防到河内，公路途程是一百零四公里，从海防到海阳桥是四十六公里。海阳桥离海阳省的省会只有三公里。海阳桥之所以得名，大概就是因为它是在海阳省境内，而尤其是因为它是靠近海阳省会。

海阳是越北出米很多的区域，也可以说是越北富庶的地方。然而这个地方之所以产米很多，与比较富庶，是因为它是处在红河的下游，而得了红河的水利的灌溉。

红河是越北的大河流，这条河流，在越北，不止对于海阳有了很多的好处，而且对于整个越北的经济上，也有了莫大的关系。因为除了灌溉这里的很多田园之外，在交通上，也有很大的效用，所以在河的两旁，既有了千亩万顷与每年收获数次的肥田，在红河中，又有累千累百的汽船木筏。在从前铁道公路尚未建筑的时候，红河及其支流，实为越法的交通要道。

红河发源于我国，在我国的云南，这条河的上游，叫作富良江。富良江与红河名称虽异，江河却同一条。所以不尽红河滚滚来的海阳桥下的江水，无非就是来自云南的富良江。假使饮水应该思源的话，越南人是不会忘记这条水源的。

除了这一条河之外，在越南还有一条大河，这就是湄公河。湄公河也是来自我国云南的澜沧江。这条河在越南的西北部，是越南与暹罗的界线，而在越南的南部，是经金塔与西贡而出海。这是在越南的最大与最长的河流，在越南的农产与交通上之重要，更为显明。

越南最大的河流，固是发源于我国云南，越南西北部的大山，也可以说是我国山脉的支派。在老挝的北部，群山起伏，是与我国西藏的连贯南下的横断山汇相接，其高度自三千尺至八千尺，这不只是越南其他山脉的所从出，而且是印度支那的屋脊。

不但这样，从地理上看起来，越南北部是与我国西南各省毗连的。广东、广西，与云南三省，都与越南接壤。在云南，除了红河上游可以驶行小舟之外，又有滇越铁路，从昆明直通海防，这是我国西南的交通要道。在广西，从南宁到海防，有了公路。至于广东的西南角的东兴之于越南的边境，也只隔了一衣带水，在抗战时期，是中越的交通孔道。

至若越北的气候与我国西南各省，也较为相近，而与越南的南部的四时皆夏，则相差较远。

在地理上，中国之于越南的关系的密切，既如上面所说，在历史上，这两者的关系的密切，尤为显著。

据《汉书·南蛮传》里说，交趾之南的越裳国，曾于周公摄政的第六年，派使者到中国朝贡。周公因为其使者忘记了回程，乃制造指南车给与他们。到了秦的时候，秦始皇征服中国的西南，置桂林象郡，这是包括了现在的越南的一大部分疆域。从此以后，越南遂入了中国的版图。

汉朝初年，越南也是中国的属国，汉武帝平南越，置交州刺史。越南分为交趾（现在的北圻），九真（现在的清化乂安），与日南（现在的中圻）三郡。东汉初年，交趾反叛，光武命马援去征伐日南，立了铜柱而还。从汉代而至三国、两晋、南北朝，以及隋、唐，越南虽有时反叛，然而不久又被平定，故始终为中国的版图的一部分。

唐太宗时，交州隶于岭南道，但是又以交州距离政治中心较远，因复置安南都护府以治理交州，这可以说是安南这个名词的原始。

到了五代的时候，越南乘了中国本部的紊乱而变乱。后来在宋太祖开宝六年（西历九七三），驩州刺史丁部领自号瞿越帝，脱离中国而独立，建立安南的丁朝。此后数百年间，有时内附，有时反叛，到了明成祖的时候，安南黎季犛反背诺言而杀陈太平，明成祖于一四〇六年遣大军征伐越南，占其国都，并追获黎氏父子，押送到燕京。

安南在这个时候，又改为交趾，置布政司，并设郡县。同时，对于四书五经，又极力倡，而衣服以及好多习俗，也跟着明代。

安南经过明朝这一次的征服之后，反叛之事虽数见不鲜，然除较短的时间外，总为明廷所征服。至于清初，安南入贡，乾隆时代，因为安南内乱，清廷曾命两广总督孙士毅督大军去征伐，占据东京，阮文惠出走。后来阮文惠虽乘了孙士毅的不备而攻败士毅，可是文惠既据东京之后，又遣使入贡，称臣赔罪。清廷以不愿劳民伤财，远征边地，因封文惠为安南王。

总而言之，安南自秦为置象郡之后，本为中国疆土的一部分，后来虽有时变乱，自立王国，然仍为中国藩属。明代还属中国的郡县，清代又自称为臣属。但是自法国的势力侵入越南之后，安南既为法国所蚕食，而中越数千年来历史上的密切关系，也因之而变更。关于这一点，我们在下面当加以叙述。

中越在地理上，在历史上，其关系的密切，固像上面所说，在民族上，两者的关系，也至为密切。

传说"高辛氏之犬，应悬谕令，衔吴将军头诣军前，帝女遂从之入山，生子女六人，自行婚配，繁衍众多，始于湖南长沙武夷后经桂省而至越"。这种传说，不易置信，然而越南民族之于中国民族，在血统上既有了密切关系，在相处之间，又能和好，是无可疑的。

因为越南是中国的郡县，越南民族也可以说是中国人，而况自周秦以后，北方汉族之迁移于越南的，更不知多少。马援之征伐越南，好多部下，就留在越南。后来有人叫他们为马留人。他们既皆为军队，那么他们决不会携眷去征伐越南，而此后世世相传，又无疑的是与了土人结婚，他们始能有了后裔。

又据史书所载，历史上的不少罪人之到越南的，代代都有，而或宦或商之居留于这个地方的，更为不少。又在朝代交替的时候，忠臣烈士之不愿服事后代或外族君主，而跑到这个地方的，更为不少。故华越血统之互相混合，由来已久。所以，两种民族在血统上的关系，是很为密切的。

直到近代，在越南的华侨之娶越南妇女的，为数很多。越南妇女比之越南男子，勤劳得多，华侨之娶土人女子的，后者不只是对于家中一切，可以管理，就是对于经商或其他的职业，也能给予很大的帮忙。这种家庭，传之数代，就不容易分别其为华侨或为土人。

而况，在事实上，除了很多的华侨之外，在越北而尤其在中越交界的各处，好多所谓安南人，根本就是中国人。他们不只是体格上是中国人，就是语言风俗，也是近于中国。

又况，事实上，除了安南人的体格稍为矮小之外，他们之于中国人，根本上就没有甚么差异。所以，不只一般西洋人辨不出来中国人与安南人，就是中国人对于这两种人的区别，也不容易分出来。我们在安南，能够说某人为中国人或安南人，而尤其是对于这两种女子的区别，主要是由于服装上的差异，而非由于体格上的差异。至于安南的男子之不穿安南衣服而穿西服，则其与中国人或安南人，根本就不容易区别了。

总而言之，华越民族，因为地理的接壤，历史的关系，以至于华族的南迁，与两族的互婚，结果使两种民族，混合已久，因此之故，所谓中越人民的分别，与其说是种族上的差异，不如说是在政治上，两者属于两个不同的政治团体，质言之，就是两个不同的国家。

三

因为有了上面各种的关系，所以中越两种民族，在平日相处之间，是较为和好的。我们读了中越的关系史，知道越南若有了变乱，而以干戈与中国相见，主要的乃两国的政府与政府间的争执，而非两国的人民与人民间的冲突。大致上，我们可以说，数千年来这两国的人民之相处，是相安无事。因此之故，在历史上，很少有了越南人排斥华侨的事件发生，要是有了，那是发生于法国占领越南之后。

为什么法国占领越南之后，却有了排斥华侨的事件发生呢？主要的，我们可以说，是由于法国人排华，而并非越南人排华。法国人为甚么要排华呢？照我看来，至少有了两个理由。

第一，我们知道，在法国未占领越南之前，我国人之在越南的，不只是在经济上，已有了优越地位，就是在政治上，也有了优越的地位。越南的北圻中圻，从来若不是中国的郡县，便是中国的属国，在南圻像在河仙，在满清中叶，也为国人郑玖及其后代所管理。至于经济上，国人之在这个地方经商或种植而致富的，并不乏人。法国人对于国人之在安南的优越的政治地位，当然极力去打破，因为他们要统治安南，就不得不排除中国在越南的政治力量。一八八四年的中法之战，也是为了这个原故。这次战争以后，而尤其是一八八五年的中法在天津所签的条约之后，法国得了中国承认安南乃法国的属国，中国在安南的力量虽因之而中辍，然而此后我国人之在安南的经济力量，不只不因之而减少，反因之而增加。

原来，法国在占据越南的初期，因为要想开辟安南各处，除了处处需要人工之外，对于发展商业实业，也极力鼓励。华侨之在南洋各处的，对于这些工作，既早有成绩，法国人为要使安南繁荣，又不得不鼓励华侨到安南。

但是华侨既日来日多，而在经济上的力量，又愈趋愈大，于是法国人又不得不有所顾忌。因此之故，他们对于华侨的入口，又加以种种的限制，而对于已在安南居留的华侨，除了增加人头税外，又通过了好多条例，如中国人不准购买田地等等，目的无非要限制华侨经济力量的发展。

法国人既占据我国的属国，消灭了我国在安南的政治的势力，到了安南的开辟已达到相当程度的时候，他们又以为可以不必再去利用华侨，因而对于华侨的经济的发展，以至国人之拟到越南的，又加以严格的限制，目的无非是要使法国人，无论在经济上，在政治上，都能达到垄断的地位。

除了上面所说的法国人在越南的排华的原因之外，法国人在越南之所以要排华，还有第二个原因。原来自法国人统治安南之后，对于安南人的管制，日来日严，虐待日趋日甚。安南人虽惮于武力淫威之下，然数十年反抗法国的运动，也数见不鲜，而尤其是近数十年来，安南人的智识逐渐发展，民族主义与国家思想，也逐渐澎涨。他们明白近代欧洲，而尤其是法国的民族主义、国家思想，以至民主政体，革命运动的发达，也不过是近数百年来的事。比方法国之脱离罗马帝国，法国之变为民主国家，均非久远的事。法国人自己从前既也受过外族的统治，受过专制政体的压迫，那么现在法国又以外族与专制去统治安南。己所不欲，勿施于人，然则法国人之统治安南，是违反了为世所赞慕的人权宣言了。

因此之故，安南人不只要求安南要民主，而且要求安南要独立。在理论上，法国人之统治安南，既不能自圆其说，在政策上，他们又不得不找出一个代罪的羔羊以转移安南人的反法的注意力，华侨就变为这个替罪的羔羊。

法国在越南通过了好多的条例，限制华侨，在表面上是他们之所以这样的作，是为了保护安南人的利益起见。比方，不许华侨置田产，是怕田产都为华侨所购买，而使土人无田可耕，就是一个例子。他们既是为了保护安南人而这样的作，就可见得他们之为安南人求幸福的苦心。

自然的，有了一些的安南人，也中了这种政策的毒，而仇视华侨。同时，也有了一些的华侨，不深究底蕴，见得安南人仇视华侨，遂以为排华举动，乃完全由安南人主动，因而使中越两国人民，有了不少的误会。其实，这都是中了法国人的计，因为他们所希望的结果，是安南人的排华的情绪愈高，则反法的心理愈减。

其实，只要一般安南的人士，头脑冷静的一想，就能看破了这种阴谋。中越的密切关系，既并非始于法国占据安南之后，而在历史上，华侨之居留安南的，一向就与越南人和好。以前的中国之在安南的政治力量，既早为法国人所消灭，而近代的华侨之在越南的一些经济力量，又为殖民地政府的苛捐杂税所侵蚀。越南华侨的人口，数目比之南洋其他各处像暹罗像马来半岛又少得多，华侨之在越南的，不外是图谋生活，政治上的野心，是完全没有的。连了这次中国军队到了越北，接受日本投降事宜，中国政府也并不因此而有久占越北的心理，所以最近来越南的民众对于华侨，更加亲善，而使法国今后不易离间了中越人民的感情。

假使我们从文化方面看来，中越两国的关系的密切，更为显著。

据说在秦的末年，南海郡尉赵陀乘中原之乱，而自称为越南王〔南越王〕，这就是越南史所称的越武帝，他建都于番禺，而据有越南的地方，因而传播中国文化到越南。中国文字之为越南所采用，也是始于这个时候。我们知道，文字是文化的要素，越南在这个时候，既已采用中国的文字，那么中国的文化的其他方面之输入越南，是无可疑的，虽则在当时我国文化之在越南，并未见得很为普遍。

到了东汉的初年，中国对于传播文化到越南，取了积极的政策，因而越南华化，愈为显明。《后汉书·南蛮传》中说及越南华化的有了一段，今录之于后：

> 人如禽兽，长幼无别，项髻徒跣，以布贯头而著之，后颇徙中国罪人杂居其间，乃稍知言语，渐见礼化。光武中兴，锡光为交趾任延守九真，于是教其耕稼，制为冠履，初设媒娉，始知姻娶，建立学校，导之礼义。

从这一段话里，我们知道除了文字语言之外，中国的礼仪姻娶，以至于教育制度，农耕方法，也传入越南了。

自汉代以后，越南在长期中，既为中国版图的一部分，其文化之为中国文化，是自然而然的，而况，在明朝时代，在越南对于四书五经之诵读，又积极提倡，而衣服装饰，也又从了明制，所以越南的华化的程度，更为深刻。

自法国统治越南之后，极力去提倡西方文化，而数十年间，越南的文字，也用了罗马字母。然而直到现在，凡是到了越南各处的人，总可以随时随地，见得中国文化之在越南的留痕。房舍而尤其是庙宇，是模仿了中国的样式，所谓舞文弄墨的对联，又像有求必应的牌额，北至河内，南至河仙，都可以看到。此外，社会制度，以至于所谓种种的精神文化，也尚遗传到今日的，不可胜举。

其实，在五十岁以上的安南人士，还有很多能阅读中国的书籍，与运用中国的文字。所以中国人之到安南而不懂安南方言的，遇着年纪较老的人们，用笔问答，可以达意。

最近来，国军到了越北，安南人反法的运动，愈趋激烈，法文又少见起来了。招牌标语，除了用安南文字之外，中国文字也到处可见。现在法国又到越北了，法文也许又要时髦起来，然而要知深染华化的越南，对于中国文化，是不容易在短期中忘记的。

四

上面是说中越的关系的密切，至于中国之为了越南而与法国所发生的关系，又怎么样呢？

简单的说，这是一种不幸的关系，这是一部争斗的历史。

法国之侵略安南，是始于一七八七年（乾隆五十二年），安南嘉隆王之受法国在安南传教的教士彼诺（Pigneau de Behaine）的劝请，而派其年甫六岁的幼子，与彼诺到巴黎去乞师于法国路易十六，而订了法越攻守同盟的条约。嘉隆王的复国之得力于法国的帮忙，固是微乎其微，然而有了这个条约，法国遂得以藉口而侵略越南。关于法国之侵略越南的史略，我们当在下面加以叙述，我们在这里只要提出，法国既占据了南圻，又进而争夺中圻，再进而搜取北圻。到了一八八三年（光绪九年），法国强迫安南在顺化签了所谓《哈尔曼（Harmand）条约》之后，安南可以说是被法国所灭亡了。

清廷在乾隆的末年，既享了长期的升平，而对外取了骄傲与蔑视的态度，所以对于法国人之在越南南部的侵略举动，完全没有注意，那知差不多一百年后，法国人不只占了南圻与中圻，而且占了北圻。越北是与中国的西南各省毗连，法国人的势力既到了越北，结果是敲了中国的西南的门户。

到了这个时候，中国不能不醒了。

我们应当指出，在一八七四年（同治十三年），法国与越南订了《西贡条约》以至一八八二年法国占了河内的时候，中国均有抗议，其抗议的理由，是越南是中国的属国，法国既占了安南，对于中国在安南的地位，却完全抹杀。

然而直到一八八三年，中国才派军队去越北。法国人见了中国派军队到北圻，他们在一八八四年二月间，也派了二万五千兵到越北，因此遂引起在越南的中法战争。

一八八四年三月，中国军队与法国军队在北宁相接触，不久，中国军队因为人少械乏，而退到兴安，法军追围，于九月占了北宁，中国军队既被迫而退到红河的上游，李鸿章遂在天津与法国海军总兵孚尼挨（Fournier）立约，由中国撤退北圻的军队。

这是表明中国放弃越南而使法国去独霸，可是，在那个时候交通很不方便，公文来往，须费时日，李鸿章虽然与法国人在天津立约，中国在越北的军队并未接到政府的撤退命令，所以法国军队到谅山接收时，中国军队遂拒之，而第二次的中法战事又发了。

法国军队到谅山接收而被中国军队的抗拒，使法军死伤相当的多，法国又因此而藉口，要求中国赔款，中国既不允，两国的第二次战事又开始了。

这次战事开始之后，法国不只在越北与中国打仗，而且派其水师去攻我台湾福州等处，但是当越北的法军入镇南关时，冯子材率兵大败了法军，法军司令尼格亚（De Negier），负伤而退兵，冯子材的军队却乘胜追到谅山，这是一个大胜利。据说这个消息传到巴黎，法国的内阁总理斐尔理（Ferey）并且因之而辞职。

中国公使曾纪泽在这个时候，正在法国，他由巴黎电告我国政府，请勿立即与法国讲和，而丧失权利，但是李鸿章一向是主和的，因与法国驻华公使又重订了《天津条约》。其内容的要点，是中国承认法国与安南在顺化所订的条约，这是承认安南为法国的保护国，同时，又开老开谅山为商埠。此外，又规定如中国南部要筑路，中国须用法国人，同时法方撤退了在基隆澎湖的军队。

这个条约，不只使中国放弃了在越南的一切权利，而且使中国的南部成为法国的势力范围。此后，滇越铁道的建筑，也可以说是根据了这个条约的，而开法国人在数十年来对于西南诸省的侵略政策之渐。所以，法国之在云南的特殊地位，以至于后来的广州湾的租借，都可以溯源于这个条约。

冯子材的军队，在那个时候，能否乘胜而直趋东京，能否去长久抵抗法国，中国沿海一带，能否坚守，中法战争，是否要再扩大，都是难于置答的问题。但是中国军队正在胜利与法国本国正在倒阁的时候，李鸿章却签订了丧失国权的条约，这是当时以及后来的一般人士所不能谅解的。

自从这个条约签订之后，中国完全失了统治安南的权利，而法国也实现了占据安南的野心，安南从此就亡于法国。有些安南人，还怪了中国，因为他们以为这也是中国出卖了他们。自然的，法国与安南在一八八三年在西贡所订的《哈尔曼条约》，是安南政府出卖安南的条约，而有些安南人以为安南既本为中国的藩属，在中国战败的时候，安南固不得不屈服于法国，可是在中国战胜的时候，也要签了放弃安南的条约，这又是当时的以及后来的一些安南人士所不能谅解的。

安南既亡于法国，中国的西南各省遂成为法国人的势力范围。

上面是说明历史上的中法之关于越南而引起的关系，我们现在且来看看越南之亡于法国的史略。

我们已指出，一七八七年的嘉隆王，因向法国乞师而订了《法越同盟条约》。这个同盟条约的内容，是法国派军舰三十艘，欧洲陆军五队，殖民地陆军二队，以及军饷军械去帮忙嘉隆王阮福映复国。嘉隆王答应了法国在他的军队中，由法国人充任长官，同时又允法国在安南的领事裁判权，全越南的伐木权，此外还答应法国派海军一队，永远驻在南圻，并且割让会安港与昆仑岛与法国。

不但这样，这个攻守同盟条约又规定，假使法国与英国在印度或印度支那有了战争，越南供给陆军六万人，同时法国也能在越南招一万四千的越南兵士，以参加战争。

事实上，这是阮福映的一个卖国求荣的条约，而不是法越攻守同盟的条约。

我们现在到了河内，走在嘉隆街上，还免不了想起这位卖国求荣的君主，然而法国人却把他来当做法国的好友而加以纪念。

这个条约，尚未实行，然而不到两年，法国本国，却有了掀天动地的革命，法国已自顾不暇，而福映还在暹罗那个富国岛上，希望法国大军东来，帮忙他去复其王位。

代表福映签订这个条约的法国教士彼诺，从法国东返的时候，既正是法国大乱的日子，所谓法国派遣大军去帮忙他复国的计划，却不能实现。事实上，他在法国只得了志愿军官二十余人，到了印度的时候，又游说了法国属地的总督，派了军舰两艘。

法国的志愿军官与两艘军舰到了西贡的时候，阮福映在这个地方已占了根据地。虽然法国军官与军舰的抵达，增加了阮氏的声势，但是实际上，他之所以能够复国，还是靠了他自己与拥护他的人们的力量。

到了一七九九年（嘉庆四年），阮福映统一了越南，而自称为大南皇帝，并且遣使到北京朝贡，他当时的野心很大，要以南越为国名，但是清廷以南越在古代乃包括两广这两省，不许他这样称呼，所以他又不得不改为越南，而自称为越南王。

阮福映在位的时候，以至于他卒的一年（一八二〇），法国本国经了革命的大乱，又受了拿破仑的惨败，法国当然无暇思及法越的攻守同盟条约，然而自他死后，在其子明命王福皎在位的时候，法国对于侵略越南的野心，又活动起来。

一八三一年，法国派了使者到越南，要求越南实行一七八七年在巴黎所签订的《法越攻守同盟条约》。明命王不理会他，法国使者没有办法，只好回国。到了一八四〇年，法国藉口越南虐待法国教士，乃派兵去攻会安，结果是越南大败。这次越南大败之后，法国军队虽不占据会安而去，然而法国对于越南的虚实既知之较详，而对于侵略越南的企图，操之愈切。

在越南方面，经过这次失败之后，对于仇视法人的心理，愈为加强。到了嗣德王就位之后，虐待法国教士的举动，又因之而愈多。一八五八年，法国乃与西班牙联军侵犯越南，并且占据了会安，后来又攻取西贡，可是他们的兵力单薄，不能再进，反使越南乘机封锁他们。

一八六一年，法国派查尔诺（Charnier）率军去援救西贡的法军，把安南的军队击退，又占领了美苏。同时，在北圻的越奸黎兴又勾结了天主教徒，乘机作乱，响应南部的法军。嗣德王不得已而与法国订了《西贡条约》，其要点除了规定安南政府不得虐待基督教徒之外，又迫安南割南圻边和、定祥、嘉定三省及昆仑岛于法国。此外，又准法国军舰商船自由航行于湄公河及其支流，并开会安广和为商埠，准法国与西班牙通商。安南政府又赔偿法国四千万元。

这是安南因战败而割地赔款的条约，六年后（一八六七）法国又并吞了南圻的永隆、江安、河仙三省，使整个南圻入了法国之手。

　　法国占了南圻，还不满意。一八七四年，又强迫了安南订立《第二次西贡条约》，其要点除了确定南圻六省完全由法国管理之外，又强迫越南允许法国开放红河，使各国商船得自由航行，并在北圻开辟商埠三处。法国除了设置领事之外，还驻一百名以下的卫兵。

　　一八八〇年，法国就根据了这个条约而派卫兵到海防与河内，同时又派兵去顺化与会安驻扎。越南人因而仇恨法国愈甚，乃利用黑旗党首领刘永福去招兵驱逐法人。法国军队在北圻屡遭永福的攻击而失利，乃改变战略而攻陷顺化。安南人因嗣德王的逝世，有了继嗣的争斗，又使法人乘机而强迫越南订了《顺化条约》，这就是一八八三年所订的《哈尔曼条约》，这也就是越南人的卖身契。因为这个条约，规定安南为法国的保护国，不只外交事务，关税事务，与内外交涉的司法事务，均由法国去管，就是大城市的警察、税务，以至安南官吏，也由法国去管了。

五

上面是所说的中越法的关系，乃偏于历史方面的叙述，我们现在要来谈谈近来而尤其是自日本投降以后的中越法的关系。

自日本投降以后，同盟国方面，要中国军队到越北接受投降事宜，这是安南中越法关系的一个新纪元。

法国也是同盟国之一，越南在日本人尚未占据之前，既为法国的殖民地，为什么不由法国去接受日本投降事宜，而要中国去接受呢？

这是一个重要的问题。然而这个问题的回答，是至为简单，因为日本并不向法国投降，而乃向中美苏英四国投降。因此之故，越南的接受投降事宜，在越南的南部是由英国去办理，而在越南的北部却由中国去办理。为什么越南的接受投降事宜不只由中国去办理而必由中国与英国去办理？我们不欲在这里加以论列，我们所要说明的，是由中国的接受投降而引起了中越法的三方面的关系，以及其所发生的一些重要的问题。

因为日本并非向法国投降，所以越南在过去虽为法国的殖民地，法国却不能去接受日本的投降。

为了这个原故，直到现在，法国人之在越南的，要想直接去报复日本人在占据越南的时期所虐待法国人的，都为日本人所反抗。照日本人说：他们并非向法国投降，所以不能容忍法国人对于他们有所虐待。一个法国军官行到一个日本的兵士的面前，后者只向中国军官行敬礼，而不向法国军官行敬礼，法国军官假使为了这个原故，而赏了他一个耳光，这个日本兵士就很不客气的去还打一拳。他的理由就是：日本并非投降法国，所以用不着向法国军官行敬礼。

在日本占据越南的时候，日本人有时要法国人去向着日本人行鞠躬礼，现在日本败了，法国人也以为日本人见了法国人，也要还以鞠躬礼，然而日本人并不这样去做，法国人若因此而加以非礼于日本人，日本人又必反抗，他的理由也是：日本并非投降法国，所以用不着向法国人客气。

自日本投降之后而到越北的人们，总会听见类似上面的例子。同时，也就是表示在越南接受日本投降的事宜，是中英两国而非法国。

其实，日本人虽然是败了，在越南的日本人，照旧的看不起法国人，因为他们以为法国不只曾经惨败于德国而亡国，而且惨败于日本而被日本所统治，日本现在虽败，然而并非败于法国。

我在河内的时候，有人告诉我这样一个故事：

日本投降之后，法国在河内的代表团，立刻搬进河内以前的总督府里办公。有一天，美国在河内的军事当局，告诉法国的代表团说："这个地方是最高的军事当局的办公处，现在越南的接受日本投降事宜，既由中国军队办理，这个地方，应该由中国的军事领袖去占用，最好请你们迁出这个地方。"

法国代表团说：

"我国也是同盟国之一，这是从前越南总督所用的衙门，我们现在代表法国，自然有权去用这个地方。"

据说美国人告诉他们道：

"我们不管别的，要请你们在今日下午某时以前迁出，你们能够自己迁出，那是很好，假使不是这样做，那么届时，我们也要替你们迁出。"

据说法国没有办法，只好自己在指定的时间之前迁出。

这段故事，是否真实，我在这里没有法子而不愿意去证明，不过这个总督衙门，是由我国的第一方面军把来作总司令部，而且照理来说，日本既非向法国投降，而乃向中国投降，那么日本人离开这个衙门的时候，应该由中国去接收，也是无可疑的。

其实，这个总督署，正像海阳桥一样，十足征象了今日的中越法的关系与今日越南的问题。

这是一座伟大的建筑物，在过去，既是统治越南的头脑的所在，在以后，也是越法争持的焦点。中国的军事领袖，现在虽在这里，但是最近的中法条约签订之后，中国军队已开始撤退，待到中国军队都撤退了，中国也不再去用它来作总司令部了。

听说在中国尚未离开这个衙门之前，安南政府的领袖，固请中国的军事当局，在离开的时候，要让这个地方与安南政府，而法国的代表人物，也请中国的军事当局，在离开的时候，要让这个地方与法国政府。

在越南的中国军事当局，正像在海阳桥的两端的中国兵士，是处于中立的地位。以中越的悠久的各种关系来说，中国实在不好意思去推却越南人的请求，然以最近的中法的条约来说，中国又不能去推却法国人的请求。前者是以情以至于以理而论，而后者是以法而论。然而这个"法"，这就是最近的中法的条约，在越南人的心目中，不只是不合于情理，而且不合于"法"。其实，现在的安南人也像六十年前的一些安南人，以为这个条约，是中国人出卖安南的契约啊。

最近在重庆所签的中法条例，据我在越北的观察，不只越南人表示失望，就是国人之在这个地方的，也很不满意。

上面已经指出，有些安南人士对于一八八五年的中法天津条约，已觉其为这是中国出卖安南于法国的条约。最近来，一般安南人，又以为在重庆所签的中法条约，也是中国出卖安南于法国的条约，为什么他们有这样的看法呢？

他们以为越南本来既为中国的郡县或藩属，中国没有力量去保护安南，而免其灭亡于法国，也算罢了，然在中国击退法军的时候，还要与法国订立承认法国去统治安南的条约,这是中国出卖越南于法国。然而最甚的,是这次中国在越北接受日本投降,中国没有占领越北的企图,这是越南人所感激的,但是中国不把越北交回越南,而却订了中法条约,把越北交与法国,这又岂不是中国出卖越北吗?

不但这样,越南人又以为像日本那样专事侵略他人的国家,在其占据越南的时候,还且承认安南政府的存在,而把以前法国在越南的好多政府机构,交给越南,而在中法条约中,在中国的眼中,只有法国政府,而没有越南政府,这是他们所不能谅解的。

此外,越南人又指出,自日本投降之后,中国在东亚是居于领袖的地位,中国的政府当局,既一再声明没有向外占据别的国家的领土野心,那么中国也应设法去帮忙一些被迫的民族,使其能够独立自主,现在中国不只没有这样的做,反而与侵略者去订约,使他们重受压迫,这又是他们所不能谅解的。

而况,中国之于法国,为了越南的问题,在数十年以来曾以干戈相见,现在越北既已在中国之手,中国不去反抗法国的卷土重来,而给了越南以独立自主的机会,反而引虎入室,这又是他们所不能谅解的。

以上都是越南人的看法,因为他们有了这种看法,所以中法条约公布之后,有一个时候,越南人对于中国的恶感,相当厉害,在越南的华侨,且恐怕为了这个原故,而引起越南人排华的举动,使他们又要吃大亏。

到了同年三月六日,法国军队事先未得我在海防驻军的允准,而强行登陆,我方乃用武力去击退,于是一些越南人,才明白法国军队之来越北,并非我方引虎入室,而对于中国的恶感,始稍为减少。

其实,中国之到越北接受日本投降,乃一件事,而越南应否脱离法国而独立,又是一件事,中法条约也有其背景与原因,可是从安南人看起来,中国对于越南的处置,只与法国人办交涉,没有使越南人去决定,这与他们的越人治越的原则,是相背驰的。

越南人对于中法条约,固是表示失望,一般国人之在越北的,对于这个条约,据我个人的观察,也是很不满意。

照一般法国人的意见,他们虽非反对军队及政府人员撤退,然而他们是异口同声的批评,这个条约规定军队及人员撤退的日期,太过迫促。因为接收投降事宜的结束,而尤其是军队撤退时的运输与粮食问题的解决,并非在三月底以前所能够办理妥当的。

不但这样,除了我国的外交代表之外,他们又以为中央政府之签订这个条约,根本就没有顾及他们的意见。结果是这个条约,对于我国没有甚么好处,而对于法国却给他们好多意外的权利。比方,他们说在条约未签之前,法国是愿意开放海防为自由港的,法国人是愿意滇越铁路的越段可由中法两国去共管,这都是对于中国西南各省而尤其是云南与广西的经济的发展上有了极大的好处，可是现在的中法条约，却不是这样。

他们承认条约中所规定我国人由海防而经滇越铁路所运载的边境的免税，是对于中国有利。然而他们又指出，这只是一种表面上的好处，因为在实际上，越南的法国政府，在以前所征收的货物过境税，也不过百分之二。现在虽可以免了这些税，但是假使法国在越南的政府，对于滇越铁路的越段运费增加起来，则对于我国商人的货物的运输所损失的，比之百分之二的过境税，还多得多。

这不过只是随便的举出国人之在越南的对于这个条约的不满意的例子，其实，他们对于这个条约不满意的地方太多了。他们总觉得，外交部之签订这个条约，完全只顾及其所派在河内的亲法的代表的报告，而丝毫没有顾及其他方面的意见。

至于久住越北的华侨，对于这个条约的失望，尤其显明。他们经过法国人长期的虐待，再经过日本人残酷的压迫，现在能在国军统治之下，当然是格外欣慰，可是国军若撤退了，他们不只怕法国人再用了传统的虐待政策，而且恐怕受了安南人的排斥。因为安南人对于中法条约既很为失望，而对于华侨未必好感。最近来，安南人对于在越北的国人，虽是没有甚么举动，但是法国军队到了之后，做了很多的越轨行为，使一般华侨更加忧虑，因为他们以为在国军尚未撤退之前，法人已若是猖獗，那么国军撤退之后，华侨之要吃亏，是可想而知的。

六

　　总而言之，从法国的军队最近在海防而尤其是在河内的举动来看，今后的华侨之住在越南的，其财产以至于生命的保障，固有问题，就是今后法越之间的问题，当更为严重。最近虽有了法越的协定，然而这个协定，安南人并不满意。安南人既不愿再受法国人的压迫，也不愿使安南成为法国的联邦之一。而况，十余日来法军之在河内的种种越轨的举动，如开入河内那一天，人数不过一千二百人左右，而却大行示威。至于终日乘在铁甲车上四处乱跑，如临大敌，而加以种种抢掠，与处处寻衅，都使越人无可容忍。

　　又如，在三月二十八日法国的军队事前未得越南政府的同意，而突然占据了越南的财政部，使越南人仇恨法国的情绪愈为增高，结果是引起全河内的越南人罢工罢市。至于因为法军的越轨行动，而引起的法越冲突，到处可见。又如最近来的河内车站的法越两军的冲突，更足以证明法越的问题之愈趋严重。

　　百余年来，法国用了武力去吞并越南，越南人时时处处受其虐待，越南人已忍无可忍，这次欧战发生未久，法国本部在很短的时间中就为德国所征服，而在越南的法国军队，更在数个小时里，被日本所压制而投降。安南人对于法国以武力去统治安南的梦想，已失了信心，而在日本人统治之下的法国人的处境之窘，生活之苦，更使在越南的法国人的尊严，丧失无遗。现在法国人又要重张旗鼓，卷土重来，而再用了传统的压迫殖民地的方法，去统治越南，法国是否有此力量，去这样的作，固是成为问题，至于越南人不能再去容忍这种作法，却是无可疑的。

　　越南人在过去，也曾有过革命运动，可是终因自己力量单薄，与法国的高压手段，而归于失败。但是最近来的法国，大创之后，元气未复；而最近来的越南人，不只已自有其政府，而且也有其军队。法越协定之所以不得不承认越南政府的存在，也可以说是由于法国明白了越南政府已有其军队作后盾，有了民众作拥护。假使法国而不彻底的觉悟，越南实乃越南人的越南，而使越南有独立自主的机会，还要梦想以武力去统治越南，去压迫越南人，固是危机四伏，就是对于法国的本身，在一败再败之后，再去劳民伤财征服越南，未必就能使越南屈服。就使越南屈服了，这种作法，结果恐怕也是有害于法国的本身啊！

论法国人在越南的尊严

自法国的安南传教士彼诺（Pigneau de Behaine）于一七八七年游说安南嘉隆王阮福映，而携其年甫六岁的幼子景叡到巴黎乞师于法王路易十六，而订了法越攻守同盟之后，法国在越南的势力乃逐渐增加起来。到了一八六一年，越南又与法国订了媾和条约，而其要点是割让南圻的边和、定祥、嘉定三省与昆仑岛于法国，同时又赔了偿金四千万元。从此以后，以至一八九三年的三十余年中，法国不只是逐渐的蚕食了整个安南本部，而且占据了安南西南部的柬埔寨，与安南西北部的老挝，而完成了所谓法属的印度支那（Indo-china）。

我们知道，法国在一七八七年所派来帮助阮福映的军队，最初不过是志愿军官二十余人，后来又派了军舰二艘。然而一则因为越南人民素怯于战，二则福映的实力已渐恢复，所以法军之来人数虽少，但是对于福映的声势却大为增长。因此之故，法国人对于安南的武力的懦弱，既知之甚详，而对于侵略越南的野心，乃更为殷切。

此后法国人每每以少数的军力去威胁安南人，以至暹罗人与我国人，而完成其所谓印度支那的殖民地。一八六一年，法国提督查尔尼（Charnier）所率到西贡的援军既并不算多，有了一次，法国只以两艘军舰去封锁暹罗的曼谷，结果是使暹罗割让了很多地方与法国。一八八四年的中法战争，法国所派到东京的军队也不过二万余人，后来冯子材大败法军于镇南关，并且乘胜迫至谅山。在这个时候，中国虽然占了优势以至法国的内阁总理斐理（Ferey）虽然因而辞职，然而李鸿章又力主和议，而订了天津条约，承认了法国与安南在顺化所订的条约，而使安南成为法国的附庸。

我们之所以略为叙述上面一些史实，目的是指出法国之侵略所谓"印度支那"，是一件很为容易的事情。也许是为了这个原故，所以法国人之在越南的每每以为他们是天之骄子，是生而为优胜的民族，生而为统治的阶级，因而他们之在安南的，不只是对于其所征服的安南人视为低劣的民族，而加以种种的虐待，就是对于我国之在越南的侨民，也视为东方的懦夫，而加以很多的压迫。

在老挝的一些地方，而尤其是偏僻的地方，据说一些老挝人在很远的地方，一见了一个官级很低的法国人，就跪下来，待到这位官员离开了他们很远，他们才站起来。又在好多市镇，往往只有一两个法国人去管理，他们往往深居简出，可是一出来时，好像一个土皇帝一样，小孩们固往往退避三舍，一般人也视之如老虎。记得好多年前，有一次我从河内搭火车到西贡，在顺化左近的一个小车站停了约十数分钟，一位法国的小官员，跟着一位安南挑夫，带了一个皮箱来乘火车，不知因为什么原故，这位挑夫跌了一交，皮箱也倒下来。这位法国官员不管三七二十一，用脚踢了这位挑夫好几次，还不甘心，又用手里的鞭子乱打了一顿。这位挑夫双手作揖，跪下来苦苦的哀求，还未能减这位官员的盛怒，最后把箱子好好的安放在火车里之后，不只没有得到分文的工钱，还被打了一把粗大的巴掌。我与一位朋友实在是忍不住了，两人跑到这位官员的面前，我的朋友用法话对他说："先生你这种举动太不人道了！"他呢，用了狰狞的眼光，看了我们，没有礼貌的回答道："什么是人道？人道是对人而说的道，不是对着像这个畜生而讲的道！"正在对话的时候，这位挑夫乘机而逃。我的朋友对他说："就是这样去虐待畜生的人，也是没有人道，而况这位挑夫的人格并不比你的低呢？"这位官员几乎又要对着我们用武，可是他看看我们两位身躯并不算小，而且周围的好多的安南人与华侨，都为这位挑夫抱不平而怒形于色，他只好静静的坐下来。然而那种骄气逼人的样子，并不因之而减少。

至于法国人之压迫在安南的华侨的例子，也太多了。在我国没有遣派领事到越南之前，其种种压迫华侨的行为，固不用说，就是有了领事之后，这种压迫并不因之而减少。有一次，我在国内领了护照，并且在法国领事馆里得了法国领事的签字，然而到了西贡的时候，移民局的法国人说：护照是等于废纸，结果我也要照样的入新客衙，请人担保，盖好手印，然后始能出来。至于检查行李的手续之麻烦，以及海关人员之无礼，那是更不必说的。又如从西贡到金塔，在金塔又要盖手印，经过很多的麻烦。我是从安南而赴暹罗的过境旅客，还要经过这些麻烦，华侨之在安南的所受法人的层层压迫，更可推想而知了。举一个例罢，凡在安南住的华侨，随时随地，身上都要带着身税证。万一忘记了，则随时随地可以被捕，而加以惩罚。而最可恶的，是这般检查的人员，随便可以敲竹杠，与提出种种无理的要求，以至于拳打脚踢，华侨在其淫威之下，除了吞声忍气之外，根本就没有诉苦的地方。

这不过随便的举出一些法国人在越南之虐待越南人与压迫我国人的例子。照我个人的观察，一般刚从法国而到安南的法国人，较为客气，较有礼貌。住了这里愈久的，则其骄气愈盛，而凌人愈甚，好像他们要这样的作，才能增加其所谓统治者的尊严，结果是他们愈要保持与增加其尊严，那么在越南的人民愈受其虐待与压迫。

然而自这次日本人占据了越南之后，法国人之在安南的尊严，却受了很重大的损失。

原来法国人之所以在安南有了这种尊严，一则由于他们用了武力去统治安南；二则由于他们握了经济的优越地位。事实上后者也是靠着前者而存在的，但是为了便利解释起见，我们可以分开来说。

法国人之在安南的尊严，是用武力去维持的，安南人反对他们，他们就用武力去威吓，大而调动军队去征服，小而用拳用脚用鞭去打。安南人以至于华侨既都没有力量去反抗，那么法国人要他们做什么，他们就做什么，久而久之，他们也有的以为这是自然而然的了。可是自日本占据海南岛之后，再进而侵略安南，法国初而尽力应付奉迎，那知日本得寸进尺，到了最后又要法国人全体解除武装，法国人忍无可忍，自以为不惜出于一战，可是就以河内来说，不出一二天，就不得不投降。法国人在河内的所谓最大最坚固的桥北兵营，据说也不过抵抗了几个钟头就投降。

原来法国自在欧洲战败于德国之后，整个法国都沦陷了，法国本部等于灭亡，法国人也成为亡国之民。安南人听了之后，已失了对于法国武力的信仰，然而在法国的法人的亡国惨状，安南人而尤其是安南的平民，既没有看见，又因消息的阻隔，而未知其详，因而在安南的法国人，还能维持其过去的尊严，但是现在日本人在越南，在很短的时间中，占据了越南，而号称最大最坚固的堡垒，在数个小时中，又为日本人所侵夺。安南人亲眼看见，于是不禁感觉到所谓法国人在安南的武力，只是一只纸老虎而已。

不但这样，在日本人占据安南的时候，他们虐待法国人，比之虐待安南人，不知甚了多少倍。法国人见了"皇军"而不鞠躬为礼的，他们就赏以巴掌，法国人之稍为他们所不满意的，他们就用脚去踢，而其最甚的，据说是叫安南人坐在洋车上，迫法国人去拉。诸如此类，没有一件不是使法国人没有面子，没有一件不是使法国人受了大辱，使所谓法国人在越南的尊严扫地无遗。

越南人看了这种情形之后，对于法国人的必恭必敬的态度，固因之而大改变，对于法国人的恐惶畏惧的心理，也因之而受动摇。安南人固是一再亡了国，法国人也是亡国之民，两者虽都是亡国的人民，然而法国人所受亡国的惨况，尤甚于安南人。所谓神圣不可侵犯的统治越南的法国人，从越南人看起来，并不见得是优越于越南人了。

而况就是自日本投降以后，日本人之对待法国人，也并不客气。好多法国人，自日本投降之后，以为日本人之于法国人，应当有了尊敬恐惧的心理，然而事实却得其反。比方，一些法国人以至最近由海防登陆的法国兵士，以为日本人见了他们，也要鞠躬为礼，然而日本人却没有这样的作，有些法国人或法国兵若赏日本人以巴掌，日本人就还以拳头。法国人或法国兵若问了他们为什么不鞠躬为礼，他们就说他们是向中国投降，并非向法国投降，因此之故，他们有时见了中国的军官与法国军官，同在一块的时候，他们只向中国军官行礼，而却不对着法国军官行礼，这使法国人太难堪了，所以近来法国人对于日本人仇恨极了。而且听说，法国人并且对着中国的军事人员说："假使你们撤退时，日本人不跟着你们一块走，我们也用很严酷的手段去应付他们。"

日本人这种态度对不对，我们在这里不必论列。但是日本人这样的作，实在是对于法国人在越南的尊严太损害了，同时，使越南人对于法国人的恭敬恐惧的心理，却受了很大的影响。因而好多越南人说：法国人亡国时所受的惨状，既甚于安南人，就是法国人恢复了国家，也不能使投降的日本人去对着他们低头，为什么今后的安南人要像从前那样的去处于法国人的淫威之下呢？最近来安南人之所以要求独立，要求自主，以至于随时随地去反抗法国人，也无非是由于他们已不相信所谓法国人的神圣不可侵犯的尊严，所以法国人，而今而后，要用以前的方法去统治安南人是不容易了。

不但这样，法国军队这次自西贡运到海防，因为没有得了我国军事当局的允准，而要径行登陆，结果是被了我方守防海防的军队击退。有些人说，这是双方误会的结果，然而我一位朋友曾这样的问了一位法国人："这次中法军队在海防的冲突，你们的损失如何？"他的回答是：

"这种损失是不可弥补的。"

他又说："我们原来想在海防登陆之后，径赴河内，目的并非要和中国军队有了什么冲突，而乃给予越南人以一种示威，可是你们这么一打起来，我们统治安南的威风，可以说是完全扫地。这么一来，这种损失是不可弥补的。"

这位法国人所说的话，是否能够代表一般的法国人的意见，不得而知。然而这次海防之战，无疑的是法国人欲以武力去统治越南的梦想的最大的损失。法国人一则受了德国的重大打击，再则受了蕞尔日本的严酷统治，日本投降之后，接受越南的投降事宜，在越南的南部，是由英国派兵去办理，在越北，又由中国派兵去办理。待到中法条约签字之后，法国军队才能到了越北接收防务。日本占了法国的属地，然而日本投降并非投降于法国，而乃投降于英国与中国，到了中国在河内交防的时候，法国在河内的军事当局，又以力量单薄，而难于分散，结果是以安南人去代替，而在些险要的地区，如海阳桥，以及后来的河内桥，除了法国兵守望之外，还有中国兵士以至安南兵士去站岗。在这种情形之下，就使将来法国在越北的军力增加，而要想单以武力去统治越南，以恢复其过去的尊严，恐怕是不可能的。

因了武力的薄弱，固使在越南的法国人的尊严大为损失，难于弥补，而这数年以来，法国人在越南的经济生活上的窘迫，更使在越南的法国人的尊严丧失殆尽。

我们上面曾经指出，法国人之在越南的经济的优越地位，也是靠着武力而存在的。原来他们在安南是用了武力而统治，因为他们是统治者，他们用了政治的力量去提高或维持其经济生活。我们知道，法国人之在安南的，多为官吏与商人，然而两者都用政治的力量去发展其经济的力量，而使其生活充裕。在政府里作事情的法国人，固是靠着繁重的税饷而维持其高度的生活；作生意的法国人，也靠了殖民地政府之限制其他国家的货物的输入，而享受特殊的权利而发财。所以在安南的法国人,无论是为官的,或是为商的,都是靠了殖民地政府的力量,而享受奢侈的生活。至于一般法国人之发展农工矿业而发财的,他们依赖于殖民地政府的帮忙,那是更不待说了。

殖民地政府之所以对于法国人在安南作官吏的,作生意的,以至经营农工矿业的,能给与特殊的权利,而享受高度的经济生活,就是因为殖民地政府用了武力去统治这个地方。所以殖民地政府的武力一失,这一般享受特殊权利与高度生活的法国的官吏、商人,以至经营农工矿业的法国人,在经济上也困难起来,而况在日本人占据越南的时期,不只政府或公共的好多产业都被了日本人所垄断,就是法国人的好多私人产业也被了日本人所掠夺,原有的产业既被了掠夺,而在日本统治之下,法国人作官吏既不成,作生意以至经营其他的事业也不能,再加以生活程度日来日高,越币价值愈来愈低,就使一些法国人在安南的,稍有资产,而不为日本人所占夺的,也感觉困难起来。好多法国人,从前穿的华丽,住的大房,吃的珍味,喝香槟,饮马台(Martell),游行必乘汽车,休息又有别墅,用了不知多少安南男女仆人,看门的专司看门,栽花的专管园花,打扫的,洗衣的,管小孩的,往往不只一个,而除了煮饭的厨子之外,午餐晚餐,在吃桌的旁边,固往往不只一个人服侍,早点早餐,也要男女仆人,在他人还未起床之前,送到床边来享受。

这种生活是舒服的生活,也是尊严的架子,安南人只能羡慕而不敢梦想。同时,法国人既惯于这种生活,而非这样的作,不足以表示其尊严。有些安南人,因为惯于奉侍他们,而也好像是失了自主的精神。

可是自日本人占据越南之后,法国人的经济生活,既日趋日蹙,从前的经济生活上的尊严也大受打击,不只用不起安南仆人,连了自己到市场买菜,连了自己下厨房作饭,也不容易维持下去,汽车固没有得乘,香槟马台已久不入口,面包成为米包,大房变为小房,这还不算,有了多少大大小小,挤在一个房子里而睡了地板,衣服褴褛,形容枯焦,男的成为无业游民,而女的流为下贱,比之统治者的日本人固有天壤之别,比之好多安南人也并不见得高明。

在我所住的大都会饭店里的好多法国人,一家住了一个小房间,有一天我问了一个安南的听差道:"为什么很少见住在饭店里的法国人,到了饭店的饭厅吃饭?"他的回答是:"他们住在旅店里,连了房租都付不起来,那里有钱到饭厅中吃大菜呢?先生!请你看看他们的太太,自己要拿菜篮去外面买菜,利用了饭店的电力,在洗澡房与厕房里作饭,炒起来菜味道迫人。好好的旅馆,也给他们弄坏了,法国多么穷苦呵!"

其实,能住在大都会的法国人,已算很阔了。然而这位安南听差还说他们多么穷苦,那么住在比大都会较坏的旅店或房舍的法国人的穷苦情况,可以推想而知了。这么一来,法国人在越南的生活上的尊严究竟何在?

此外，最近由海防登陆的法国军队，一切配备，以至衣服粮食，既差不多都来自美国，而非出自法国，而军队的面目清瘦，又使安南人想起法国本国的穷困的情况。在海防，近来满街也有人出卖美国的罐头牛奶，罐头饼干，以及一些美国的用品，这是美国救济法国人的，据说一些法国的兵士又拿来出卖。把人家救济自己的东西而出卖，据安南人说，必定是由于他们太为穷困，再加以一些兵士的不法行为，如抢物品，食品之类，更使安南人看破了法国人的弱点，这与法国人的经济生活上的尊严，也有了很大的影响。

最近，法国军队从海防开入河内，在河内到处游行，扬威耀武，目的还不外是想恢复其传统的尊严的地位，而实现其过去统治安南的政策；然而法国人在越南的尊严，既像上面所说，丧失殆尽，这并不是再用武力所能恢复的，而况法国现在的武力也并非强盛呢！

总而言之，安南人对于法国人在安南的尊严，既已失去了信心，法国人要想再去恢复这种信心，或是征服安南人的民族意识，与压制安南人的独立运动，是不可能的。所以今后纵使法国能在越南占了特殊的权利，然而这种权利能够享受多久，又是成为问题，这是今后在越南的法国人所不能不加以深切的觉悟的。

法军入河内记

这是民国三十五年三月十八日的清晨，在越北的河内，旭日正从东方初升的时候，在所谓西人街，而尤其是在剑湖左近。那一带已有很多的法国人在那里走来走去，在平时，而尤其是在日本尚未占据越南之前，这里的法国人是不会起来那么早的。其实在那个时候，他们正是梦睡方浓，就使他们已醒了，他们还要躺在床上，待着越南的男女仆人作好早餐，拿到睡床的旁边，他们吃完之后，才能起来。然而，今天时间虽是早得很，他们无论老的、幼的、男的、女的，都起来了。而且我们知道，自日本占领越南之后，以至我国军队到了越北，接受日本人投降的时期，在这里的法国人之在街道上往来的，不只是面有愁容，而且头也是抬不起来。然而今天，除了衣服穿得格外整齐之外，满面笑容与挺身仰头的观望。

为什么呢？

这是根据了最近的中法条约，法国军队从海防开到河内的一天。

我们知道，法国人之所以能在越南，居了统治的地位，完全是靠其武力。这是读了越南灭亡的历史的人们所熟知的。自日本占据越南之后，法国人在越南的武力，既完全消失；法国人的统治的地位，也因之而消失。因而一向被视为威风赫赫与尊严不可侵犯的越南的法国人，不能不垂头丧气。现在法国的武力，既又可以伸张到越北，法国人之在这里的，以为他们的原来的地位可以恢复了，所以在法军开入河内这一天，法国人之在这里的，自然而然的大为高兴。

从海防到河内，途程只有一百零四公里，汽车二个小时就可抵达。河内的法国侨民，听说法国清早就从海防首途，所以他们清早就在街道上等候。法国人本来是富于情感的民族，经过了数年的日人压迫之后，一旦听说法军又到河内，格外高兴是用不着说的。所以多年低垂的头，现在也抬起来了；多年忧愁的脸，现在也笑起来了；多年不穿的美服，现在也穿起来了；多年没见的国旗，现在也挂起来了。

他们从清早一直等到下午，两三点的时候，从海防开进来河内的法军始抵达市区。铁甲车、吉普车、运输车等等排列而行，多年没有看见法国军队的法国人，一见之后，忍不住要大声疾呼。声音一阵一阵的穿入人们的耳鼓，而握手接吻又不断的表演，好像是法国军队又征服了越南，而来了一个胜利的游行，法国人的喜乐情绪，怎能不充分的流露呢？

这天，开入河内的军队人数，大约不过一千二百人，可是威风却好像是百万大兵，军队的装备，都是来自美国。一位安南人很幽默的对着一位法国人说道：

"这些装备好得很，惟不知是在法国那一个厂所制造的。"这位法国人，正在有些有苦说不出来的样子，而别一个安南人却抢过来说："难道你不知道，这是美国人在法国打败德国人所剩下来，而不要的军用品吗？"在这些军队中又有的说英话，一位俏皮的安南人对着一位法国人说道："法国兵士说得多么好的英语啊！"这位法国人正在不耐烦的时候，别一位安南人却又抢过来说："这是因为他们长期亡命英美，受了英美军事的训练，所得到的结果啊！"

这次法国军队在河内，不只在西人街，以及其他各街道，扬威耀武，而且跑到我们的第一方面军的总司令部的门前，我恰巧在这个时候，在总司令部与卢司令官永衡，马参谋长幼坡谈话，有人从旁说道："这是法国人向着我们示威。"我却说："这是法国军队在我们保护之下，而向着安南人示威罢！"大家听了之后，不觉哄然一笑。

事实上，我说这话是有根据的。听说法国军队自三月六日事先没有得到我方军事当局的允许，强行登陆，而被我方在守防海防的军队击退之后，他们有了很多觉得除了物质损失之外，在精神上这是不可弥补的损失。因为被中国打败了，还不算数，最难堪的是使越南的人民看不起他们，而失却了他们百余年来以武力去统治越南的尊严。

因此之故，到了三月十八日，他们的军队要从海防开进河内的时候，他们极力坚持要我们派军事人员，陪同他们的军队一路到河内。有些人说，他们所以要我们这样的做，是恐怕我们沿途驻扎的军队，对于他们有所留难。然而事实上，据说他们之所以这样的做，是要使越南的人民，及其军队明白，这是中国军事当局允许他们开入河内，以免越南的人民，而尤其是越南的军队，对于他们有了不利的行动。因为他们开入河内的军队人数既不过一千二百左右，沿途与河内的越南军队，若真是反抗他们，说不定他们也要大吃了亏。

不但这样，到了三月二十三日，我们在河内交防的时候，本来是交与法国，而在河内各重要的地点之原由我方兵士站岗守备的，也请法国军事当局去派兵接防，但是法国人却不愿去接防，因而乃用越南的军队去代替，其主要原因，又不外是由于法国方面，觉得他们在河内的军力单薄，不能担任了这种工作，只好集中在一二个地方，以防意外事故的发生。

这样看起来，三月十八日的法国军队，在河内各处的示威游行，岂不是在我们保护之下吗？

然而，在游行的时候，他们的军队那种目空一世的态度，以至没有军纪的行为，以及他们的侨民那种毫无节制的情绪，以至近于癫狂的动作，不只徒增了一般越南人民的仇恨，且引起了中国军民的反感。所以最近来的法越之间层出不穷的冲突，以至于河内的越南人的全体罢工，罢市，都可以说是由于法国的军队，以至一些法国侨民过份的举动所致。而况听说，西贡的法文报纸，还在大吹法军这次之开入河内，是长驱直入，所向无敌呢。

"法国人作得太过火了！"这是当日的一般越南人，以至中国人的看法。他们除了白天到处扬威耀武之外，差不多整夜狂呼乱叫，他们跑到跳舞场里，还要越南的音乐队奏法国的国歌，结果又大引起越南人的反感，差不多又要闹出乱子来。在越南政府的广播站的门前，他们整天停了一架铁甲车，好像告诉越南人道："你们的播音是抵不住了我们的炮声。"在大都会饭店的门前，这是河内的最大的饭店，又正在越南政府的对面，有了一个越南人摆了一个香烟摊，法国好几个兵士，拿了香烟却不给钱，结果是第二天摆摊的小贩不敢再来了。在别一个地方，越南人的面包摊上的面包，也被他们取去而不给钱。

这些这些，以及好多的越轨的行为，不只是使越南人增加了仇恨法国人的情绪，而且使所谓统治者的尊严完全扫地，使法越的问题愈趋严重。

法国军队之入河内，对于越人固有好多越轨的行为，对于华侨也有很多令人失望之处，比方最近来，河内报章登载有些法国兵，到了一家华侨的商店里，除了扰乱之外，还把中国的国旗拉下来，他们并且对着这个店东说：将来你们的军队撤退之后，我们必用严厉的手段去对待你们。在国军尚未撤退，法军还靠着我们的保护而开入河内的时期，尚且如此，那么将来国军一退，华侨在河内，以及在越北的生命财产，不能不说，是没有保障。而况法国的兵士早已存了仇视华侨的心理呢。

法军之开入河内，无论对于越南人，对于我国人，都不表示好感，安南人在那一天，固是没有一个人去欢迎法国军队，我国侨胞，也没有人去凑热闹，结果是这次欢迎法军的，只是住在河内的少数的法国人。这是一出独脚剧，这是一首独唱曲，越南应该是越南人的越南，最近的法越协定，也未尝否认这种原则。法国军队到了越南，若不尽力去设法与越南人合作和好，而却处处引去起反感，那么将来法越的问题之将愈趋于严重是不可免的了。

压迫重重的越南华侨

自安南被法国占据之后，百余年来，而尤其是三四十年来，国人之赴安南的，既受了很多的限制，而一般华侨之居留这个地方的，又受了很多的压迫。

法国人之统治安南，其所用的方法，可以说以拳打，以脚踢，以鞭策。质言之，就是以暴力去镇压。安南人固是随时随地可以享受这种统治的方法，国人之到安南的，或是华侨之居留这个地方的，有时也免不了受到这种的待遇。其实，著者亲眼之看见这些事情，就不胜枚举。

入安南口岸的国人，在轮船靠岸之后，就像猪像羊一群一群的驱入所谓新客衙。而特别是在初期，正像猪栏羊牢，拥挤其中，卫生设备固谈不到，空气也因人数太多而不流通，使一些的侨民因之而晕倒。

入新客衙的新客，要有亲戚朋友的担保始能入境，否则被遣回国。法国人之对于这些到海外谋生的侨胞的入境，所带的行李或随身用品，严加检查，随便搜取，所以移民局与海关，成为虐待华侨入口的最厉害的机构。

假使入口的是智识份子，他们尤为顾忌，因为他们恐怕这些人到了安南之后，宣传什么主义于华侨或土人，而有了民族的意识与革命的运动，因而对于书籍与印刷品的检查，尤为严格。法国本为近代民族主义与革命思想的先进国家，可是法国之在越南的，对于越南民众之有这些倾向的，则极力加以压制。因而对于有思想的智识份子的入境，特别加以限制。我记得很多年前，我到西贡时，因为我的护照上写明我的职业是教授，一位在移民局作事的安南人，看了之后，就很惊讶的说：

"教授，教授，多么危险啊！多么危险啊！"

我当时实在不明白他的意思，因而问道：

"为什么你说教授是多么危险呢？难道安南完全没有教授，或是不许教授入境吗？"

我的话刚一说完，他就对着别一位移民局的安南职员这样的说道：

"你看看，这么的强辩，岂不是激烈份子吗？"

我想这些安南人，自己亡国而不知道中了法国人愚民政策的深毒，而不自觉，实在可怜。然而寻根究源，他们之所以有了这样的说法，又不外是在越南的法国人，而尤其是法国殖民地的政府当局，平素对于有智识的份子之到安南的，特别加以严厉的限制。这些在移民局里的安南人，也知之特详，所以一见了教授学生等等字样，就不能不惊讶起来。

我那次也经了不少的麻烦而始准入境，我的朋友且告诉我，假使我在护照上不写职业是教授，或根本就不用护照，而到了之后，由他们担保，那么手续较为简单。

我照了正当的手续在国内领取护照，同时又得了法国领事馆签字，结果不只多找麻烦，而且还要照样的入新客簿，请人担保，盖手指印，这不能不说是殖民地政府的虐政。

而况，我的朋友还告诉我，好在我是过境而到暹罗，假使我要在安南居住，那么麻烦更多了。

入境过境，已有了这么多的麻烦，那么久住在越南的一般侨胞，其所受的痛苦，也可以推想而知了。我不愿在这里去列举法国人对于住在越南的华侨的苛待的事情，就以人头税一件而说，在柬埔寨居留的华侨，每人每月要纳七元越币的人头税。我们知道，一般华侨之在这些地方谋生的，每月薪金入息，大致不过十元左右，然而每月就缴纳薪水入息之大半，以作人头税，华侨在经济上所受的剥削，未有甚于此者。至于其他的好多条例之专为限制在越南华侨的，更是不胜枚举。

到了日本人占据越北的时候，华侨所受的压迫，只有增加，并不减少，因为在这个时期里，除了他们的财产没有保障之外，生命也常有危险。在海防的朋友告诉我：在这数年中，没有一天他们不在恐怖之中，日本的宪兵，在日间到处扰乱，这不算数，在夜间的二三点钟的时候，随便到了华侨店馆住家，破门而入，捕人而去。有过一次，这样的捕了二百多人。好多年老的侨胞，被他们从睡床上拉下来，在冷气迫人的冬天，他们被带走的时候，身上只穿了一套薄薄的睡衣。别一位朋友对我说，每夜睡觉时，都要准备被捕，所以这数年中，他在夜间而尤其是冬天的夜里睡觉时，必盖以大衣，以免被捕到宪兵部或集中营而受冷。此外又有好多人，日间虽在海防店铺里，天要黑了，就跑到左近的乡间，然而就是睡在乡间，也并不见得十分安全。

多少华侨被捕之后，受了毒刑而至于被杀。最近来在海防由日本人去掘出死难的好多华侨，除了好多零碎的骨头之外，体肉已腐，尸首分散，亲属家人，欲认而不可得，结果只好把了这些枯骨运赴河内葬在一处，所以最近在河内曾有了纪念死难侨胞的集会。

总而言之，在日本人占据的时期，不只身历其境的华侨受了很大的痛苦，就是到了现在这些华侨之述及当日的情况的，犹有谈虎色变的感觉。

我们可以推想在这种的环境之下，除了一些汉奸之外，华侨在经济上，而尤其是在精神上，所受的打击，是显而易见的。

日本投降之后，我们的军队与政府人员，到了越北接受投降事宜，在越北的华侨，喜乐欲狂。我们知道在南洋各处的华侨，自西洋人占据之后，他们时时处处，不只是受了别人的统治，而且受了人家的虐待。满清末年我国派了一二艘军舰到南洋，与民国以来政府遣了一些官员到南洋去慰问他们，他们已觉得无上的光荣。而这次我国军队与政府人员到了越北接受敌人的投降，华侨的内心的欢慰，并非笔墨语言所能形容的。因为受了压迫愈深，一旦有了解放的机会，其快活的情绪，也愈为显著。所以到了现在，一般华侨还在希望国军能久留越北，使他们今后不再受他人的统治，不再受人家的虐待。

然而在我国的军队与政府人员之在越北的时期中，也有不少令了华侨失望之处，比方军队与政府人员的轨外行为，以至像某报馆之占用华侨店铺，都使好多华侨很不满意。至于国币关金的价值之一落千丈，犹使侨胞吃了大亏。所谓受"国币罪"受"关金亏"就是这个意思。在日本刚投降的时候，一元关金可以换得一元五角越币，到了最近一元关金只换得越币两角左右。华侨在日本投降之后，不只欢迎我国的军队与政府人员，而且重视我国的纸币，因而有了很多大量的收买国币关金，越北的华侨固是这样，暹罗以至马来半岛的好多华侨，也是这样。现在的国币关金的价值，在我国的军队与政府人员接管之下的越北，尚且一落千丈，在暹罗与其他各处之贬值，更不待言。一位从暹罗回来的朋友告诉我：一位华侨收买了一房子的国币关金，其初数次价格低落时，他总相信不久就要上升，而且极力劝人多购国币关金。他以为我国已胜利了，军队且开到暹罗的边境，难道国币关金就不胜利，而不会畅流于暹罗吗？然而到了最近，他天天看着他一生的辛辛苦苦的储蓄，几乎就等于零，他的这种信心大为动摇，而对于祖国也很为失望。

越北的国币关金的价值既低落，在暹罗与其他各处的国币关金，却因其价格愈低而倒流到越北，这么一来，在越北的国币关金愈成问题。在这种的情形之下，越北的物价也飞涨起来。因而在河内的生活之高，不只高于越南的西贡金塔各处好多倍，就是比之昆明也有好多地方昂贵得多。这当然是使住在越北的一般人受苦，然而受苦最大的恐怕还是华侨，因为越北的法国人，以至安南人，既少存国币关金，而存者主要却是华侨。

最近来，国军还未撤退，而在河内的中国银行据说已拒收国币，有人说，该行不久且要拒收关金。这么一来，人心更慌了！自己国家的银行，对于自己所发行的纸币也不接收，这是华侨所万想而不解的。

越北的华侨，在我国的军队与政府人员初到该处的时候，大拍手掌，大燃炮仗（鞭炮），现在却有人说拍错手掌，燃错炮仗。可是尽管他们有了不少的失望，他们回忆过去法国人的种种虐待，日本人的种种残酷，以至越南人的民族主义，而有了排华的意识，而尤其是在最近法国的军队之在海防的横蛮登陆，与在河内的扬威耀武，他们又感觉到国军完全撤退之后，他们又要在别人的淫威之下。所以最近来，一般的华侨，除了对于中法条约表示很不满意之外，又遣派代表去见我国在越北的军事当局，希望国军暂勿撤退。他们虽然受了"国币罪"，吃了"关金亏",他们虽然因为我国的军队与政府人员给予他们不少的麻烦而失望,然而他们爱祖国与信赖国军的心理,并不只不因之而减少,反而因之而增加。我在河内住在大都会,这就是胡志明的总办公处的一个旅馆,有些华侨就对我说:"你最好是迁到广东街来居住。"我到海防找不着旅馆,住在华人街的一位华侨的店里,别一位华侨对我说:"这比之住在其他各处的旅馆安全得多。"为什么呢?因为他们以为就使法国人与越南人冲突起来,中国军队尚未撤退之前,广东街与华人街,必有我国军队来保护。这是一般华侨的心理,至少这是一般华侨的希望。连了一些越南人,也有了这种心理,有了这个希望。广东街,华人街,在中国军队尚未撤退之前,成为"特别区域",成为"世外桃源"。

可是越北的华侨们想起爪哇的红河之役,想起马尼剌的一再屠杀,想起暹罗十数年的排华,以至想起过去的法国人之虐待华侨,与日本人之残害他们,他们说起国军不久就要撤退越北,又不能不恐怕这个称为"特别区域"的广东街,这个称为"世外桃源"的华人街,也许又将成为恐怖的世界,又将成为压迫的目标。

河内与海防

我从前曾到过河内与海防好多次。然而这一次所看到河内与海防，却与以往所看见的，有了很大的差异。

从前，无论是由海防上岸，或是由老街入口，或是由香港或由昆明直飞而到河内，在海防，在老街，与在河内，除了护照登记的种种手续之外，法国的海关关员，还要翻箱倒箧，给你不少的麻烦。这一次飞赴河内的时候，护照既并不需要，入口根本没有什么手续，而第一方面军的宪兵，对于行李的检查，也只是打开皮箱去看一看。

飞机降落在嘉林机场的时候，几乎使我认不得这是嘉林机场。以往的嘉林机场，是东亚不易多见的机场，伟大的房屋，整齐的周围，坚固的跑道，现在呢？房子毁坏得不堪，周围都是一片荒芜，而跑道也有些高低不平。

从飞机场乘车到河内的途中，广大的滇越铁路的火车总站，固是一片瓦砾。东亚长桥之一的河内桥，也已呈了毁败的样子。久住在昆明的人们，一到河内，以至海防，虽然是觉得街道平坦洁净，然而一向住在这个地方的朋友，不断的指出马路太不平了。的确，河内与海防的街道，好多年来，已经没有修理，而其最甚的，是从河内到海防那条公路的不平，使我好像忘记了我是从河内乘汽车到海防。以前，从前者到后者，汽车开快起来，用不了一个半钟头；现在却要两个钟头。同样的，从前的河内与海防的火车，快车只要两个钟头，现在又要三个钟头。朋友告诉我：海阳桥是一个多月前才修好的，不然从河内到海防费了一天的工夫并不希奇。

至于电报，以至邮件之从河内到海防，有时也要一个星期，而普通电话根本就不通。

这是受过日本人蹂躏之后，而造成的河内与海防。

从别方面来看，在河内，在海防，一切的公共机关，与安南人的店馆，从前是用法文去标明的，现在却完全用了安南文以及中国字，只有几个地方，像中法银行，东方汇理银行，滇越铁道公司，以及一些的法国人的商店，仍然用法文。我们可以想像在八个月前，日本文必定到处可见。可惜——也许侥幸得很，我在这里的时候，已没有看见，此外英文的标语也随处可见，这大约是写来给美国人看的。

在数年以前，好多所不曾看见的标语，现在却到处可见。最普遍的是安南文的"越南是越南人的越南"；而安南文的"抗战建国"，英文的"打倒法国帝国主义"，也随处可见。试想想，在四五年前写贴这些标语的人们，若不被斩首，也要坐长期的监牢啊！

不但这样，在街道上，而尤其是在所谓西人街，或法人住宅区中，过去法国的红男绿女头仰仰的目空一切，跑来跑去，现在呢？他们衣服褴褛，头低低的，面容消瘦，很少出来。就出来了，也若有所畏避而行走。自三月初间，法国军队到了海防，以及三月十八日他们又开入河内，使这些法国侨民能够欢呼起来。然而他们既受了日人压迫好几年，要使其恢复原状，并非易事。而况今后的法国人之在越南，是否能够恢复以往的地位，却是一个大问题。

我刚到河内海防的头几天，法国军队尚未到河内，飞机场里，街道上，以及一切的要隘的地方，都有我国军队去守护，而我国国旗又到处飘扬。一位朋友对我说："这是我们从来想不到的现象啊。"

然而事实上，自秦汉以后，安南曾长期置为我国的郡县，直到清代的乾隆，还派过两广总督孙士毅，率了军队入东京。而恰巧六十年前，刘永福曾在北圻建功；冯子材曾到过谅山。可是到了六十年后的今日，中国军队又重临，而中国国旗又飘扬于从前的越南总督署的房顶，抚今追昔，能不感慨。而况，这次中国军队之到越北接受日本投降事宜，完毕之后，就要回国，越北今后既还是由法国去统治，那么安南的独立运动，恐怕又成为泡影了。中国军队已在越北驻扎，而却愿意撤退，可是越南并不因之而得到独立自主，反而又为法国所统治。越南的人民对于法国的再度管理其国家，既正在极力反对，越南今后的问题之严重，又可想而知了。

河内是法国统治越南的首脑；海防是法军开入越北的门户。在河内与海防，就能看出法越问题的要点所在，关于这一点，我已在他处有所论列，这里只好从略罢。

附　　录

越南与日本

　　日本侵略安南，是实现其南进政策的表征。自广州失陷以后，敌人侵略安南的野心日趋积极。据说敌人既占广州之后，香港的大批特务人员，都被调到海防，河内与安南其他各处工作，开始用政治方式，去侵略安南，至于敌人占据海南岛，可以说是军事方面侵略安南的先声。原来自广州失陷以后，海南岛在中国的防务上，已失其重要性。敌人在海南岛登陆的目的，与其说是为着应付中国，不如说是为着侵略安南。而侵略安南的目的，又可以说是威胁南洋的先声，实现他们南进政策的初步。

　　近来，敌人乘法国惨败的机会，要求越南政府禁止运输军火入中国，在表面上，虽说是全为应付中国事件而提出这种要求。但事实上，却可以说是试探法德政府的态度，与安南政府的力量。换句话说，日本虽藉口于应付中国，而要求禁运，但其真正的目的，却是侵略安南，因而当时安南的局势，已很为紧张。有一个时期，在昆明安南币一元只值国币二元；在安南南圻各处，安南币一元只换国币九角，而且据一般华侨的传说，把安南币去换国币的，多是在安南政府位居要职的法国人的太太们。安南政府要人的太太们的恐慌，可以说是政府要人恐慌的反映，政府要人尚且这样的恐慌，一般人民的惊慌，可以想像。所以在东京的人民疏散到中圻与南圻，而在中圻与南圻的城市上的居民，又疏散到小市镇，咸菜卖到四五角一斤，咸鱼卖到六七角一斤，这是安南从来没有的现象，这也可作为越局紧张的一些实例。

　　日本虽迫使安南局势紧张，然而日本要想并吞安南，也非一件容易的事。因为法国虽是战败，可是不但没有到了灭亡的地位，就是国家力量的损失，并不若一般人所想像的那么大，尤其在海军的实力上，大致没有什么损失。战败后的法国海军，主要的，既非对德作战，也非对英作战，假使法国把大部分海军的力量来保护安南，则日寇无论如何猖獗，未必就有对抗法国的实力，来并吞安南。同时安南政府的本身，若有决心去作军事上的防御工作，抵抗日本，日本也未必就能随便取获安南。其实，德古将军之所以被派为越南总督，目的无非是要以一个有军事经验的人物，去应付目前的严重事件。又法国政府在越南局势危急的时候，更换总督，也可以说是一种强硬对付日本的表示。而从安南皇帝，及柬埔寨皇帝的庆贺德古将军的履新电文里，我们可以看出德古将军在越南的声誉之隆，同时也可看出越南土人的首领之关心越南的安全之切，以及其拥护法国政府之诚，总而言之，我们相信法国对于日本的仇恨，决不下于我们中国。法国从来同情我国抗战，而对日本占据海南岛，又表示过深切的愤慨。现在日本再要并吞越南，则法日感情的破裂，显然可见。而况暹罗的窥视越南的西南，与德意的侵略主义于直接上或间接上都是出于日本所煽动，法国人既不会而且不必白白的让出越南与日本，日本想只以威吓的方法去取获越南，又是一件不容易实现的事。所以我们说，只要法国有了抗敌的决心，只要越南政府有了相当的准备，越南地方险要，资源丰富，不但可以积极的抵抗，而且可以永久的抵抗。日本侵略中国，既已陷入泥足，再加上安南的抵抗，那么日本侵略越南，正是自掘坟墓。

而且自德国战败法国以后，法国的殖民地的处置问题，可以说，不只是法国本身的问题，而是与德国也有关系的问题。德国已经宣布法国的殖民地，仍属法国，德国目前虽是没有什么实力来占据越南，甚至没有空暇时间来过问越南，然而这种表示已使倭寇焦急。因为倭寇在国际上，原来已处于孤立的地位，若再不拉拢德国，则国际上的力量，必完全丧失。日本之于德国，既没有什么恩惠，德国又何必慷他人之慨，白白的送越南给日本，为德国本身计，假使德国不能战胜英国，德国占据安南也没用处，假使德国必能战胜英国，则安南可以说是德国的囊中物，在英德战局尚未决定之前，尽可利用法国的名义，去保留法国的殖民地。这么一来，不但日本欲占据安南不大容易，就使英国欲控制安南，也无从藉口，而况英美不但对于安南没有侵略的野心，就是对于荷属南洋各处，也没有攫取的意思。其实，德国对于日本，可以说是世仇，上次欧战的时候，日本岂不是趁火打劫，攻击德国与我国所租借的青岛吗？日本对于欧战，并没有什么贡献，然而在战后攫取德国的战舰，享受德国的利益。记得数年前，著者在德国海军根据地的基尔，遇着一位曾住过中国的德国海军军官，他说：在上次欧战的时候，最无赖的国家是日本，英法虐待德国，还出了不少的代价，日本乘人之危，不费力量而争取赃物，是德国人最难容忍的。日本学德国的皮毛，而夜郎自大，也算罢了，还要用无赖的手段，欺侮德国，这真是德国的最大耻辱。现在日本又来占据德国从来关心的青岛，同时又要并吞德法和议以后的越南，这又是重演上次欧战的无赖的手段，这又是侮辱德国的举动。就使法国愿意放弃安南，德国未必而且何必出此下策。而况假使中国而为日本所征服，则日本称霸东亚，不但中国本身受亏，就使欧洲各国在远东的利益，也必大受影响。又况日本不占据安南于巴黎未失之前，而要并吞于德法和议之后，则日本在越南的军事行动，不但是以交战国的地位去对待法国，而且以交战国的行为去对待德国了。日寇虽癫狂，然而是否有这种胆量，与是否有这种力量，却是一个疑问。

这是从法德的立场去说明，日本侵略越南的困难，再从英美的立场，来看日本要并吞越南，也非易事。在英国方面，越南苟为日本所占据，则日本的海军根据地，必扩张至安南南部，接近英国的海军根据地的新加坡。同时日本陆军从越南的西部，经过暹罗而威胁缅甸，印度与马来半岛。暹罗现在已成日本的傀儡，越南若果被占，暹罗必变为日本的俎上肉，而成为日本侵略缅甸印度与马来半岛的根据地。英国政府与人士，近来对于安南特别关心，不只是与英国整个远东的政策有关，而且是与英国的本身的利益有了特殊的关系。在英德正在混战的时候，日本也许利用千载一时的机会，坐收渔人之利，可是日本本身的力量，既远不及英德，日本要想开罪英德，却不能不有所戒心，假使德国胜了，正像上面所说，安南是德国的赃物，假使英国胜利了，英国绝不能容忍日本去占据安南。假使英德成立互相谅解，停战讲和，日本的侵略安南，又必为英德两国所不愿意，而况英国近来对日本的态度，已逐渐趋于强硬，日本捕禁英国住日的侨民，与英国也捕禁日本住英的侨民，就是这种强硬态度的表示。

　　至于美国也同样难容日本侵略越南，理由很简单，自海南岛被日本占据后，菲律宾已受日本的威胁，越南若为日本所占据，则菲律宾必为日本所包围。美国近来对于越南现况表示关切，而国务卿赫尔于八月四日又发表关于越南问题的声明，也可以说是美国对于日本侵略越南的野心，处处加以打击。美国与英国最近缔结军事协定，主要虽是应付欧洲局面，然而对于太平洋的安全却也有重大的意义，至于传说，美苏将联合遏止日本在远东的侵略的计划，苟能实现，那么日本的南进政策，必受影响，而越南的局势，也许不会十分严重。

　　日本虽急急于攫取越南，但是同时对于英美德法又不能不有所顾忌，结果是自讨苦吃。故日本对于越南政府时而威胁时而引诱。代表团的仆仆风尘，哀美敦书的送出撤回，越南的局势，若明若暗，一弛一张，也许便是日本的无赖的行为的一种先奏曲。然而，这也是显出日本的外强中干了。我们相信，只要英美的态度能够强硬，只要德国不慷他人之慨，只要维琪政府不要受倭人欺骗，只要越南政府积极的准备抵抗，日本侵略越南的野心是不易实现的，就使日本不顾一切而作军事的行动，越南也未必一定就为日本所征服。

　　其实，日本自己也未尝不感觉到并吞越南的困难，因此之故，它又不得不拉拢暹罗的军阀，与煽动越南的土人。日本拉拢暹罗已有好几年的历史，最近它更鼓动暹罗要求越南政府给与越南西南的土地，所以数月来暹罗与越南边境的情况，突趋紧张。传说暹罗人还利用住在暹罗的柬埔寨王的哥哥名义，在柬埔寨各处作挑拨离间的工作，暹罗与越南的边境的紧张的局面，可以说是由暹罗所造成，而暹罗之所以胆敢这样的做，又可以说是由于日本所煽动。日本这种举动是借刀杀人的办法，能否收效，暂不必管。所可惜的是：暹罗没有觉悟被人利用，而却忘记了越南若被日本占据，暹罗自己必变成日本的俎上肉。

日本煽动安南土人去推翻法国在安南的势力，也是一件很显明的事实。日本曾派代表到顺化去游说安南王，唆使安南人民，反抗法国，日本又收买了好多安南人办的报纸，乱造谣言。日本利用许多安南浪人去扰乱安南的治安，在巴黎失守以后，在越南的乡下，与偏僻的地方，有些法国人被安南人殴打，近来报章传说，越南人民起革命，恐怕就是因为这些事情发生，而日本人遂张大其词，以为宣传罢了。总而言之，日本自知其直接驱逐越南的法国势力之不易，便间接的利用安南人去做这种工作。然而，我们希望安南人不要忘记，日本所说的"越人治越"是欺骗安南人的一种口号。法国人之统治越南，固未见得好，但是日本若统治越南，则其手段的毒辣，无疑的必百倍于法国。我们上面已经说过，日本之所以占据海南岛，目的是为并吞安南。日本之所以到了今日，尚不占据安南，虽因力量有所不够，但是对于英美德法也有所顾忌。假使越南人而愿作日本的奴隶，不愿受法国的统治，那是越南人的"自由"，不过越南人也得明白，日本是中国的仇敌，越南是中国的毗邻，日本占据安南，中国决不能容忍，中国与越南不但有悠久的历史的关系，而且两国人士向相友好，越南若与中国之敌为友，不但不见得讨好于日本，而且必为中国所难忍受。

　　我们深切的希望暹罗的当局，以及越南的人士明白日本不只是东亚的公敌，而是世界的公敌。它现在已成为困兽，并吞越南的实力既不够，而在国际上没有与国，只要暹罗的当局与越南的人士，不要上倭寇的当，那么倭寇要想并吞越南，并非一件容易的事了。

论泰越的关系

自法国战败以后，泰越边境的紧张，是一件不能否认的事实。在泰国方面，亚兰是泰越交通的枢纽，据说在那里，暹罗曾积极的预备了军事的工作，而且有了一个时期，甚至旅馆也变为军事机关；在越南方面，金塔是越南西南部最大的城市，同时又是现在柬埔寨的京都。这个地方距离泰国的边界，虽有好几点钟的汽车的路程，然据我个人最近的观察，昔日繁荣的景象已顿呈了冷淡的空气，往来的旅客固然是减少得多，市区的居民也有很多疏散到乡下去，街道上有了不少的兵士跑来跑去，而一个很美丽的巴黎式花园，也变为沟渠式的防空的要地了。

泰越边境的紧张的局面，可以说是由于泰国所造成，因为在现在的情形之下，法国绝不会有侵略泰国土地的野心，其实，三十余年来，法国就没有侵略泰国土地的行为，所以这次泰越边境的紧张祸首乃是暹罗。暹罗为什么要作这种举动？照暹罗人的说法，柬埔寨曾为暹罗的藩属，所以暹罗现在的主要目的不外是想收复已失的土地。理论上，这种宣传是错误的，因为暹罗本身在历史上也曾为柬埔寨的藩属，况暹罗为柬埔寨的藩属，乃在柬埔寨为暹罗的藩属之前。至于现在统治暹罗的泰族，不但不是柬埔寨固有的土人，而且不是暹罗固有的主人。泰族统治暹罗已是反客为主，泰族还想侵略柬埔寨，那是太过份了。

在理论上，暹罗既没有充分的理由去侵略越南，在实力上，暹罗也非一个强有力的国家。然而暹罗之所以敢作这种企图，可以说是完全受了日本的煽动。日本的南进政策，是要并吞整个南洋；但是在这个政策的实施的步骤上，它先来拉拢暹罗，以为反抗英法的工具，自德国战胜法国以后，日本侵略越南的野心，虽日趋日亟，但是战败后法国属地的处置问题，既非完全由法国作主，而与德国也有关系。那么日本要想夺取越南，不但只要威胁法国，且还要得到德国的谅解。况现在英国既未败，美国尚未放弃其原来的远东政策，日本要想占据越南，却不是一件很简单的事情。

在这种情形之下，日本侵略安南的步骤，又不外是利用安南土人与暹罗去推翻法国在安南的势力，近来越南各处的反法情绪的高涨，与日本驻越代表之到顺化，游说安南皇帝，均是日本煽动安南人的明证。我们要指出：在这个情势之下，暹罗去帮忙日本侵略越南，是一种引虎入室的行为，暹罗应该明白，越南之于暹罗是"辅车相依"，假使越南落在日本的手里，暹罗绝不能高枕而卧。暹罗是日本侵略马来半岛与缅甸印度的必经之道，暹罗在过去所以能成为一个自由独立的国家，完全靠着英法的保护。日本对于英法若无所顾忌，那么日本对于暹罗自然当作刀上肉。所以为暹罗计，暹罗应当改变其对越南与对中国的敌对行动，赶快的联合起来，驱除东亚的公敌，维持东亚的和平。

泰越冲突与泰国危机

泰越冲突，据近日报章所载，很为严重。我们从泰国的本身，以及其与各方面的关系来看，这种冲突在表面上，虽是对于越南很为不利，然事实上，却是泰国的最大的危机。我们愿意把这种危机，略为解释，希望泰国的当局，能够深切的反省。

我们知道，这次泰越冲突的祸首是泰国，泰国之所以要这样的做，是藉口于收复失地。所谓收复失地，就是一八六七年泰国承认为法国保护国的柬埔寨，与一八九三年割与法国的柬埔寨属的巴丹孟与安谷尔两省，以及属于泰国的老挝。其实，老挝在不久以前，并非泰国的土地，柬埔寨在历史上，曾征服过泰国，目下所统治的大部分的土地，直到现在，不但属于法国的老挝的人民希望得到自由独立的机会，就是属于暹罗的老挝的广大地方的一般人民，也并不满意于泰国的压迫，只要他们有了机会，他们必定脱离泰国而建立一个独立的国家。所以泰国要收复所谓历史上的藩属的老挝，不但法国人不愿意，就是老挝人也未必愿意。因为在历史上老挝固曾做过泰国的属国，但是历史上老挝也是一个独立的国家。老挝人固未必愿意受法国的统治，老挝人也未必愿意受泰国的统治。

老挝人固未必愿意受治于泰国，柬埔寨人更不愿意受治于泰国。柬埔寨在历史上，不只是一个独立的国家，而且是一个强盛的国家，泰国现在所统治的地方，大部分曾为柬埔寨的属地；泰国现有的文化，很多方面也是柬埔寨的文化；柬埔寨人在目下虽受治于法泰两国之下，然他们绝不曾忘记了他们历史上的光荣。所以正像老挝人一样，他们固未必愿意受法国的统治，更未必愿意受泰国的统治。

收复失地这个口号，在历史上既没有什么意义，在现在的老挝人与柬埔寨人的心目中，又是一种侮辱。就使法国人愿意放弃这些地方，老挝人与柬埔寨人决不会低首下心去做泰国的奴隶。所以泰越的冲突，不只是泰国与法国的冲突，而也是泰国与老挝、与柬埔寨的冲突，假使这个冲突，愈趋严重，结果恐怕还要引起泰国本部的老挝人与柬埔寨人的强烈的民族意识，使泰国内部也发生民族的斗争，这是泰国当局所应深切反省的第一点。

老挝与柬埔寨之于安南，在历史上，虽是各自为政，然目前两者隶属法国以后，安南人的势力已逐渐的扩张到这两个地方，政府中的好多人员，邮政局、电报局、医生、律师，以及工商各界很多都是安南人。安南人对于法国虽没有好感，可是法国统治老挝与柬埔寨，则安南人的势力在这些地方只有增加，不会减少，假使这些地方被泰国所占据，则安南人的势力不但只会减少，而且必至消灭，这是安南人所不能容忍的。目前许多安南人是受了日本的指使，而藉口革命运动，以推倒法国的势力。日本一方面煽动泰国去推倒法国在老挝与柬埔寨的势力；一方面又引诱安南人去推翻法国在安南本部的势力，目的无非是欲避免自己直接与法越冲突，而使他们争斗，以收渔人之利。安南人固是受人愚弄，泰国更是受人愚弄。因为泰国想要占据老挝与柬埔寨，不只是像我们上面所说必遭法国老挝与柬埔寨的抵抗，而且引起安南人的仇恨，所以，就使泰国能够占据老挝与柬埔寨，泰越冲突的严重性，并不因之而减少，这又是泰国当局所应深切反省的第二点。

日本为什么要帮助泰国与安南人去推倒法国人在越的势力呢？我们可以说，直接是要统治整个越南；间接是要征服南洋各处，而尤其是英国在南洋的属地。消灭英国在南洋的势力，是等于统治整个南洋。但是日本要想威胁英国在南洋的属地，最简便的办法是假道泰国，因为假道泰国，不但可以威胁英属马来半岛，而且易于进攻英属缅甸与印度。假使安南被日本统治，泰国本身就受日本威胁，泰国力量有限，而要借日本的势力，才敢进攻欧战战败后的法属越南，那么泰国自己没有力量去抵抗日本，是一件很显明的事。而况日本对于占据泰国的野心已早暴露，日本当局曾经宣布：泰国是南洋最肥美的国家，而且是大有待于开辟的地方。他们又很明白的说："南进政策是包括泰国在内。"泰国当局未尝不明白日本的真意，不过在法国未败之前，泰国一方面，既可利用英法的属地，以为日本侵略泰国的屏障；一方面，又可利用日本的军备，以增加其势力。现在法国已经战败，越南受了日本包围，泰国这种双方讨便宜的政策，苟不改变，则危机正在目前。又况在英国未被德国征服之前，美国正用力去帮忙英国的时候，不但泰国不能欺负英国，日本也不敢随便下手。泰国受了日本指使去征服老挝与柬埔寨，不只是引狼入室，而且引起英美的恶感。英国与泰国在历史上，虽有过多少的纠纷，然泰国之所以成为南洋的唯一自由与独立国家，得英国的帮助最大。现在泰国不与英国为友而与英国的敌人为友，英国岂能包容？这又是泰国的当局，所应深切反省的第三点。

泰国人口总数约有一千多万，而泰族人口至多只有三分之一。泰族的人口既很少，而一般普通人民的性格又因气候与他种原因的关系，偏于怠惰，同时又受了长期的佛教的消极思想的影响，少有振作的意志，征服领袖与少数青年，无论怎样提倡大泰主义，与呐喊收复失地，一般民众对于政府这种侵略政策，很少发生兴趣，以三百多万的泰族的人口来计算，除了老少妇女之外，全泰族总动员至多不过五十万人。而这五十万人中，做和尚者不知多少，反侵略者又不知多少，加以百余年来得了英法两国给泰国当为缓冲地带，全国上下惯于安闲的生活，没有作战的经验，近数年来国内数次革命，除了人民听惯了数响枪声以外，并没有什么流血屠杀的现象。近来泰国当局受了日本的煽动，虽是极力购买飞机，增加战舰与训练军队，然而兵士们对于郑昭抵抗缅甸的精神，早已忘记。同时对于新式军火的使用的智识，既很缺乏；对于现代战争的经验，又完全没有。以这样的人民，与这种的士兵，去作消极的抵抗，恐怕还谈不上要想去作积极的侵略，其结果可想而知。而况法国虽败于劲强的德国，未必就甘心屈服于泰国。其实数十年来，法国对于泰越边境就很注意，而尤其法国战败以后，对于这些边地的军事准备，与防空工作，至为积极。三个月前，我在柬埔寨各处住了数周，就感觉好像置身于战时的环境之中。这可以说是表示越南的法国当局的抵抗的决心。泰国受人指使，甘为祸首，未必就能胜利，若是败了，固是自杀政策；就是胜了，也不过是引狼入室，终于灭亡。这又是泰国当局所应深切反省的第四点。

总而言之，泰越冲突，实际上对于泰国最为不利。其实日本对于星加坡既不敢直接进攻，日本对于英国的南洋属地，能否占据，很成问题。然而日本若统治了安南，无疑的是攫取泰国的先声。说不定日本要借假道的名义，而达其占据泰国的目的，这么一来，泰国亲日本而反抗英法美，那是最愚蠢不过的政策。近日来报章宣传泰国与英美有合作的可能，而泰国外交顾问也有泰越冲突会使日本坐收渔利的表示。我们希望泰国当局赶快觉悟，共驱东亚的公敌。这不只是东亚的幸福，也是世界的幸福。

关于暹罗华化问题

岑家梧

国人对于暹罗问题的特别注意,可说是始于一九三六年六月暹罗当局改国号为汰之后,因为暹罗的改号,实有着煽动吾国境内少数民族的阴谋,所以学术界对于这个问题,曾有种种讨论。可是陈序经先生在五六年前,对暹罗早已有了深刻的认识。二十一年至二十五年间,他几次从暹罗考察归来,看见了暹罗社会文化的进步,同时又看见暹罗排华思潮的澎湃,二十六年便在《独立评论》发表《进步的暹罗》一文,唤起国人的注意。他说:"国人对于暹罗,大概以为一来是一个蕞尔小国,二来是我们过去的藩属,三来没有什么特殊的优高与固有的文化,所以从来不但很少注意,而且很为蔑视。近数年来,因为暹罗发生了好几次革命与排华运动,国人对之虽稍加注意,可是蔑视的心理,好像并不减少。连了好多住在暹罗的华侨也存这种观念……其实东亚的独立国家,除了中国与日本外,只有暹罗,现在我们看不起我们的南邻,正与从前看不起我们的东邻一样。可是我们不要忘记,我们的南邻的野心未必减于我们的东邻,暹罗人近来常常说:'唐代的南诏是他们的故国,中国的南部是他们的故乡。'他们既是被迫而南迁,他们也许待机而北迁。暹罗第七世皇又对过华侨说:'华暹血统关系很深,即我个人也含有华人血统,故在暹罗华侨就是暹人,当忠爱暹罗。'暹罗全国人口只有一千万左右,而华侨已有三百至五百万,暹王这些话,决非无的之矢。"(二三五期十一页)他在那篇文章的结尾,曾提出两句话说:"从前俾士麦与黄公度曾劝我们注意我们的东邻,我愿国人今后不要蔑视我们的南邻。"这两句话,现在却成为切合时弊之言,陈氏实有先见之明。

继那篇文章之后,陈氏又尽力搜集暹罗华化的材料,撰成《暹罗华化考》一文,前后在《东方杂志》卅五卷二十至廿一期发表。他写这篇文章的目的,是欲使中暹人士明了暹罗过去曾受中国文化的影响,暹罗现在应该感觉到排华政策的错误,而谋中暹两国的亲善。最近许云樵先生发表了《读〈暹罗华化考〉》一文,(《东方杂志》卅七卷四期),对陈氏的文章,说其"差之毫厘,失之千里",说其为"匪夷所思"。这未免太不了解陈氏研究暹罗的初衷了。

许文中开头便说:"尚有不少重要的史料陈先生未曾见到,尤其是近代学者的史地考证。"又说:"在今日我们应当利用新的史料。"可惜许氏所说"新的史料",除了介绍他自己所作《〈明史·暹罗传〉考释》,《暹罗古国考》之外,只有《北方纪年》《南掌纪年》《庸那迦纪年》等的书名。关于许氏所作,据说是发表于廿八年的《暹罗华侨日报·星期刊》,陈氏的《暹罗华化考》则发表于廿六年,且据我所知,该稿乃成于廿四年间,要责陈氏没有看到这些新的史料,殊为不当。至于陈氏研究暹罗问题,是不是没有利用新的史料?据我所知,陈氏在《暹罗华化考》一文之后,在昆明出版的《今日评论》《新动向》,重庆出版的《新经济》《外交研究》等杂志上,前后都发表过不少关于暹罗的文章。最近又写了一本《暹罗与中国》(在商务印书馆出版),于暹罗的人口,种族,历史,华侨,以及暹罗文化上的华化与欧化问题,都有精细的研究,都使用了丰富的新资料。而且陈氏对于各项资料,都经过一番精审的选择。在《暹罗与中国》一书中,第四章对于中外学者所著的暹罗史书如《暹罗——从古代到现代》《暹罗古代史》等,亦曾作过详细的批判。若说陈氏研究暹罗问题,缺乏史料的知识,更不确当。

在陈氏写《暹罗华化考》之前,国人对于暹罗华化的问题,确是少有作过系统的探讨。陈氏此文,推之为研究暹罗华化问题的开山作,当不为过。顾陈氏之意,他写此文时,凡是有关暹罗华化的材料,大致无问题的都拿来做分别叙述,以备后人作进一步的研究。所以他对于暹罗华化以外的问题,向持审慎的态度。例如对暹罗古代的民族还有疑问的地方,他往往爱用"假使"两个字做前提。他说:"《大明一统志》卷九十'暹罗国'条谓'暹罗乃汉赤眉种'。假使此说有所根据,那么赤眉本来就是中国人,而其文化也是完全是中国文化。""我们尚未有充分的证据去证明汰族并非唐时的南诏与汉代的哀牢之前,我们愿意暂时以哀牢为研究的起点。"许氏却以为"陈先生似乎很有心要把暹罗民族的来源,给我们一个明确的认识"。又说:陈氏"贸然将哀牢和南诏的接受中国文化引为暹罗华化之证"。则不会误会。汰族来源的问题相当复杂,的确还有待于将来的研究,许氏对于陈文却处处推敲,颇有吹毛求疵之嫌。

现在再就有关暹罗华化的问题,具体地提供一点意见,藉向许陈二氏商榷。

第一:关于暹罗两字的范围。许氏认为"暹罗是一个国名,至多只能指入主暹罗的泰族"。许氏把暹罗二字解释为汰族的暹罗,他便认为研究暹罗的文化,应当只以暹罗泰族的文化为限。我们知道:暹罗是一个多民族的国家,汰人之外,尚有老挝人,马来人,柬埔寨人,派其由人,加林人,蒙人,香人,以及三百余万的华侨。暹罗的领土,在历史上也经过无数次的变更。所以我们应该说凡是历史上关于暹罗的地方及民族,这些历史文化都是研究暹罗历史文化的对象,既不只限于汰族,抑且不限于现在地理上的暹罗。这里让我作一个显浅的比喻,中国古代的民族有华夏系,荆吴系,百越系,现在中国境内汉族之外又有苗,傜,黎,罗罗,藏人等族,我们中华民族的历史文化,可不可以只以古代华夏系的历史为历史，只以现在汉族的文化为文化？广东在汉前似少有汉族的足迹，我们研究中国历史，是不是亦可把广东摈于历史之外？这当然都是不可以的，所以许氏以为"陈氏将暹罗一名的涵义扩大得太广"，无宁说许氏把暹罗一名的涵义缩小得太狭。

　　由于许氏把暹罗二字的范围看得太狭，许氏反对陈氏的许多作为暹罗华化的佐证的民族等问题，都犯上了很大的错误。例如陈氏引《隋书》卷八十二《赤土传》所述赤土的风俗与暹罗人的风俗相同，而赤土又深受中国文化的影响，所以说赤土的华化可作为暹罗华化的佐证。这点许氏却表示异议，他的理由是赤土的风俗完全与暹罗人不同而与柬埔寨人相同；同时赤土的地望亦不在暹罗而在宋卡。关于前者，纵说赤土为柬埔寨人是对的，那么暹罗境内是不是曾有过柬埔寨人的足迹？难道在暹罗柬埔寨人文化就不是构成暹罗文化的一部份？关于后者，许氏的考证是否确实，姑且勿论，但若果赤土确当今之宋卡，宋卡也岂不是被过暹罗所征服而纳入暹罗的版图吗？这么一来，难道宋卡的历史文化，又岂不是构成暹罗历史文化的一部份？

　　第二：陈氏说："据暹罗及西洋方面的记载，汰族在元朝以前，已散居于暹罗各处，至元灭大理之后，汰族之南迁者更多，因此汰族在暹罗的势力，也因之大振。不过我们既知道《宋史》已有罗斛国的记载，又大理国虽为蒙古所亡，然段氏尚治其地，那么汰族这次是否多被迫南迁，同时暹罗的汰族王朝是否因为在大理的汰族南迁而增其势力，以建暹罗境内的汰族王朝，当然还是疑问。"陈氏对于哀牢南诏的接受中国文化引为暹罗华化的佐证，因有假设在前，已如上述。然他对于所谓元灭大理后的汰族南迁而建立暹罗汰族王朝一事，则保持着怀疑的态度。我们知道：陈氏所引的那段话，大概是出自王又申译达吗銮拉查奴帕亲王的《暹罗古代史》，该书所述汰族历史的牵强附会，是尽人都知的事实，上面的那一段话尤为无稽。因为元灭大理是在佛历一七九七年（西历一二五四），暹罗汰族在苏口胎（Sukhodaya）建立王朝为佛历一八〇〇年（一二五七），中间相距，只有三年之久，大理与苏口胎相距又数千里之遥，试问以前的交通那么困难，云南多数的汰族，怎能骤然与暹罗的汰族联合起来，驱逐柬埔寨人，建立新兴的国家？由是可见达氏之说，不是荒谬无稽，便是别有用意。许氏却不同意这种看法。他说："若说大理虽为蒙古所灭，段氏尚统治其地，因疑泰族不致被迫南迁，那么现今北平，南京等处都有傀儡组织，难道我们便能说：人民并没有向后方疏散吗？所谓南迁并不是说：跑得一个都不留，要不然何以我国西南现在还有数百万的泰族散居各地呢？"元代云南汰族是否为"段氏所迫"，是否"南迁"，都还有待异日的考证，可是今日我们向后方疏散则确为"被迫"；而今日我们的交通工具有汽车，火车，飞机，较之元代进步了千百倍，我们的同胞三年内疏散到后方来的只有很少的一部份呢？

第三：关于郑昭被逐的事实，陈氏据《暹罗——从古代到现代》一书说：郑昭于一七八二年被迫退位的原因有三，即"第一因为他是一位外国人，第二他多用他的亲戚作政府高级官吏，第三他个人的习惯不好，所以暹罗人才不欣喜他"。接着陈氏便说："我们以为假使这些原因就是郑昭被逐的真正原因，那么郑昭大概是因为太过主张华化而致被逐吧！"陈先生对于暹罗人所说的三个原因，固然没有盲目的相信，而暂以假定做前提。但陈氏这种推想是很自然而合理的，因为郑昭原是一位华侨，让我举出许氏所译的《暹罗王郑昭传》来证明。该书第三章关于郑昭的身世的记述是："佛爷诞生于佛历二二七七年（清雍正十二年，西历一七三四年），岁次甲寅，为赌捐税吏中国海丰人之子也。"竹叶本的《暹罗国史》亦云："其时（雍正年间），大城中有华人名郑镛者，中国海丰人，爵居坤佛为摊主，娶妻洛央，生一子，名信，即皇也。"信即郑昭的原名。这都证明了郑昭原是一个中国人。郑昭既是中国人，若果暹罗人说他是外国人，当然就是指中国了，而所谓暹罗人不欢喜他的不良习惯，当然亦是指中国人的习惯。何况郑昭治国时，暹罗各方面的华化之深，又是事实。陈氏以此为暹罗华化的材料，我们原不能有所非难。许氏却说："郑昭有否不良习惯，姑且不问，硬说不良习惯为华化，正有些匪夷所思，至于因太过华化而被逐，更是陈先生的独创之见，我们在暹籍中也未见到过一丝痕迹。"这几句话，对于郑昭华化的史实，故不能推翻。同时，郑昭是不是有不良习惯，我们也不愿追究，但暹罗人确以此为威迫郑昭退位的藉口，今日暹罗排华思想，不特可以说是从那个时候开始，而且也可说是暹罗反对华化提倡暹化的开端。

第四：罗斛国与暹国合并的问题。暹与罗斛，原为两个国家，后来暹为罗斛所并合为一国而称为暹罗。陈氏据《明史·外国传》有赐"暹罗国王之印"一条，又据汪大渊《岛夷志略》"暹罗国"条云："至正乙丑（一三四九）暹国降于罗斛。"便决定："就使暹罗这个国号并非始自洪武，那么暹国与罗斛合为一国而谓为暹罗，也当在一三四九以后。"许氏对此似又不同意。他的意见是暹罗二字的连用，当在十四世纪以前，因为周达观的《真腊风土记》中已载有暹罗之名。这里我不想征引其他的史料以说明，我们只要细心一读许氏的原文，便可立即指出他的错误。许氏说："我以为暹初强于罗斛，故两国并举时，每作暹罗，故两国合并以前，十三世纪末年周达观《真腊风土记》已有暹罗之名。"查周达观原文为"西南距暹罗半月程"。许氏既明明说"十三世纪末年周达观《真腊风土记》已有暹罗之名"是在"两国合并以前"，则周达观所记的"暹罗"，显然是指暹与罗斛两个国家。我们应该读周达观的原文为"西南距暹、罗半月程"，其时两国尚未合并。然则暹被罗斛合并而称为暹罗的时间，最早不能在汪大渊所记的之前。可见陈氏的考证当为可信，许氏是无法推翻的。

此外，许氏对于陈文尚有许多误会的地方，顺便也一提。

关于暹罗语言华化的问题，许氏先从中暹语言上分别"语词的不同""语法的不同"，以及"语调的不同"，接着便说："以上三端，不过举例，并非说中暹语言的异点，仅此三端，但这一些举例，已足够使我们明了中暹语言确是两种语言，不过当出于同一母语，其形态相似，并非受中国语言的影响，若说外来影响，梵语和摩揭陀语还远胜中国语七八十倍呢！说暹语'以中国语为根本'，是不懂得语言学者的武断。"许氏说中暹语言是两种语言是对的，但陈氏也并没有说暹语"以中国语为根本"。陈氏原文说："暹罗文字虽属印度系，然皆属单音，而且深受中国语言的影响。因为有了好多食物，直到现在，还是用中国话，所以有些人说：暹罗语言是以中国语言为根本，而运用印度的语言为记载事物的符号。丘斌存先生在《暹罗的国情》一文，以为暹罗的语言，十之七是中国话，这也许未免言之稍过，不过在暹罗人的说话中，中国话的成份是不少的。"陈氏既说的暹语"以中国语为根本"是"有些人说"的，接下来对于"有些人说"的那句话，又驳之为"言之稍过"，可见陈氏不会认为暹罗语以中国语为根本，而只是认为暹罗语是"深受中国语的影响"。那是很显明的。我们相信许氏也决不会否认暹罗语中含有中国语的成份罢。

关于暹罗学生留学中国的问题，许氏亦有误会的地方。陈氏的原意是说："近来暹罗政府派留学生到中国广东，北平各处求学，主要目的，也许为明了中国国内与在暹华侨的情况，然而无形中，这些留学生受了中国文化不少的影响。比方有一位曾在北平留学而现在在教育部作事的青年，无论在个人的行为思想，或从其家庭的状况来看，都受了中国文化的影响。"但许氏偏说"陈先生以暹罗学生留学中国为荣"，又说："对于陈先生的乐观论调，却起了一层怀疑。"陈氏只是指出直到现在，中国文化对于暹罗的青年，还有不少的影响。而事实上受中国文化影响的暹罗人，并不就保其无排华思想，也不能保其对中国不怀恶意。日本不是受中国文化的影响极深的吗？他们却变为我们的敌人。这是很显浅的例子。由此足见陈氏说那些话时，绝对没有含有"乐观的论调"。而许氏"加以补充"的话，更加曲解陈氏的原意了。

帝国主义者统治下的东南亚

目 录

星岛 ……………………………………………………… 191

曼谷 ……………………………………………………… 210

河内 ……………………………………………………… 229

清迈 ……………………………………………………… 238

喷吥 ……………………………………………………… 241

马城 ……………………………………………………… 246

金边 ……………………………………………………… 248

河仙 ……………………………………………………… 258

橡胶 ……………………………………………………… 268

椰子 ……………………………………………………… 272

星　岛

　　从东南亚的交通与经济方面来看，在历史上有了几个地方占了很重要的地位。其一为顿逊，其次为三佛齐，其三为马六甲，其四为新嘉坡。顿逊的历史约从公元前一二世纪至公元后五六世纪；三佛齐的历史约从公元七八世纪至公元十二十三世纪；马六甲的历史是从公元十五世纪初年至十六十七世纪；新嘉坡的历史是从十九〈世纪〉初年至二十世纪。

　　在上面所说的几个地方，每一个地方在其时代中都可以说是在东南亚——或者也可以说世界的东西交通上、贸易上或是经济上的最重要的地方——是交通的要冲，是贸易或经济的中心。

　　古代的顿逊据《梁书》卷五十四《扶南传》说：

> 顿逊国在海崎上，地方千里，城去海十里。有五王，并羁属扶南。顿逊之东界通交州，其西接天竺、安息徼外诸国，往还交易。所以然者，顿逊回入海中千余里，涨海无崖岸，船舶未曾得通也。其市东西交会，日有万余人。珍物宝货，无所不有。

　　顿逊是位在现在的马来北部，属于暹罗的部分。其地约在克拉 Kra 地带的南北，东边为暹罗湾，西边为孟加剌湾。古代船舶不大，航海技术还未很发达，多沿海岸而从。故从中国或交州船舶之到孟加剌湾者，多沿越南半岛海岸而到暹罗湾，到了顿逊要走一段不很长的陆道而抵孟加剌湾，再从这里而到印度沿岸或更西的安息等处。上段话里所说"涨海无崖岸，船舶未曾得通也"，所谓涨海应当是现在的中国南海，从当时来看，中国南海是无涯岸。因为从交州沿越南半岛海岸渡过暹罗湾而到马来半岛的东南岸，再从这里绕马来半岛的西岸或是经巽他海峡而沿苏门答腊的东岸，不只涨海无涯岸，而且路程太远，又加以像《汉书·地理志》所说风波盗贼都很危险，所以不及取道于顿逊。

　　到了六七世纪的时候，扶南逐渐衰亡，顿逊在以往在交通上与在经济上的地位也逐渐式微。因为到了这个时候，极大的船舶建造起来，航海的技术也进步了，船舶可以绕马六甲海峡或是有时还可以绕巽他海峡而行驶。而且在苏门答腊的东南岸的三佛齐勃兴起来，三佛齐的海军可以肃清海峡的海盗，这样三佛齐遂成为这个地区的交通要冲、贸易或经济的中心。宋代的周去非在其《岭外代答》卷二"海外诸藩〔蕃〕国"条说：

> 诸藩〔蕃〕国大抵海为界限，各为方隅而立国。国有物宜，各从都会以阜通。正南诸国，三佛齐其都会也。

在同卷"三佛齐国"条说：

> 三佛齐国，在南海之中，诸藩〔蕃〕水道之要冲也。东自阇婆诸国，西自大食、故临诸国，无不由其境而入中国者。

这说明了三佛齐在当时的重要。十四世纪以后，三佛齐逐渐衰微。从十五世纪的初年到十六世纪，马六甲崛起于马来半岛的西南，这是在马六甲的海峡中，马六甲又成为这个地区的交通要道与经济中心。据《马来纪年》告诉我们：

> 这时马六甲正是一个繁荣的国家，是商贾常到的地方。从滴流（Ayer Leleh）到麻坡（Muar）是一连不断的市场，又如吉宁城，今马六甲北七八哩，进入毕着那（Penaja）湾一般，建筑物连续不断成一长列，如有人摇船往阇伽罗（Jagra）不必举火，因为到处都有人家。

这个时候的马六甲的港口有了来自世界各国的舶〔船〕舶，各国人民之到这个地方的也很多，有人说这里的人们所说的方言，有八十四种之多。

西方的殖民主义者的葡萄牙于一五一一年侵占马六甲之后的一个时期，马六甲还居了重要的地位，可是在西方殖民主义者互相争夺（起初是荷葡，后来是英荷）之下，不只马六甲帝国被了灭亡，马六甲的市场——城市也被了破坏。

十九世纪初年以后，新嘉坡成为这个地区的交通要冲与经济中心。假使周去非所说的三佛齐是当时诸国的都会，不是政治上的都会，而是贸易或经济的都会，那么新嘉坡也可以说称为这种都会了。

有的历史家指出扶南衰亡之后，其王室山帝之后逃到爪哇，后来又到三佛齐而王其国。还有人指出在十四世纪的末年，三佛齐山帝的后裔曾到新嘉坡，统治其地。假使这种看法没有错误，那么东南亚的海权国主要都是山帝的〔的〕王室了。

新嘉坡之成为东南亚以至欧洲与亚洲的交通要冲，虽是百多年来的事情，但是新嘉坡的历史并不始于十九世纪的初年。有人以为唐时义净所说的莫呵信就是指新嘉坡，关于这一点我们还难相信，但在唐代这个地方已为南海与印度洋的船舶来往所经过的地方似无可疑，《新唐书·地理志》后附有贾耽所记入四夷的道路有七条，其第七道中说：

> 广州东南海行……至奔陀浪州。又两日，行到军突弄山。又五日行至海硖，蕃人谓之质，南北百里，北岸则罗越国，南岸则佛逝国。

这个海峡无疑的是指着现在的马六甲海峡，北岸的罗越是在现在的马来亚柔佛一带，而南岸的佛逝是在现在的苏门答腊岛海峡。"蕃人谓之质"，"质"就是马来语 Selat 的对音的省称。Selat 华侨称为石叻，现在的华侨还称新嘉坡为石叻，有时也称为叻埠或简称为叻。唐人译海峡取其首一音而叫做"质"，"质"就是石的对音，也就是 sel 的对音。新嘉坡位在马来半岛的南端，也是经过马六甲海峡的船舶之到马来半岛东岸以至越南半岛与中国所必经的地方，也就是这个海峡的北岸的尽头或是起头。海峡称为"质"，这个海峡的起头或尽头也就名为"质"，一到这个地方人们就说到了海峡或"质"。新嘉坡既就在这个海峡的起头或尽头，新嘉坡就被称为石叻，或简称为"质"，或为叻了。因此，海峡固是指着马六甲海峡，也可当为新嘉坡的名称，这也说明了新嘉坡在这个海峡中所处的地位的重要性。阿拉伯人伊本·哥打斯贝（Ibn Khordadzbeh）于公元八四四至八四八年间述到吉打（Kilah 或 Kedah）之后曾提到质叻或石叻，可见得石叻这个名称不知〔只〕唐代的中国人已认识了，在当时的阿拉伯人也知了。在唐代，阿拉伯的船舶之到中国者很多，阿拉伯人之到或住在中国者也很多，他们来往于阿剌伯与中国，必定经过这个海峡，同时也必经过新嘉坡这个岛屿，也可能往往在〈这〉个岛的港口停泊，所以新嘉坡的历史不只早于十九世纪的初年，简直可以追溯到唐代。这个地方应该是唐代罗越的领土，也应该是罗越的港口。罗越是猛族所建立的国家，猛人有悠久的历史，有较高的文化，而且又是著名的航海者。顿逊是他们所建立的国家，后来的盘盘、凌牙修、赤土等国也是他们所建立的国家。这些国家，而尤其是顿逊，是东西交通与贸易的要冲。罗越的猛人统治了现在的柔佛或是马来半岛的南部，对于这个海峡的起头或尽头的新嘉坡，不可能不利用，以为海道交通与贸易的港口。

新嘉坡这个名称的来原是与新嘉坡的历史分不开的。新嘉坡的意义是狮城，原出梵文 Singhapura，Singha 意为狮，而 Pura 是城的意义。为什么这个地方称为新嘉坡，《马来纪年》（*Sejarah Melayu*）作了解释：

> 圣尼罗优多摩（Sang Nila Utama）……到了丹戎盘盘（Tanjung Bemban，译者注：即今 Pulau Bantang），他们（按，包括他的妻子们）便登陆，在沙滩上休憩，在礁岩上采海花消遣……圣尼罗优多摩则和男子们去狩猎，获得很多。有一头鹿跑过尼罗优多摩的面前，他便抛枪刺中它的背，它还是要逃，他便赶上去将它刺死。这时他跑上一块高耸庞大的岩石，向对岸远眺，只见沙滩雪白如棉。他便问这是什么沙滩。因陀罗部波罗启禀，那是广大的淡马锡（Tamasek）国的沙滩。王立刻便想到那里去看看，大臣们全都赞成，马上上了船……船……进湾了……水手们将它拉上了海滩。圣尼罗优多摩便率众登陆，就在淡马锡河口的平原上游戏。
>
> 在那里，他们看见一只野兽，奔驰甚疾，极为俊美。它的身体赤色，头是黑的，胸是白的，十分敏捷强壮有力，比一头公山羊略大些。当它瞧见了人，它便转身向内地跑去，消逝了。圣尼罗优多摩便问那是什么野兽，可没有一个人能回答他。等到他去问陀曼黎答耽，他才告诉他，据古代史籍内所载的狮子（Singha）倒是这样子的。这是块吉地，有这样一头威武的野兽。

于是圣尼罗优多摩便命因陀罗部多〈波〉罗去通知他的岳母，说他不回去了，如果她疼爱他的话，请她遣送些人民、象、马来，帮助他建立一个殖民地在淡马锡国家里。因陀罗部波罗便奉命到廖内去，将一切情形，报告波罗蜜苏利斯干陀沙和，圣尼罗优多摩所决定的主意。王后道："好呵！我的孩儿喜欢住在那里，我决不反对他。"她便遣派数不清的人民和象马去，圣尼罗优多摩便得在淡马锡建国，称它为信诃补罗（Singhapura）。登位统治，跋便便给他上尊号称室利帝利槃那（Sri Tribuana，吉祥三界王）。他统治信诃补罗很久，生有两个儿子，都很俊秀……信诃补罗是一个大国，从各方来的商贾不可胜数。它的口岸，人口极为稠。

据说圣尼罗优多摩是苏门答腊的巴林冯（Palembang）国的王子，这位王子抵达新嘉坡的时候是系在一一六〇年，《马来纪年》中所载的好多事情不只在时间有了很多错误，而且往往荒谬无稽。这里所说的新嘉坡的名称的来原以及其建国的历史是否可靠也是一个问题，但这里所说的淡马锡这个名称却见于元汪大渊所著的《岛夷志略》一书的"暹国"条，说：

近年以七十余艘来侵单马锡，攻打城池，一月不下。本处闭关而守，不敢与争。遇爪哇使臣经过，暹人闻知乃遁，遂掠昔里而归。

藤田丰八《岛夷志略注》谓昔里为 selat 的对音，而位〔谓〕昔里于现在的柔佛（Johore）。又《岛夷志略》"龙牙门"条说：

门以单马锡番两山相交，若龙牙门，中有水道以间之。

所谓番者是现在的 Pulau Blakang Mati，龙牙门应该是宋赵汝适《诸蕃志》中所说的凌牙门，《诸蕃志》卷上"三佛齐"条中告诉我们道：

三佛齐，间于真腊、阇婆之间，管州十〈有〉五。在泉之正南，冬月顺风，月余方至凌牙门。经商三分之一始入其国。（按最后一句有脱文）

然则这个地方在宋元时代，已是一个交通要道是可无疑了。

《马来纪年》的著者用了不少的篇幅去叙述新嘉坡的历史情况，最后叙述其王罗阇斯干陀沙（Raja Secander Shah）因为听了其他嫔妃控告而残忍的杀死了一位盘陀诃利（bandahari）名圣阑殊那多波（Sang Ranjuna Tapa）的女儿，这也就是他的一个妃，引起圣阑殊那多波的怀恨，乃引满者伯夷侵略新嘉坡。《马来纪年》说：

到底信诃补罗打败了，罗阇斯干陀沙只身逃到麻埠（Muar）。靠全能的神的权能，圣阑殊那多波的家室毁灭了，柱子都倒转，地基成为稻田，他夫妇竟化为石头，至今还在信诃补罗城濠之畔。爪哇人在信诃补罗全胜之后，便奏凯回满者伯夷去。

据说这位罗阇斯干陀沙到达麻埠之后,不久又跑到现在的马六甲这个地方建立国家,这就是上面所说的马六甲王朝。

《马来纪年》所说的信诃补罗的兴亡史迹有了很多很难使我们置信,但是在十四世纪的时候有过满者伯夷人的足迹,应该是史实。近代人们在新嘉坡河口曾发现一块属于十四世纪的满者伯夷字体的碑铭,可惜这块碑铭为新嘉坡的工务局裂为碎片,这些碎片还存于新嘉坡博物院(名莱佛士博物院 Raffles Museum)。此后又在打波山康宁堡(Cunning Fort)的一棵树根下发现了满者伯夷的金镯与其他金饰物。

明代初年随着郑和到东南亚的费信在其《星槎胜览后集》"龙牙门"条说:

> (龙牙门)在三佛齐之西北也。山门相对,若龙牙状,中通过船。山涂田瘠,米谷甚厚(按:应作薄,《岛夷志略》说稻少)。气候常热,四五月淫雨。男女椎髻,穿短衫,围稍布。掳掠为豪,遇有番船,则驾小船百只,迎敌数日。若得顺风,侥幸而脱,否则被其截,财被所劫。泛海之客,宜当谨防。

明代万历年间张燮在其《东西洋考》卷九"西洋针路""地盘山"条说到龙牙门,有的本作龙雅门。张燮在其注解中除引费信上面一些话外,又说:

> 今人夜舶不敢行,以其多盗,且南有凉伞礁也。中打水三十托、北二十托、南八九托,又过淡马锡门。

淡马锡也作单马锡,清谢清高在其《海录》卷上称为"旧柔佛",该条记:

> 旧柔佛,在邦项之后,陆路约四五日可到。疆域亦数百里。土番为"无来由"种类,本柔佛故都,后徙去,故名旧柔佛。嘉庆年间,嘆咭利于此辟展土地,招集各国商民,在此贸易耕种,而薄其赋税,以其为东西南北海道四达之区也。数年以来,商贾云集,舟船辐辏,楼阁连亘,车马载道,遂为胜地矣。番人称其地为息辣,闽粤人谓之新州府。土产:胡椒、槟榔膏、沙藤、紫菜。槟榔膏即甘沥,可入药。

按,英人占领新嘉坡是一八一九年,而清高之死似是在一八二一年,这里所记新嘉坡事[在]还晚于清高之死,但我们也得指出清高是口述此书,可能所说一八廿一年以后的事情乃笔受者所增加也。又,这里所说的"息辣",就是"石叻",也就是"selat"的对音。新嘉坡是一个岛屿,位在柔佛之南,隔以海峡,宽约四分之三英里。新嘉坡称为旧柔佛且为过去柔佛的旧都,也说明了这个地方的重要性。现在的柔佛都城就在新嘉坡对面的柔佛或马来亚半岛的最南端,一过海峡就是柔佛都会,也称柔佛新州(Johore Bahm)。

新嘉坡称为"新州府",可能是新嘉坡的简称,但更可能的是在一八一九年英人开辟这个地方时在马六甲海峡以至马来半岛与苏门答腊等处来说，是一个新开的州府或地方，故称为"新州"或"新州府"。

新嘉坡又称"星洲"或"星岛"，"星"与"新"音近。据说约五十年前，新嘉坡的邱菽园创办《天南新坡〔报〕》时，与友人作诗唱和，因而用比较生动的"星"字押韵，于是用者日众，故称"星洲"，以其为岛，又称"星岛"。

《海录》已说到新嘉坡或旧柔佛为英人所占。英人占领这个地方是在一八一九年，占领之后很快的就发达起来，成为东西交通的要冲，成为东南亚的"都会"——贸易、经济的中心。虽然过去的新嘉坡也有其悠久的历史，有其繁荣的时代，可是其重要性是在最近的一百多年来最为显著。这是与其在地理上的优越地位以及在近代历史的发展上是分不开的。

新嘉坡位在马来半岛的南端，是一个岛屿，与对岸的柔佛但隔一衣带水，宽约四分之三英里，后来曾筑了一条长堤贯通两岸，汽车、火车可以通过，所以水陆交通均极方便，从新嘉坡，人们可以乘火车到暹罗以至柬埔寨等处。

新嘉坡居于热带，距赤道约九十哩。虽有高温，但四面环海，海风时吹，雨量又多，并不很热。一天之中除中午十二时至三时稍感炎热，早夜晚间均较清凉。全岛东西长二十六哩或约三十五公里，南北宽为十四哩，面积二百十七方哩，中部地势较山之最高者为武吉西妈（Bukit Timah）或锡山，高五百二十呎。南北都有河流，而以中部的山为分水岭，其重要者为新嘉〈坡〉河、梧槽 Rochor 河与加垅 Kallang 河，三者皆南流而入海。虽然河短而浅，但驳船、小艇可以畅行无阻。新嘉坡的市区就在这三条河的下游，对于驳发运货物有其所用，在新嘉坡的附近又有好多岛屿。

新嘉坡这个岛虽然不大，但有了很好的港口。港水很深，可以容纳很大的轮船，后来在港口又建有防风的石堤，故船舶之停泊于港内者，虽有大风浪，也极为安全。港里码头长约两英里或约三公里，同时可以停泊好多轮船，大轮船多停泊于丹戎巴葛码头（Tanjong Pagar）。岛的北面在第二次世界大战之前还建筑军港，据说耗费二百七十余万磅，费时七年，完全于一九三五年，是当时英国在远东的最大的海军根据地。第二次世界大战的时候，日本从马来半岛南下攻破军港，说明这个海军根据地并非英国人所预料的那么坚固。战后这个军港作用已不很大，据说他们在澳大利亚另建军港。

从自然环境来看，东南亚的港口不可胜数，可是最好的港口恐怕要算新嘉坡的港口，这不只是因为这个港口本身好，有了优越的自然条件，而且因为这个港口在东南亚所处的地位极为重要。

我们知道凡船舶之绕非洲好望角或从印度洋而到中国南海的必定经过二个海峡之一个，一为巽他海峡，一为马六甲海峡。前者位在爪哇的西边与苏门答腊的东边，其最狭的地方两岸距离为二十英里；后者位在苏门答腊与马来半岛之间，其最狭的地方两岸距离为四十英里。经巽他海峡者，经过爪哇西岸的拉本（Labuan）或者绕爪哇的西北角而到现在的爪哇的雅加达。拉本是一个较小的港湾，雅加达虽较大，但当为港口来说却远不如新嘉坡，而且船舶之从好望角或印度洋之到此，要绕苏门答腊的西边，若在雅加达而再往北走抵达新嘉坡就要走五百多哩。若从非洲的好望角经锡兰而走巽他海峡，这条路比之走马六甲海峡就要多走约千哩的海程，从锡兰经马六甲海峡而到新嘉坡的海程为一千五百七十七哩，从锡兰经巽他海峡而到新嘉坡的海程为二千三百六十六哩。巽他海峡在东南亚，在地位上既太偏于南，而又稍偏于东，所以凡是到马来半岛、苏门答腊、婆罗洲，尤其是婆罗洲的西岸以至菲律宾、越南半岛、暹罗湾与中国沿岸者，经过马六甲海峡途程较短得多。

这样看起来马六甲海峡在东西海道交通上所占的地位的重要是可想而知了。

在马六甲海峡，其最好的港口要算新嘉坡。我们知道古代的三佛齐的首都就是现在的苏门答腊的巴淋邦（Palembang）或是我国人所称的"巨港"，做为一个港口来说，自然条件或环境就没有新嘉坡那么好，而且这个港口也偏于东南，从这里到新嘉坡要走二百多海里。继三佛齐而勃兴的是马六甲，马六甲被葡萄牙于一五一一年占据之后，有一个时期又为荷兰所占据。欧洲殖民主义者占据之后，一来因为当地人民的反抗，二来因为他们只是掠夺财富物资而没有发展当地的意图，所以那个时候的马六甲已远不若马六甲帝国时代那么繁荣，而且当为一个港口来说，这个地方也远不若新嘉坡那么好。马六甲港口太过暴露，最大的缺点是港水不够深，过去帆船停泊问题不大，近代轮船稍大者就不能靠岸。加以数百年来港口日浅，更不适宜于近代的大轮船，所以马六甲的历史任务——海道交通上的任务，虽不能说是现在已完全没有，但主要的任务已成为陈迹。

此外在马六甲海峡中还有二个地方值得叙述的，一为槟榔屿（Penang），一为巴老湾（Balawan）。槟榔屿之被英人占据是在一七八六，虽然这是一个很为美丽的岛屿，同时数千吨的轮船也可以停泊，但比之新嘉坡相差得多，而且这个地方稍偏于东南亚的西边，其距离东南亚的好多重要港口城市也稍嫌太远。从这一点来看，巴老湾也有了这个缺点，巴老湾是在苏门答腊岛的东北部，是棉兰（Medan）的港口，来往欧洲的一些较大轮船虽也经过这个港口，但也没有新嘉〈坡〉的自然条件或环境那么好。

又如在历史上的吉打（Kedad），虽然在某个时期中也曾有过好多船舶往来经过，但在近代历史上作用不大。近年以来，马来亚政府曾努力去开辟靠近吉隆坡的巴生港口，希望成为一个国际交通的海港，但自然条件既很差于新嘉坡，而这种计划直到现在还是难于实现。

新嘉坡之所以成为十九世纪与二十世纪的东南亚的最重要的港口，除了上面所说的原因之外，其与近代欧洲的殖民主义国家的互相争夺东南亚与其资源以至市场也是分不开的。

欧洲的殖民主义者最初到东南亚的是葡萄牙,东西海道通以后,一五一一年葡萄牙就占领马六甲,而且侵略东南亚的其他好多地方。到了十七世纪,荷兰也到东南亚来,在荷、葡的争夺东南亚的过程中,葡萄牙失败了,马六甲以至爪哇与其他好多地方都为荷兰所占据。英国最初是侵略印度,到了十八世纪,英国曾占领苏门答腊西岸的明古粦①(Bencoolen),到了一七八六年占据了槟榔屿或吡唑。十八世纪的末年,这就是一七九四年,法国的革命军占领了荷兰,其结果是凡是荷兰在东方的殖民地都等于是法国的殖民地,等到拿破仑当权之后,他有意扩张其势力到东方,包括中东、印度以至东南亚。

应该指出,英国虽然占据了槟榔屿,但是在那个时候,英国正忙于侵略印度,没有余力去扩张其势力到东南亚其他地方。荷兰在当时既占据了爪哇,又把苏门答腊放在其势力范围之内。在印度,荷兰虽也有了一些势力,但力量不大,而且荷兰已占有锡兰岛,对于印度也没有余力去与英国竞争。在某种意义来说,这两个殖民主义者在掠夺东方的土地与资源上大致是各有其势力范围,似乎可以相安无事,但事实上情况也并不如此。原因是在他们的势力范围中有了交叉的地区,这就是马六甲海峡。因为这个海峡像我们上面所说,是从印度洋到中国南海的最便捷的途道,所以两者都要加以控制。荷兰战胜葡萄牙而占有马六甲,可以说是占有这个海峡的要冲,英国也看重这个海峡,所以后来占领了槟榔屿,因而这个地带成为他们互相争夺的焦点。

法国既占领了荷兰而承继其在海外的殖民地,拿破仑不只想把所有荷兰的殖民地发展下去,还想把英国在东方的势力,如在印度、吡唑等等都据为己有。拿破仑乃派了一位荷兰的著名能干的将领叫做但得耳(Daendelo)者,到爪哇去召集军队准备由海道去攻印度,同时拿破仑也准备从陆道遣兵到印度。

可是在拿破仑还没动手之前,英国已先动手。英国先用海军去占据非洲的好望角、印度洋的锡兰与马六甲海峡的马六甲。到了一八一一年的下半年,英国又派兵去征服爪哇,这样所有荷兰在东方的殖民地全部归入英人之手。

一八一五年,拿破仑失败之后,英国同意给回荷兰以前的殖民地,结果是在东南亚地区,英国只有明古粦与槟榔屿二个地方。

英国之同意交回荷兰以前的殖民地也是被迫的,在其国内而尤其是那般统治印度槟榔屿,以及打败法、荷而占据荷兰的东方殖民地的人们,对于英国交回这些殖民地是不甘心的,而且在拿破仑战争时期,英国的势力既已伸张到马六甲、爪哇等处,他们已不满足于统治印度,对于扩充其势力于中国南海的企图到了战后只有增长,没有停顿。

---

① 校按:明古粦现多译为明古连,英属明古连 British Bencoolen 是英国东印度公司(EIC)的属地。

莱佛士（Thomas Stamford Raffles）是极力主张去实现这种企图的人物，新嘉坡之为英国所占据是他所造成的，由于新嘉坡被了英国占据，英人遂用这个地方做为侵略马来半岛的根据地。因此之故，我们对于这个侵占新嘉〈坡〉的殖民主义者或是英国所谓为"新嘉坡的建立者"应该加以注意。

莱佛士生于一七八一年七月六日，他的父亲是一艘商船叫做安因 Ann 船的船长，这艘船是行驶于伦敦与牙买加（Jamaica）的莫兰港口（Port Morant）。他就生在这艘船上，他的先世不很清楚，他的母亲的家庭也不清楚，他的父亲在经年长途跋涉中没有什么成就，家境相当困难。莱佛士小年读书对于动物与园林很为注意，十四岁时就离开学校在东印度公司的办公室找到一份工作，他对于工作十分勤苦，因为他知道他的家穷贫，不得不努力去作以补助家庭的困难。在工作期间，他有空间时对于动植物学，而尤其是英国文学与法文都很用功研究。五年之后，这就是一八〇〇年，公司增加他的薪金，据说每年有一百磅。再过五年，公司要派一个人到槟榔屿，他被选上了，名义是秘书助手，薪金提高到每年一千五百磅，这是大出乎莱佛士的意料之外，他当时才二十四岁。

莱佛士学习语言学得很快，而且十分用功。他既被派到槟榔〈屿〉，他开始学习马来语言，当时从伦敦的船舶之到东南亚者要绕菲洲的好望角，船行经月，始能抵达。他在未到槟榔屿之前，在航行期间拼命学习马来语言，到了目的地之后不久，他就能用马来话与当地人民交谈。

在这里他除了勤苦工作之外，在清早、在深夜他努力学习马来语言，他还且学习各种不同的马来方言，同时对于有关马来的文字的记载，无论是英文的或是其他的文字的，而尤其是马来文的也很注意。这样使他对于马来的历史、风土人情很为熟识。当时的英国人之到东方者，虽然很多，但像他这样的了解这个地区的语言、历史、风土人情者几乎没有，他因此而又很快的得到上级的重视与信任。二年之后，这就是一八〇七年，他提升为秘书，同时又被任为政府的马来语言翻译员，这样有关当地的一切事务，几乎都出自他个人之手。因为工作太忙，他病了二次，有一次他到马六甲休养数月，在这里他又利用机会去了解马六甲的历史与风土人情。

一八一一年，英国舰队征伐爪哇，印度总督闵杜（Minto）亲自率领军队。当莱佛士在槟榔屿时，闵杜对他很有好感，莱佛士是主张征伐爪哇最力的人，又因他对马来言语、文字、历史、风土人情很为熟识，所以征伐爪哇时就带他同行，而且当他为机要人物。爪哇被英国占领之后，莱佛士就被派为爪哇及其属地的总督（Lieutenant Governor）。他这时才三十岁。他在爪哇对于爪哇的历史，他的二本《爪哇史》（*History of Java*, 1817）是在这个时期准备的。

上面已经指出，拿破伦失败之后，英国归还荷兰在东南亚的殖民地，莱佛士在爪哇的职务也被解除。解除之后，他于一八一六年回到伦敦，在伦敦住了一年多，他在伦敦既结交了各界的好多人物，又到欧洲大陆游历好多国家。到了一八一七年，他又被派回去东南亚就任明古辇的总督职务。

上面已经指出，明古辇是在苏门答腊的西岸的南部，在当时来说也是一个较为重要的港口，因为从好望角或印度洋来的船舶，凡是要经过巽他海峡的，也要经过这个港口。英国早已占领这个地方，而且约在一八一四年间，闵杜对于英国占领爪哇是否能够长久已经怀疑，他可能已预料爪哇将来要归还荷兰。他对于莱佛士既很重视，他以为像莱佛士这种人，应该在马来语言的地区中工作，因此他事前已安排好，像留明古辇的总督位置为莱佛士作为退步之所，所以一八一七年他遂被派到这个地方。

他到职之后，既积极的去执行他的总督的职务，建设明古辇这个地区，同时又旅行苏门答腊好多地〈方〉，考察当地的自然地理、动物、植物以及种族、语言、历史等等。据说有好多地方，当地人也觉得难于通过或深入，他却冒险而去。他访问了巴苏马（Pasumah）与巴东（Padang），他也访问了已经残破的米南迦保（Minangkabau），这个地方曾在一个时期作为马来帝国的都会。他还探视了一些矿产。

尽管莱佛士对于明古辇是极力经营，可是究竟是位在东南亚的边缘，不只比不上马六甲海峡，也远比不上巽他海峡、槟榔屿，虽为英国所占领，但也过偏于西边。在这个时候马六甲已交还荷兰，在离开马来半岛最南端不远的廖岛 Rhio 是一个较为重要的地方，他最初希望英国能占领这个地方。除这个岛之外，他又希望能在马来半岛南部的柔佛的海岸能找一个港口，他也考虑在苏门答腊的西北部的亚齐（Achin）① 能够找一个港口。

到了一八一九年的正月十六日，莱佛士知道廖岛已为荷兰所占据，他于同年同月的三十一日抵达了新嘉坡。在这一天，他写信说："我现在在新嘉坡了。"对他来说，这个地方，而尤其是在过去的新嘉坡的废址上，给他很多的快乐，他在信中还指出旧的新嘉坡的城市的界线与其防筑的故址还可以找出来。

他到新嘉坡发现，在〈这〉个地方港口很好，地位重要，他很快的找到统治这个岛的苏丹，签订条约让与英国。数月之间，新嘉坡的人口从一百数十人增加到五千多人，船舶与货物之经过这个地方的愈来愈多。他既占领了新嘉坡，他把新嘉坡位在明古辇的统治之下，不久他把这个地方交与其部下法古哈（Major Farquhar）去治理，他自己又到亚齐槟榔屿，并到加尔加答（Calcutta），把占领新嘉坡的经过与理由报告印度总督。在英国人〈中〉，当时也有人反对莱佛士这样的作，以为新嘉坡是属于荷兰的势力范围，英国占领可能引起英荷战争；也有的人对于莱佛士的野心勃勃与冒险行为很为反对。可是当时的印度总督哈斯丁

---

① 校按：如今的亚齐国（Atjeh），全称叫亚齐苏丹国（Sultanate of Aceh），官方名称是亚齐达鲁萨兰国（Kingdom of Aceh Darussalam）

（Hastings）默许了他的举动，所以是否应该占领这个岛的问题就没有再引起争论。

莱佛士不久又回到明古辇，他回去之后利用不少中国人去开辟地方，对于农业大加发展，增耕稻田、种植甘蔗，他对于动植物的研究与其标本的搜集也很注意。在明古辇的时候，他并没有忘记新嘉坡，他要他的部下时时报告关于新嘉坡的情况。一八二一年，他给友人信中说："我很快乐的告诉你，新嘉坡继续的而且很快的发展，资源增加了，地位更重要了，这个港口已经是东方的一个第一流的港口。"另一封信中他说："你一定很高兴的知道，新嘉坡已变为一个大而繁荣的城市，人口比之明古辇多了三倍""新嘉坡的发达是远远超出我们的意料之外……出口、入口在［每之中］每年超过四百万元""我的殖民地……将成为东方的①"

到了一八二二年，他准备不久要回去伦敦，他在未回之前，又到新嘉坡，他到新嘉坡之后，他又直接去治理这个地方与拟出发展的计划。

应该指出，新嘉坡之所以能够很快的发达，主要是得力于华侨的经营，华侨之在这个岛的，不只人数最多、出力最多，而且最为富有，据说曾有一个华侨商人宣称在五年之内他可以缴纳五万元的赋税。低洼荒地很快的成为人烟稠密的城市，据说到了一八二四年，人口增加到一万人以上，船舶之运货出入者在三万五千吨以上。再过十年，这就是一八三五年，人口增加到三万人，而运输吨数增加到二十万。

莱佛士在新嘉坡一个时期之后于一八二三年的六月四日离开新嘉坡，他回去明古辇安排事务，收拾行李于一八二四年回去伦敦。在伦敦，据说在一八二五年发起动物学会，而且是该会的第一任会长。

一八二六年的七月五日，莱佛士逝世，死时年四十五。

提起新嘉坡，人们不会忘记莱佛士，因为这个地方不只是最初由他侵略，而且直到百年以后，在新嘉坡不只有莱佛士的铜像，还有莱佛士的街坊（Raffles Place，俗谓土库街），不只有莱佛士学院，还有莱佛士博物馆……然而这位帝国扩充者，在生时也有人把他的行为当为海盗行为。无论如何，谈到近代的新嘉坡是与莱佛士这个名字分不开的。

莱佛士于一八一九占据新嘉坡之后，于一八二四年英国政府又以苏门答腊岛的明古辇（Bencoolen）与荷兰交换马六甲，使马六甲海峡中的三个重要据点——槟榔屿、马六甲与新嘉坡都掌握在英人之手而成为海峡殖民地（Straits Settlements），这就是俗人所谓的三州府。最初是在印度政府隶属之下，到了一八六七年，又从印度政府的管辖而改为直辖殖民地。第二次大战之后，马来亚独

---

① 校按：此处空五格。

立，新嘉坡还是由英国当为直辖的殖民地。到了马来西亚联邦成立之后，始为马来西亚联邦之一。

新嘉坡市区是在这个岛的南端，这也是河流南流入海的下游与河口的地区。新嘉坡河是划分市区为二个大区的界线，河之南为大坡，河之北为小坡。大坡地方较小，小坡地方较大，大坡与小坡连以两条大马路，一为大马路，一为二马路。大马路之南为南桥道，大马路之北为北桥道，这就是以新嘉坡河的桥以为分界。小坡大马路、二马路外，还有三、四、五、六与七马路。

其实现在的新嘉坡市区街道已有八百多条大街，包括一些小巷或后巷，若拉长起来有二百英里以上。市区之外的郊区差不多处，都有公路可通，马路多为柏油或是所谓胶渣，天热起来，胶质软胀，走起来有点弹性。

五十年来的新嘉坡变化得特大。第一次欧战之前马路还没有用柏油或胶渣铺面，马路面只用小粒碎石填平，那个时候岛上虽已有电车，汽车没有几部，有钱人多自置马车。下午、傍晚在海滨大阁园一带，车马如云，多为富有者乘车消遣。他们叫做吃风人力车，没有胶轮，均是铁轮，走在石粒的马路上，声音噪闹。人力车可坐二人，我们小孩可挤四五人，华侨社会十分保守，虽然人力车可容二人，但男女甚至夫妇几乎没有同坐一车。

那个时候电车已通郊区，故交通很为方便。大致上一般市民办事、做生意或出入者多乘电车或人力车，马车差不多可以说是专为消遣娱乐而用，除了傍晚的时候，早上白天①

在新嘉坡与柔佛之间的长堤还未建成之前，从新嘉坡乘火车到柔佛或马来半岛，其他地方的人由新嘉坡车站乘火车到新嘉坡，到北面海峡的码头乘渡船到柔佛新州，然后再乘火车。现在长堤筑好以后，火车固可以直通，汽车也可以直通到马来半岛各处。

第一次欧战的时候，新嘉坡的房舍多为两层楼，三层楼已少，四五层楼的更少，战后而尤其是三十年代，高楼大厦逐渐耸立。第二次世界大战以后，特别是五十年代，高楼之建筑者更多。新嘉坡地居热带，街道、房室有一特色，这就是所谓骑楼。马路之两旁房屋，在靠近马路的楼下是行人道，人行其下，可以避风雨，也可以避酷热。住家房屋前面也多有凸出一个骑楼，汽车可以停在骑楼下。这种建筑样式在我国南方，像广州的马路两旁也多如此，可能也是从新嘉坡仿效而来。

一般住家的人们住在楼上者，地板擦得十分干净，上楼梯后就脱鞋或换鞋，好多人就睡在地板上。马来人有的住所谓浮脚屋，屋多以木盖，离地数尺，席地而坐，席地而睡。新嘉坡郊外的好多房舍，有以树叶或草为顶盖，名为亚答

---

① 校按：原文有脱文。

（Atap）屋。

房舍建筑在新嘉坡历史较久，而著名者，如大钟楼，俗人谓为"大阁"，前面有一大空地，地面栽以好草，俗名为"大阁园园"，靠海边草色青青，海水绿绿，另有景致。又如博物馆，俗名"景室"，里面收藏颇富，特别是有关马来半岛的历史上与生活上的，器物馆的一翼作为藏书室，关于马来半岛以及东南亚的图书搜集不少。此外又如市政厅与高等法院也为著名的建筑物。中国建筑物之著名为双林寺，新近的建筑物之著名而又很伟大的是国泰大厦。

第一次欧战前，我在新嘉坡育英学校读书，寄宿在学校，也在学校吃饭，每日三餐，每餐三个荤菜、一个疏菜、一碗汤，每月约二元半至三元火食费。有一个学期，我在养正学校读书，早晚在家吃饭，中午就在学校大门外的小摊买饭吃，一大碟咖喱肉饭，肉一块有约四个手指大、约三寸长，价钱是二占或二个仙或二分。我读书时，除坐车来回，家人给车钱外，每天中午约用四分钱，二分为吃中饭，一分喝冰水，一分可以喝两杯冰水或两个冰包，冰水里有冰有糖，有时还有些碎片水果，此外一分钱还可以买到的点心。在那个时候，一般人每月包饭三元钱可以吃得很好的菜。

马来人所作的沙爹（sateh）或烤肉或娄夏（rojak）或冷拌也是我们所喜吃的东西。沙爹、娄夏虽为马来人吃品，但卖这种吃品的也很多是中国人，他们多是小挑贩，早上出门，下午约五六时回家，如到了这个时候，东西还没卖完，往往减半价出卖，我们小孩专等着减价才买吃。

新嘉坡的居民一天到晚可以饮三五次咖啡，故咖啡到处可见。半杯咖啡黑（没有牛奶与糖的咖啡）价钱一占或一分，半杯者往往是多半杯，味浓而美。加奶加糖，一杯咖啡也不过四分。至于冰水、刨冰的摊子也是随处可见，刨冰刨如雪花，用手挤似小皮球形，加以香料、糖水，热天吃吃颇为清凉。

乾隆年间，谢清高曾到新嘉坡，他回后口述新嘉坡及东南亚各处情况，他的朋友笔记起来，名曰《海录》。他说，新嘉坡的土产为胡椒、槟榔膏、沙藤、紫菜等，应该指出，新嘉坡的土产不只上面所说的几种，元朝汪大渊在其《岛夷志略》中已说新嘉坡有稻谷，虽则他也指出稻谷不多。此外，又如椰子也在这个岛上盛产，其他的农作物、水果之在这里出产者也必很多。十九世纪下半叶以后，树胶也移植在这里，至于黄梨（波萝）也很繁殖。

各种动物之在新嘉坡也很多，英国的著名生物学者窝雷斯（A. R. Wallace）在一八五九年所刊行的《马来群岛游记》中指出这里有不少老虎，而且时时为人害，他又指出雅致的长须甲虫天牛科（Cerambycidae）就有一百三十种之多，其他的动物、家畜当也不少，环岛鱼类更多。

但是新嘉坡的市区现随时代而发展，过去所谓郊区，现在也很多变为市区，人口增加了好多，原来的林木或种植的地方变为住宅的区域。在本世纪的初年，武吉西妈（锡山）一带都是树胶园，可是华侨中学迁到这里之后，胶园变为校园。数十年来飞机场、海军根据地以及其他好多公用机关占用了很多地方，树胶园、黄梨园的面积很快的缩小，所以今日的新嘉坡不只没有山林可以藏匿老虎，而且很少地方能够利用以种植。新嘉坡是一个工商业的岛屿，不是农产的基地。

  我们上面已经指出，新嘉坡是东南亚的经济的都会，是世界商业贸易的要冲，所以新嘉坡不只是马来半岛的出入口的要津，而也是印度尼西亚以至东南亚的好多地方的出入口的转输站。这个港自莱佛士占领之后，就宣布为自由港口，货物出入不抽赋税，因此之故，各国货物皆利用这里为转输站。市场很快的活跃，商业很快的繁荣，人口很快的增加，又因其地位适中，港口良好，所以马来半岛的土产要经新嘉坡出口，就是运往世界各处，运到马来半岛的各种物品也从新嘉坡入口。印度尼西亚的好多土产固是先运到这里，然后再从这里运到世界其他各处，就是从世界各处要运到印度尼西亚的好多货物，也先运到这里，然后再从这里运到印度尼西亚。英属的婆罗洲的贸易也是这样，比方树胶是这一带出产的大宗，可是这一带的树胶交易主要是集中在新嘉坡，欧洲人以至美国人之买印度尼西亚树胶的，不是在雅加达，而是在新嘉坡交货，用不着说，马来半岛的树胶是要先运到这里，然后交与买主。

  我有一位朋友是做渔业生意的，据他说，苏门答腊、爪哇以至暹罗的曼谷、缅甸、仰光所吃的鱼有了很多是从新嘉坡运出去，虽然马来半岛的沿岸是产鱼很为丰富的地区，但是从新嘉坡运去上面所说的几个地方，不只是从马来半岛沿岸而来，而却有了很多是从越南西贡、暹罗的南部、缅甸南部以至北婆罗洲的好多好港口而来的。说也奇怪，暹罗、缅甸需要鱼从新嘉坡运进来，但也从其本国运鱼到新嘉坡，这说明了新嘉坡在这个地区里，在商业所占的地位的重要。

  应该指出，这种情况近年以来，尤其是第二次世界大战以后有所改变。其主要原因之一是，战争之后，在东南亚这个地区之内好多国家独立了。比方印度尼西亚独立之后，印度尼西亚正在努力发展其工商业，对于过去依赖新嘉坡的作法尽量设法改变，希望在商业能有自主之权。在印尼与荷兰断绝外交关系的时期，荷兰对于印尼加以经济封锁，印尼的土产、用品难于出入，这对于新嘉坡有了很大的影响。又自马来西亚联邦国家（包括北婆罗洲、沙劳越与新嘉坡）成立之后，印度尼西亚极力反对，宣布要粉碎这个国家，外交断绝了，商业上的来往基本也断绝了，这对于新嘉坡的商业也是一个打击。这些影响有的是永久的，有的可能是暂时的，但这个地区的国家独立之后对于新嘉坡的商业不可能没有影响。

  此外，又如近年以来，属于暹罗南部的克拉（Kra）地带正在创议开凿运河。假使这个计划能够实现，船舶之从印度到中国南海者，除了是到印度尼西亚或马来亚者（或有一些到澳大利、新西兰）外，凡是到暹罗湾、越南半岛以至中国、菲律宾、日本者、朝鲜者，可以不经过新嘉坡而通过运河，这样可以节省约二三日的海程，这样对于新嘉坡也是会影响的。

应该指出，假使新嘉坡的工业发达起来，马来西亚的农、工商业也都发达起来，新嘉坡做为马来西亚的吞吐港口，那么新嘉坡将来在经济上的地位比之过去与现在还要大大的繁荣起来，何况尽管这个地区的国家都独立了，尽管将来克拉地带也开凿了，新嘉坡因为地理与历史以及其他的原因，仍然还会保持其在东南亚的经济都会的地位。

从另一方面来看，政治上的独立不一定就是经济上的独立，政治独立了，经济可能还操之新旧殖民主义者之手，所以政治上的独立不等于经济上能够独立。资本主义国家英、荷、法、美、日本以至新兴的澳大利亚在这个地区上的经济力量仍然存在，有的还在增长，尤其是英国，不只在马来亚、在婆罗洲，而且在香港、在印度经济力量仍然很大。在东南亚这个地区中是以新嘉坡为中心，马来亚独立之后，新嘉坡仍保留为英国殖民地。也就是这个原因，现在新嘉坡虽然参加了马来西亚联邦，但马来西亚本身的军事、经济还操在英人之手，所以新嘉坡在东南亚的经济地位虽然像上面所说的种种原因而有影响，但并没有因此而动摇其基础。其实它的地位在某个意义来说，却因马来西亚的成立而有所加强。

而且东南亚各国独立之后，尽管初期是政治上的独立，但政治上的独立是促成经济上的独立的一个主要或是最重要的原因。摆脱了帝国主义者的统治或多或少也是摆脱了殖民主义者的经济压迫或剥削，至少政治的独立是摆脱这种压迫与剥削的开始，也是摆脱这种压迫与剥削的先决条件。政治独立之后，对于农、工商业可以大大发展，对于人民生活也可以逐渐提高，人民生活的提高也是人民在农、工商的物品的要求的增加的表征。

在现代这个世界中，所谓经济独立应该说不是绝对的，而是相对的。一个国家其农、工商业可以很高度的发展，但这个国家绝不会闭关而能自供自给，不与其他国家有所交易。相反的，一个国家的农、工商业愈发达，其对外贸易也将愈发达。以有易无或是互相帮助以至单方援助，是近代国际经济发展的一个最为突出的现象。国际火车的往来、海上轮船吨数的增加、各国航空工业的发展说明了国与国之间的交通频繁了，也说明了国与国之间的货物或农、工商业品互相交换的次数多了。东南亚的国家独立之后在用政治的力量去推动农、工商业的发〈展〉，使这些国家对于国际贸易也必愈来愈发展，这样，做为工商业的要津的新嘉坡今后更将发展，同时在这个地区的其他的工商城市也会这样的发展。

到新嘉坡的人们除在土库街（Raffles Place）、罗敏申路（Robinson Road）与东陵乌节路（Orchard Road）看到不少西洋人所开的铺店、公司以及在爪哇街看到印度人的一些杂货店外，所有的街道的铺店几乎都是华侨所开设，所以置身于新嘉坡的人们不只有了身在香港、澳门之感，甚至是像在广州、上海、天津一样，这种情形可以说是马来亚所有的城市的一般普通的情形。

从数量上看起来，新嘉坡的商业可以说是操在华侨之手，在新嘉坡的市区如此，在新嘉坡的郊区也是如此，但生意店占了绝对多数不等于说新嘉坡的商业是握在华侨之手。西洋商人的公司、铺店数量虽不多，资本却很雄厚，大企业如银行、保险、海运出入口主要是操纵于西洋人。他们之经商者，不只有其雄厚的资本，往往还有其政府作后盾，他们的公司有的不只经营一种企业，而且经营好多事业，一个公司自己有轮船营海运生意，也可以有工厂、有胶园……他们自运自己的产品，也为他人运输货物，因此有的运输或货品的价格往往也由他们去决定。华侨所经营的商业不只多是零沽生意，而且多是代理他们的公司，为他们推销货物、为他们出售船票，这样在经营商业上得到最大利润的不是华侨，而是西洋人，我们华侨很多是靠他们而得到一些利润。

新嘉坡在商业上的地位虽如上面所说很为重要，在工业上却没有什么建树，其主要原因是殖民主义者，当殖民地为推销其自己的工业品的市场，他们把殖民地所出产的产品、物资往往以低价收购运回本国，加工成为工业用品又运回来推销，这样就可以得到最大的利润。因此百多年来，新嘉坡虽为东南亚的"经济都会"，可是在这个地方的工业相当落后。我记得我做小孩的时候，店中、家里所用的扫把都是从中国运去，其他一切日常用品，除一些是来自我国外，不是来自欧美，就是来自日本。

近七八十年来，马来亚的出口大宗主要是树胶、锡米与椰油，可是就以这数种的产品来说，在新嘉坡的加工厂只可以说是一种很初步的加工工作以便于输出而已，至于用树胶与锡米所制成的工业品或日常用品却为大宗的输入品。又如，椰油的用途很大，可是像用椰油来制造肥皂也是从外边输入来。在日本占据时期，因为外来货物难于入口，新嘉坡的工业虽略呈兴旺的现象，可是日本投降以后，这些工业又受外来货品的影响而呈了衰落的现象。当然有的出品质量较高，如肥皂、轮胎仍可维持下去，然这种工厂还是较小，发展前途很难预料。

在第二次大战之前，新嘉坡所制造的罐头波萝颇为外地所欢迎，畅销的市场很广，可是现在也已衰微。

此外，在新嘉坡虽然也有各式各样的小型工厂，其产品主要是供应当地的要求，能当为出口者极少。

总而言之，在工业的发展上，新嘉坡有很好的条件，前途是光明的，但以目前的情况来看，新嘉坡的工业是很为落后的。

新嘉坡的工业固是很落后，新嘉坡的教育、文化直到十余年前也很不发达。新嘉坡的学校主要分为二类，一为西洋人所开办的，一为华侨所设立的，此外也有马来人与印度人所办的，但在新嘉坡来说为数不多，故不在这里叙述。

西洋人所办的学校也有两种，一为当地政府所办的，一为教会或教士所办的。这二者全用英文教授，前者的历史很久，一八二二年，莱佛士从明古粦回到新嘉坡,他不只计划如何建设这个港口与市区,他还决定设立学校,这个学校后来就名为莱佛士学院。在马来亚大学未设立之前,这个学院是政府学校的重点,校舍、设备与师资都比较的好,一般年青的人很以考入这个学校为荣。还有其他的政府学校办得平平常常。教会或教士所办的学校也可以分为二种,一为天主教所设立,一为新教(俗谓基督教,其实是 Protestant)所设立的。

这些西洋人所办的学校大致共读九年,读了一年称为读一号,二年称二号,九年称为九号,九号读完可以考英文牛津、剑桥与香港大学等,所谓读完九号等于读完中学,但若与我们的学制比较,所谓九号者只读完初级中学而已。新嘉坡的英文学校生上课往往只是半天,这就是上午上学,下午一般不上课。所以若从时间方面来看,他们在校读书的时间并不太多,但读完九号之后考入大学的人也不少。

然而应该指出,英文学校的主要目标并不是考入大学,而是培养出一批为殖民地务服的人员。首先是记录抄写人员(clerk),其次是翻译人员,所谓记录抄写人员不只是政府各级机构需要,就是西人所设立的公司也需要这种人,又在华侨所设立的公司、店铺中有关报关或必需用英文文件者,也往往找一位在英文学校读过书或毕业者充任。此外,还有少数是留在英文学校当教师者。

因为培养目标是记录抄写与翻译人员,他们所授的功课主要是有关这方面的课程,最注重的是英文,历史、地理、算术都有一些,但并不多,生物、化学、物理也教一些,但也很浅薄。殖民地政府没有意思去培养专门人才,对于理工的基础课目就不重〈视〉,然而最为他们所忽视——其实是害怕的是有关政治方面的课目,因为他们要住在殖民地的臣民都作顺民,尊崇"皇家",所以不愿他们谈政治,更怕他们谈革命,所以理工的基础课目既不重视,对于社会学科,而尤其是政治学尤所顾忌。这是顺民教育,也可以说的〔是〕奴才教育。

新嘉坡的华侨学校的发展大致是一九〇〇年以后,在此之前多是私塾。华侨学校最初是由各帮自办,比方福建帮、潮州帮、广肇帮、客家帮、海南帮等。福建办道南,潮州办端蒙,广肇办养正,客家办启新,海南办育英,而且各校用其乡音讲授,福建讲厦门话,潮州讲潮州话……当然每帮不一定只办一所学校,有的办好几所,经费主要是劝捐,捐校舍、捐经营费,每校有董事会,董事多为有钱人,做董事长的更要有钱。因为学校经费不足时,要董事出面劝捐,董事自己常常是出钱较多的人,如劝捐、认捐还不够尾数,往往由董事长包起来。因为这个原故,学校长以至教员的聘请甚至学校的校务,有的董事都管起来,所以人们说:"叻币说话。"

这样的办学校,学校经费终是一个问题,虽然学生也缴学费,但学费往往不够经营开支……如教员薪金等等,所以学校很难发展。而且因为董事常常干涉校政,往往任用私人,校长以至教员随时可以更换,学校很难好好的办下去。

应该指出，董事与华侨一般来说是热心教育的，问题是他们对于教育多不懂，而有的又好管事、用私人，这样就使学校受了影响。

华侨学校主要是读中文，英文课程也有，可是每周约有一课，其实在华侨学校读书的学生，一般的说对于英文是不重视的，而且有的有了轻视的态度，以为读英文目的是同洋人打工，所以他们对于入英文〈学校〉而专读英文的青年也有轻视的态度。

在一九一八之前，新嘉坡——应该说是南洋各处只有小学，没有中学。一九一九年，新嘉坡的华侨领袖开始创办华侨中学，董事长是陈嘉庚先生。最初是在市区内买了数座旧房舍当为校舍，后来迁到武吉西妈（锡山）。作为一个中学来说，规模相当的大，华侨中学是各帮或各属合办的学校，讲课全用国语，教员当时也多来自上海、南京。这里的学生毕业之后，对于普及普通话上有了不少作用，原来在新嘉坡各帮各校既各用乡音，在新嘉坡做生意的人们看不懂他帮语言，只好用马来语去交谈。民国四五年间，开明的侨胞开始觉得应该学普通话。当时在交通银行新嘉坡分行的职员多为北方人，因为银行虽设了，华侨却很少存款，在银行一些职员颇觉清闲，有的到学校教普通话，有的在夜校教普通话，但这样做法效果不大。到了华侨中学成立之后，毕业学生都能讲国语，情形就不同了。这个世纪的三十年代，新嘉坡的学校大多数已改用国语讲课。

第二次世界大战之后，新嘉坡的华侨又创办南洋大学，这是华侨高等教育的开始。英文也办马来亚大学，莱佛〈士〉学院成为该校一部分。数年前，新嘉坡政府又办一所新嘉坡大学。

上面已经指出，自莱佛士占领新嘉坡之后，华侨之在这个岛的就占了大多数的人数。一八二四年，全岛人口约有万余，华侨也占了多数。一九〇一年，新嘉坡人口为二十二万八千五百五十五，华侨占了十六万五千，占百分之七十一点七。一九一一年，新嘉坡的人口为三十万零三千，华侨为二十二万，占百分之七十二。一九二一年，人口总数为四十二万六千，华侨为三十一万七千五百，占百分〈之〉七十四点五。一九三一年，人口总数为五十六万七千多，华侨为四十二万一千多，占百分之七十四点三。一九四一年，人口总数为七十六万九千多，华侨为五十九万九千多，占百分之七十七点九。

一九四七年，新嘉坡总人口约九十四万，据说一九五七年约为一百五十万，照华侨人口的增加率来看，应该占百分之八十以上。据说从第二次大战结束到一九四七年的二年中，华侨出生的人口远超于死亡的人口，而其他各族其出生者却少于死亡者，这样看起来，华侨在新嘉坡的人口总数在百分比上更要多了。

在马来亚这个国家里，据一九六〇年的估计约为六百万，而新嘉坡不在内。在马来亚华侨人数约为二百七十万，马来人的人数与华侨相等，其他五十万为印度及其他族人。所以若把新嘉坡的华侨加进去，不只多于马来人，而且是全马来亚，包括新嘉坡的人口总数的大多数了。

华侨人口的增加比之其他各种为快，是有其原因的，一来华侨经济比较富裕（当然不若西洋人的经济雄厚，但西洋人在新嘉坡与在马来亚人数很少），对于养育小孩条件优越。二来华侨的多子多孙的观念十分浓厚。我有一位朋友，他的母亲一人生了十七的男孩，通通长大得很好，他的父亲每每对人自夸这是他祖宗在天之灵才能人丁兴旺。三来华侨之娶妾者为数还不少，所以生的子女特别的多。

曼　谷

在现在的暹罗的国境里，在过去的两千年中，有了很多国家在这建立，有了好多皇朝相代替，也曾受过邻国的占据与侵略，缅甸侵略过这个地方，也曾数次占据过这个地方，扶南与真腊——古代的柬埔寨——也曾征伐过这块领土，而且曾经长期统治过这块领〈土〉。

其在这里所建立的国家在古代有过，我国古书上所称的林阳或嘾阳，在唐代其南部有了投和或堕和罗，其北方有女王国。在宋、元，除在北方的女王国外，在其南部又有了罗斛国。这些国家都是猛族所建立的国家，猛族与吉蔑族，这就是现在的柬埔寨族，关系很为密切，在种族、在语言上都很接近，他们不只在过去的暹罗这个地方上建立了国家，还在缅甸的南部以至中部建立了历史很久的国家。

暹罗的泰族究竟是在什么时候移到暹罗很难考订，但是约在十一与十二世纪，他们已散居在暹罗中部的湄南流域一带。到了十三世纪的中叶，这就是一二五四年，他们乘真腊的衰弱把统治这一带的真腊人的势力推翻，建立苏口胎（Saucothai）皇朝，国号称为暹。差不多同一个时间，在现在的暹罗的东北部的清线（Chiengsen）也有泰族建立国家。到了一二九二年，又向西南扩充版图，消灭了都在现在清迈以南的女王国而成为八百媳妇或南那（Lannan）国。前者叫做大泰，后者叫做小泰，虽然同为泰族，但语言、种族也有差别之处。

苏口胎皇朝的历史多久这也是一个还在争论的问题，有人说十四世纪的中叶，阿瑜陀（Ayuthia，华侨称为"大城"）皇朝建立之后，苏口胎皇朝就已灭亡，这也可以说前者是代替了后者，但也有人以为苏口胎皇朝的灭〈亡〉是在十五世纪的时代，所以两者并立了一个时期。然而，有一点是要说明白的，就是阿瑜陀皇朝的建立并不是苏口胎皇朝的后裔，有人说阿瑜陀皇朝的建立者是乌通王子（也有的说是乌通王的女婿），这个王朝的祖宗是［是］清线王室的后裔。这种说法是否可靠也值得讨论，但阿瑜陀皇朝不是苏口胎皇朝的后裔，更非其嫡系，而乃泰族中的不同支派是无可疑的。

其实还有些人以为阿瑜陀皇朝不只其原来所居的地方——乌通是过去猛人所聚居的地方，就是乌通王室也与猛族有了关系。假使这种看法没有错误，那么阿瑜陀王室或其统治者不一定就是泰族了，这个问题与上面所提出的一些问题都是暹罗的统治者的民族问题，也是这个国家的历史上的很为重要的问题。

缅甸军队进入暹罗国境之后，不久就抵达距离阿瑜陀或大城的四十里的地方，这使暹罗国王与大臣以至臣民惊惶失措，他们交锋之后，遂使缅军退却。可是一七六〇的四月，甕籍牙的援兵已到，京都又被包围，围城约有一月，而甕籍牙遂患病。也有人说是缅军开炮攻击城内时，炮弹爆炸而伤他自己，因而他乃命令退却，他并没有抵达缅甸都城而死在途中。

甕籍牙死了之后，他的儿子孟洛（Manglak）继承王位，暹罗虽遭围困京都之患，可是甕籍牙一死，暹罗的国王、臣民遂以为，缅王逝世，新君就位困难重重，自顾不暇，不会来攻暹罗，苟安之心更加发展。可是二年之后，孟洛对于国内的叛乱已经平服，内政统一，王位稳当。一七六三年，清迈被缅军占据，暹罗在清迈未被缅人占据之前既作出兵帮助清迈抵抗缅军的准备，又因接待反缅的土瓦（Tavoy）太守的使者而引起缅甸的反感。缅皇孟洛在位虽不过三年而死，他的弟弟孟拉（Mangra）登位不久就征伐土瓦，反叛缅甸的土瓦太守逃跑到丹荖（Magei），又为暹国所庇护而拒绝引渡，这样缅甸又征伐暹罗。缅甸军队先占暹罗在马来半岛北部的领土，这就是古代的顿逊，于是又向北而进攻，同时缅甸除派兵从清迈南下，又派兵经三径塔（Three Pagodas Pass）而窥视暹罗京都。一七六五年十二月，缅军攻击现在的曼谷，到了第二年（一七六六年），缅甸军队兵临城下。到了一七六七年四月间，暹罗京都遂为缅甸军队所攻破，暹罗据说国王乘小船而逃跑但不知所终。大城或阿瑜陀不只为缅军所抢劫，而且为他们所焚烧，皇宫、市区与住宅既毁于火，人民无论男女老少多遭酷刑，同时也有不少被杀害，此外，还有约数万多人成为俘虏。大城浩劫以至于今将二百年，暹罗的统治者既从不打算去重建旧京，恢复旧观，现在除了一些店铺与少数住宅之外仍是颓垣断瓦、满目疮痍、林木丛生。虽然今日的大城还有不少游客，熙熙攘攘，在其冷静的街道与毁坏的废墟上，或是阴凉的丛林里跑来跑去，但其目的无非是追忆古人、凭吊古迹而已。

阿瑜陀之所以不再重建为京城，与曼谷之所以成为国都，这主要是与郑昭有了密切的关系，但地理环境也不能说是没有作用。

应该指出，泰族的迁移是北到南。苏口胎皇朝建都于苏口胎，苏口胎是在阿瑜陀之北，在苏口胎皇朝建立的时候，在暹罗的南部还是猛族统治，这就是罗斛国。苏口胎皇朝的国名是暹，这个暹国据史书所载，在十四世纪的中叶为罗斛国所灭亡，乃称为暹罗斛国。罗斛国建都于现在的华富里（Lopburi），这就是在苏口胎之南，而阿瑜〈陀〉又在华富里之南，罗斛国如何为阿瑜陀皇朝所代替，我们不能在这里讨论，但阿瑜陀皇朝的建立，无论是在十四世纪的中叶也好，十五世纪的中叶也好，这个皇朝是代替或灭亡了暹罗斛国也是无问题。

阿瑜陀皇朝建立之后既不以苏口胎为京都，也不以华富里为京都，其原因主要可能是由于二者太偏于湄南上游，在交通上，尤其是在对海外交通上较不方便，所以选择了华富里之南的阿瑜陀。但是到了十八世纪的时候，湄南流域的上游沙土堆积、河流渐浅，而且到了这个时候，海外交通愈为频繁，阿瑜陀的位置既偏于内河，不只因为沙土堆积、河水渐浅，而且因为来往于海外的船舶愈来愈大，就使阿瑜陀的河水不因沙土堆积，这些较大的船舶驶到阿瑜陀可能就有困难。因此之故，这个久为泰族的京都就不适宜于新时代的要求。

应该指出，曼谷这个地方从现在看起来也不是一个濒海的港口。从暹罗湾的湄南江口进入曼谷还要走一段相当长的河道，船舶之较大者，现在也不能驶到曼谷，而只能在河口〔的〕搁〔日〕浅停泊。但曼谷已有约二百年的历史，不只久为暹罗的政治中心，而也是暹罗的工商业的中心，所以若在滂〔傍〕海地方开辟一个商港，也非一朝一夕就会繁荣起来，因而曼谷成为暹罗的最大城市是有其历史的原因。

曼谷原称为吞巫里（Tonburi）或陀那巫里（Taonaburi），严格的说这二者是有其区别的，前者是在湄南的西岸，而后者是在现在的曼谷的中心区域。郑昭所建立的曼谷是在吞巫里，而陀那巫里是篡夺郑昭王位的却克里（Chakri）所建立者，然而二者距离很近，在曼谷逐渐发展起来以后，二者不易区别，而且在西洋人或其他的外国人的心目中，吞巫里与陀那巫里二者之间是没有什么分别的。

这个地方在十七八世纪的时代，外国船舶之到暹罗者多已停泊在这里。一七六五年十二月，缅甸军队进攻暹罗也曾攻击这个地方，说明这个地方已经重要。据说当缅军攻打这个地方时，还有英国船停在这里，船主因为得到暹王的优待，因乃帮助暹罗军队抵抗缅军，使后者受到重创，后因暹人对于船主有所嫉忌，没有用他，又因这里的炮垒为缅军所据以致失陷。

然而我们也得指出，都城之于商港是可以分开的。纽约是美国最大的商港，可是都城却在华盛顿；横滨是日本的最大商港，都城却在东京；我们的北京是好几个朝代的都城，而天津、上海、广州是最大的商港，所以假使阿瑜陀没有被缅甸的破坏，可能这个地方仍为暹罗的都城。所以暹罗的京都之从阿瑜陀迁到现在的曼谷，虽然也有其地理或其他的原因，可是这个新都的建立是与这个所谓曼谷新王朝的建立是分不开的。同时这个新王朝的建立者，既是郑昭，那么曼谷之所以选择为京都是与郑昭有了密切的关系。

因此之故，从历史的观点来看，我们叙述曼谷就不能不先谈郑昭。

关于郑昭的身世，除了他击退缅甸的军队、统一暹罗的局面、奠立曼谷的王朝以及在位时代的政绩我们知道稍为详细之外，他的故乡祖先、他的父母家庭、他的幼年生活以至他的末年死因，我们都不很清楚。其原因很多，首先是暹罗过去的历史本来就不很清楚，如上面所举的苏口胎皇朝，而尤其是阿瑜〈陀〉皇朝的来原与发展，直到现在历史学者还在争论。郑昭之建立曼谷王朝虽在近代十八世纪的下半叶，可是关于这个王朝的初期的好多事情，文字的记载既很不完备，而民间的传说又多不可靠，所以一部泰族统治暹罗的历史在很多重要的问题上往往只能推论，而没有正确的订据。有的事情，如阿瑜陀皇朝的建立时期，有的说是在十四世纪的中叶,有的说是在十五世纪的中叶,时间的差别可以有了一百年以上。曼谷王朝的建立的时间,我们虽知得确实,然也有好多事情在今日来看也成为不可考订的陈迹。

而且因为郑昭的王位是被其女婿所篡夺,承继他的王位的,人们不只不愿把篡夺的经过直笔之于书,而且把他复国的功劳与建国的政绩也多所抹杀,这样关于郑昭的历史更难于探求。

此外又因郑昭是华侨,是我国的后裔,暹罗的泰族历史学者虽然不能不承认他的复国功劳,但是所谓狭隘的民族主义者对于一个异族的统治者,总免不了有排斥的情感,既低估其劳绩,又诽谤其行为,这样使暹罗历史的真相更难了解。

关于郑昭的事迹,在我国史籍中之说及者,有清代俞正燮的《癸巳类稿》与魏源的《圣武记》,但二者都很为简略。一九二九年,李长傅在其所著的《南洋华侨史》、涂开舆所著的①均有叙述,但也不够详细,比较详细的是一九二九年温雄飞所著的《南洋华侨通史》以及署名为四十二梅居士在《珊瑚》半月刊第三卷第三号所发表的《郑昭传》。

在外国人的著作中,胡特(Wood)在其《暹罗史》(History of Siam)中说到较为详细(参看十五章,尤其是十六章),但对于他幼年的事迹几乎没有叙述。

暹罗泰族的发家历史,如《暹罗历史·过去与现在》(History of Siam: Past and Present,英文本),但这里所叙述关于郑昭的事情,如他的死前与死因有了不少的曲解。暹罗的私人著作中,如朗苇吉怀根(Luang Wijit Watkan)所著的《世界史纲》,其第六与第七卷中的暹罗史对于郑昭的叙述不只较为详细,而且较为公平,虽则他的主要目的并非为说明郑昭的历史的真相,而是为了郑昭的女婿,这就是篡夺郑昭的王位的却克里(Chakri)辩护。这段有关郑昭的事迹曾由许云樵译为中文,题为《暹罗王郑昭传》(一九三六年商务印书馆出版)。

四十二梅居士的《郑昭传》说:

> 郑昭,潮州澄海华富里人。(原注:"或作惠州人,误。今华富里尚有王祖墓及遗族。")父达,旷荡不羁,乡人号之曰歹子达。歹子,犹言浪子也。以贫不自聊,且见恶于乡人,乃附航南渡。时暹都大城,侨民商业萃焉,遂诣大城,藉赌为生,渐致富,更名曰镛,为摊主。暹旧政右赌,重征以维国用。俱华人擅其业,标领者多豪富,出入宫廷。镛缘是锡爵坤拍。娶暹妇洛央,生一子,即王也。

竹叶本《暹罗国史》也说:

> 其时,大城有华人名郑镛者,中国海丰人,爵居坤佛,为摊主。娶妻洛

---

① 编注:作者未写书名,似为《百科小丛书:华侨》,商务印书馆1935年版。

央，生一子，名信，即皇也。

朗苇吉怀根的《郑昭传》说：

> 佛爷达诞生于佛历二二七七（公元一七三四，清雍正十二年），岁次甲寅，为赌捐税史，中国海丰 Haihong 人之子也。《伟人传记》（Nangsu' Aphinihan Banphaburut）云：方其初生，卧摇篮中，有蛇入，蟠居其旁。其父以为不详，拟弃之。初海丰人与财政大臣昭佛爷碻克里（Jao Phraya Jakri）相友善。昭佛爷碻克里闻其事，见是儿貌不凡，乃请收为义子。及九岁，令入歌萨瓦寺（Wat Kosawat）从高僧铜棣（Thong Di）攻读。年十三，率之出，晋觐颂戴佛勃隆歌索（Somdet Phra Borom Kosot）皇，得侍卫职。暇则习华语，越语及印度语，均能流利。比年二十有一，昭佛爷碻克里乃命之薙发度为僧。越三载乃返，复任原职。迨佛第囊苏里耶阿默鳞（Phra Thinang Suriyat Amarin）皇即位，始赐爵为銮岳甲拔（Luang Yot Krabat），住于达府（Muang Tak），既而擢为太守。未既，晋爵为佛爷注卿巴工（Phraya Wachin Prakan），迁治甘丕璧府（Muang Kam Pheng Phet），惟人民犹称之为佛爷达。即登极后，尚自称昭达。（依许云樵的译文）

温雄飞在其《南洋华侨通史》中《郑昭传》说：

> 郑昭，广东潮州人，生于北暹罗之万特村（Bantak），故暹史称之曰特侯 Phya Tak。盖其幼年时，曾任本城副城长之职，未几被擢为城长，此特侯之称所由来也。母暹人，其父之事业无可考，大抵总为该地之大农，而势力及于政治者。故王乃能于幼年，凭藉其势，自拔为该地之城长。然生而勇敢，具远志，不屑[屑]于以一城之守长以囿其前程，故暇时恒留心于政治之得失、地方吏治之情弊，及军事之攻守。盖逆知尔时之暹罗国势，文武恬嬉，稍有外患，必崩溃不可收拾。时机一至，会当扶摇直上也。未几，擢升为甘壮披烈（Kam-Chong-Philet）市之市长。当其擢迁此职之时，暹廷左右，曾要索贿赂。王以阴有四方之志，苟不得其位，无所凭藉，赤手空拳，何足以展其怀抱，乃毅然许之。此王在野，潜龙待用之时代也。

上面几段关于郑昭的记载有了出入。首先，我们应该指出，郑昭的祖先是潮州澄海人而非海丰人或惠州人，这一点现在已成定论。我于一九六二年到过澄海，当地人说到有关郑昭祖先的一些故事，尤其是关于他的祖墓的故事，如说有人掘其祖坟，坟中有鸟七只，其中最大者飞十余丈而坠死。但郑昭有祖坟在澄海华富里也是没有问题的。民国初年，澄海还有人把其祖坟略为修建，以资纪念。我有好多旅暹的潮州朋友，以至在潮州的一些朋友也常常为我说到有关郑昭的故事，但也有不少是流于神话或难于置信。因为作为一个华裔，在他未出头之前，既很少有人注意到他，当权之后，又有人造出不少的神话，如说他少时躺在摇篮中，有蛇蟠居其旁等等，还有人说他生时，其母见有紫光显照，更有人说他之所以能王暹罗，是因为他的祖坟之在澄海者葬得其地。凡此种种，只能当为迷信社会中的神话传说来看待。

十八世纪的大城或阿瑜陀已有很多的外国人，而尤其是中国人留居于此，在华侨中又以潮州人较多，直到现在暹罗华侨仍以潮州人为最多，潮州话的普遍应用仅次于暹罗语的。三十年前，我到暹罗的清线（Chiengsen）看到其商业学校中列潮州话为必修课目之一。郑昭父亲之到暹罗大城大概也是因为当地的潮州人多，初到异地需要同乡亲朋加以照顾。暹罗政府的好多种营业税捐皆由华侨承办，这种情况直到廿世纪的三十年代还未改变。比方，酒为政府专卖的事业，酿酒多为华侨所承办，每年缴纳一个数目的款项给政府，承商领到酿酒的权利，酿酒出卖盈负全归承商，烟、赌也是如此。郑昭父亲到了大城之后，经过一个时期，能操当地方言交游官吏，承办赌摊，因而收入增加，娶暹妇成家立业。温雄飞说他为〈万〉特的大农，不知有何所据，又所谓〈万〉特（Bangtak），可能是孟特（Muang Tak）之误。其实温雄飞所记的那段话中，不只有了错误，而且很为空洞，其比较可靠的应以四十二梅居士与朗苇吉怀根的记载。

郑昭的父亲的身世，我们既知道的不多，而他死于何时也不清楚。他的母亲的家庭也不清楚，其所知者是名为洛央。郑昭得势之后，其母亲还在，他对于母亲感情很深，这一点我们当在下面再叙述。

郑昭的父亲既为摊主，可能因此而致富，又摊主承办赌摊要与财政部门办交涉，因而他的父亲又认识了当时的财政大臣，并且暹罗政府又赐他爵位，这样他的儿子得到这位官员的照顾也是人之常情。至说因蛇蟠居其摇篮之旁而想不要这个孩子，然后得到财政大臣收为义子却不一定是事实。

因为他的父亲与财政大臣有关系，郑昭得到后者的照顾，所以能进入寺庙得到学问渊博的僧人教示，后来又能得到王室的提拔以至被遣为地方首长。郑昭的这种遭遇应该说并非一般普通人民，而尤其是寓居当地的华侨子弟所能容易做到的。

郑昭的母亲既为暹人，她与郑镛结婚之后，因为潮州同乡之在大城者很多，可能她也学了一些潮州话，但照在暹罗的一般华侨之娶暹妇的情形来说，这种妇女在家庭中是常说暹罗语，故其子女也往往是说暹罗语。可是因为同乡多，学习潮州语的机会多，所以不只华侨子弟多能操其祖国乡间语言，就其暹妇也有不少能懂华语。郑昭学习华语机会很多，暹罗文字渊源于印度，梵文经典之在暹罗者很多，郑昭从高僧攻读，故也兼习印度文字。暹罗的东邻是柬埔寨与老挝，其与越南的关系比较的少，我们不了解他为什么要学越语，而况越南文字在那个时候就是中国文字，不知这里所说的越（Yuan）语是否就是柬埔寨语。

郑昭年二十一（公元一七五五）既薙发为僧，在寺中又住了三年，出寺后又当宫中的侍卫职，不久他被派为达府（Muang Tak）的长官，后来又升为太守，因为他官于达，而其名为信（Sin），故人们称他为达信（Taksin），他后来的官位虽然提升，以至他称暹罗王的时候，人们还是称他为达信或佛爷（Phra）达，据说他自己却称为昭（Chao）达。

应该指出，郑昭的真名是信，而郑是姓，所谓昭就是 Chao。昭的意义是王或主，或是官衔。太守也可以称为昭，所以当他当达（Tak）府太守时，人们称他为昭达（Chao Tak），人们也称他为佛爷昭达信。佛爷为 Phra 的对音，意义为圣，这个名词用以称呼官吏，也用以称呼君主，同时也用以称呼和尚或高僧。

这是他未做暹罗皇帝之前的称呼，他为王之后又被称为颂戴佛昭恭统婆里（Somdet Phra Chao Krung Thorburi）。颂戴是至等〔尊〕的意义，佛为圣，是 Phra 的对音，恭是京、京都与朝或皇朝的意义，统婆里是地名，就是现在的曼谷，严格的说是在现在的曼谷的对岸，这是郑昭称王后而建都所在的地方，他的女婿却克里篡他的王位之后，乃迁到统婆里的对面，就是现在的曼谷的中心区域或陀那巫里（Taonaburi）。事实上二者乃一个地方，不还〔过〕对河而已，自河之两岸连以铁桥以后，二者来往更为方便，所以现在的曼谷是包括了河的两岸。

郑昭做了达府太守之后不久，又调到甘丕碧府（Mu'ang Kam Pheng Phet）。自一七五九年至一七六七年的八年之中，缅甸不断的侵略暹罗，在战争剧烈的时候，他被召去抵抗缅军。有一个时期，他曾与碧差巫里（Petchaburi）的太守统率海军与缅军战，结果是遭了失败。因为他抗战不力，返到阿瑜陀时还受谴责，同时在固守京都时，因未得上级批准而擅自开炮攻击敌人，又引起国王的反感。

郑昭既一再未能得到上级的谅解，又看到缅甸军队围攻很急，暹罗京都危在旦夕，不能坚守下去，更没有反攻的力量，他自想，与其与城俱亡，不如突围他去，以图东山再起，于是他乃率领五百位士卒冲锋突围向呵叻高原逃跑。

郑昭的看法是对的，阿瑜陀于一七六七年四月七日被了缅军攻破，暹罗国王与随从数人乘小艇逃跑，不知所终。京都被了缅人蹂躏，几乎完全被毁，贵重物品全被缅人拿走，虽然京都之外像郑昭以及一些地方长官还维持其独立或半独立的状态，但京都失陷、国王逃跑，正是群龙无首，暹罗可以说是亡于缅甸，而数百年继续不断的阿瑜陀皇朝遂也因之而终止其朝祚。缅甸既得到胜利之后，大部分的军队乃回去缅甸，其所留下来的只是一小部分，据说留下一位大将叫做苏纪 Sugyi 者镇守暹罗，因为京都已成废墟，缅甸的统治只能在其附近驻扎。

胡特在其《暹罗史》中以为郑昭从京城突围出去的时候是向柯叻方向走，朗苇吉怀根在其郑王传中却以为郑昭是东方走，他先走到巴秦府（Mu'ang Prajin），后来又到坚塔婆里（Canthaburi），这是夜功河（Meklong）的流域。

在这个时候，郑昭的母亲正在璧婆里（Phetburi），她与郑昭音信不通，郑昭很挂念他的母亲，恰巧銮岳甲拔（Luang Yokrabat，按，为却克里 Chakri 的最初封号）的弟弟乃叔今达（Nai Sut Jinda）是郑昭的部下，而且很得郑昭的赏识。銮岳甲拔乃劝乃叔今达设法护送郑昭的母亲从碧婆里到坚塔婆里，郑昭因此而大喜过望，这说明像我们上面所说郑昭对于他的母亲是很有感情，传记只说迎接他的母亲，而没有说到父亲，可能他的父亲到了这个时候已经逝世。

銮岳甲拔传说因为建议找到郑昭的母亲，得到郑昭的提拔，所以此后成为郑昭的左右手，结果是杀死郑昭与篡夺郑昭的王位。

郑昭占据坚塔婆里之后，乃修建战舰，养育精锐，使其势力愈为长大，他的士卒人数已达五千人，比起突围的时候的人数增加十倍，这是一七六七年六七月间的事情，其距离阿瑜陀的失陷时间，不过约为二个月，这说明了郑昭的势〈力〉澎涨之快。

郑昭在这个时候感觉得实力已很充足，于是他乃进一步去扩张其领土。

当时的吞婆里（Tonburi，就是曼谷），上面所说的缅甸军队将领苏纪所遣派一个暹人叫做叨通因（Nai Tong Yn）所驻扎，郑昭就选择这个据点为他进攻的目标，他率领五百艘船沿湄南而上，在很短的时间攻破了吞婆里，捕获了叨通因并就地杀死这位暹奸。苏纪知道郑昭进攻吞婆里，乃遣人去攻伐郑昭，可是攻伐郑昭的军队中有了半数是暹罗人，暹罗人多不愿为缅人而自相残害，多逃跑了，率领缅军的首领孟牙（Maungya）也不得不逃回阿瑜陀附近缅军的大本营。郑昭遂沿河而上，一面追击孟牙的残众，一面准备攻伐苏纪的大本营。没有多久，苏纪所驻扎的大本营也攻破了，据说苏纪在这一役中战死，这样缅甸军队的重点被打垮了，故都阿瑜陀也重为暹罗军队所控制，国亡都破的暹罗又重新恢复其主权。

郑昭击败苏纪，恢复故都，对于暹罗恢复故国的信心大大的增加起来，同时郑昭不只对于还留在残破的大城而受缅人所控制的一些暹罗王室、大臣表示关怀与敬重，他对于已死的国王也掘其尸体，重新用隆重的礼仪重行安葬。这样他在暹罗人的心目中是驱逐敌人的英雄，是崇王爱民的领袖，他的地位愈高，声望愈隆，据说他还娶了王室大臣的女儿为妃，虽则传说有二位妃成为后来祸乱的引火线，也是他自己被杀的原因之一。

缅甸的侵略者的主力虽被郑昭所消灭，可是暹罗国内的局面还是四分五裂，而且盘据在各处的领主有的不只声誉比之郑昭为高，就是其实力也强于郑昭，统一暹罗的工作是一件十分困难的工作。

郑昭一方面设法巩固与增强其力量，另方面又尽力去使其所统治的领域内的人民得到安居与饱食的生活，他把国库的收入尽量用于公共事业与救济贫穷，使他不只在军事力量上能够增长，而且得到人民的爱戴，作为统一暹罗的准备工作。

同时，像我们在上面已经指出，阿瑜陀这个故都既以残破不堪，重新建设既不容〈易〉，而创立新的局面需要一个新的，而又在地理及其他适宜的条件的地方以为国都，于是他乃放弃大城，迁都于吞婆里或曼谷，这个新都不只具有好多优越的条件，同时可以避免故都的旧习俗的影响。这也就是说曼谷不只是征象一个新京城，而且是征象一个新朝代。

我们推想作为一个华裔而欲在暹罗统治，郑昭必要意识到旧都不只容易使人囿于旧习俗，而且容易引起人们回忆旧王朝、旧王室、旧国王、故人物，新都使人觉得一切都是新的，而且要从头做起，向前看，不向后转，故都与旧王朝、旧王室、旧国王、旧人物都一去而不复返了。

作为一个新统治者，他既决〈定〉迁国都，他又称为国王，据说他加冕时年仅三十四。

郑昭虽然打败了缅甸军队的主力，可是在他统治的地方的叻丕附近，还有一些缅甸军队，同时又有一些海军在夜功河，所幸正在这个时候，缅甸与中国有战事，前者忙于对付后者，不能兼顾到暹罗，所以暹、缅的战争处于停顿的状态。

但是在暹罗本国里，除了郑昭所占据的地方之地，还有其他的强有力者分据各处，其主要共有四处：

一为暹罗南部的半岛各处，当缅甸军队攻破大城的时候，太守帕巴叻（Par Palat）自立为王。

二为暹罗东部各处，包括呵叻在内，为前王子宫万帖辟匹（Krom Mu'n Thip Pit）所占据，并以披迈（P'imai）为都城。

三为彭世洛（Phisanulok）太守，号为銮王（King Ruang）者所占据。

四为彭世洛之北的地方，为一僧人名卢因（Ruan）者所占据，当时人们称他为孟枋（Muang Fang）僧王。

上面已经指出，在割据的诸王中，有的势力、地位比之郑昭为高。彭世洛太守就是一位，他是王室后代，称为王子，有资格去要求继承暹罗王位而继续阿瑜陀王朝的朝祚。因为这样，好多臣僚与人民对他也有好感。又如孟枋僧王利用迷信以惑众，在迷信很深的暹罗社会中，也有很多人把统一国家的责任托望于他。

这是群雄争逐、四分五裂的局面，郑昭固然是要剪灭他们而统治全国，他们之中尤其是像彭世洛太守与孟枋僧王也有同样的企图。在征伐的过程中，不只郑昭东征西伐，他们之中也互相征伐，如与孟枋僧王之攻伐彭世洛就是一个例子。

郑昭在数年之间征伐其他之称雄者，虽时有失败，然胜利最终是属于他的，他最后所消灭者就是彭世洛，而特别是北方的僧王。这是在一七七〇年初，僧王败北，逃命北方，不知所终。

郑昭既都击败了四位雄据各方而称王者，他遂完成了统一暹罗的宏业，他现在所统治的地方差不多是等于阿瑜陀王朝所领有的疆域，他击败了缅甸在暹罗的势力，恢复故国，又剪灭了国内的强雄，使四分五裂的暹罗又统一。这在暹罗的历史上是少有的人物，所以朗苇吉怀根在其著作里曾作了这样的估计：

  佛爷达……为匡复暹社功业盖世之大英杰，永为暹人所崇拜者也。其功业之伟大，实不稍逊于佛纳雷巽大王（Somdet Phra Naresuan Maharat）。其未得称大王者，非不足称，实吾人之称佛昭达信或佛昭恭统婆里，其崇敬之意，固无异于大王也。（许云樵译文）

  考在暹罗，人们称为大王者有三位，一为敢木丁（Ram Kham Heng），他是十三世纪下半叶的国王，这是苏口胎（Saukotai）王朝的第三位君主；一为阿瑜陀王朝佛纳雷巽，他在位的时候是一五九〇年至一六〇五年；一为曼谷王朝的朱隆功（Chulaungkan），他是这个王朝的第五世王。敢木丁在其父亲建立苏口胎王朝的时代，在军事上虽也有所帮忙，然除了征伐①一役外，并没有什么其他的大功劳，他继承其父王位而统治其国时间虽很长，但并没有什么了不起的建树，他甚至比不上与他同时的八百媳妇的君主孟莱（Mangrai），暹罗人对他的备加赞赏，实在是言过其实。了解暹罗历史的真相，尤其是苏口胎王朝的历史的真相的人们，应该重估他的劳绩与地位。至于佛纳雷巽的最大功劳是在他在位的十五年中，屡挫缅军，击败柬埔寨，然而在他的时代，暹罗既没有被缅甸所灭亡，国内环境不只不像郑昭时代那么紊乱，原来就较为安定，所以郑昭的处境比之佛纳雷巽艰苦百倍，而况郑昭乃一华侨，身世寒微，与佛纳雷巽位居国王绝不相同。若以佛纳雷巽而处在郑昭的地位，恐怕其所成就比之郑昭可能微之又微。至于朱隆功继承暹罗第四世王孟②（Mongkut）的余绪，在吸取西法上，虽有功绩，但这是第四世皇所已做的事情，而且是当时的时势所迫而使然，其他并没有惊人的成就，更难比于郑昭。

  郑昭既击败缅甸、统一暹罗，在他在位的十五年中，除了数次征伐缅甸外，他又征服兰那或清迈、征伐老挝与攻击柬埔寨。到他死的时候，暹罗的版图扩充不少，暹罗有一位历史学者吴福元（Nar Pri Ka Sri Jalalai）曾写过一篇纪念郑王的文章（暹罗曼谷出版的《中原月刊》创刊号，陈毓泰译文见该刊页七），以为在郑王时代，暹罗的领土不下一一五〇〇〇〇平方公里，一倍于现在的疆界（按，现在的暹罗面积为五一四〇〇〇平方公里），这位历史学者在其《郑王史辩》一文中，告诉我们道：

  北部并有全部百万稻田国（即所谓兰那泰或我国所称的八百媳妇，又称清迈），而达十三版纳尧。东北部，起自呵叻，而达湄公河左岸流域全部，明言之，即并有那空、占婆赛、那空万象、孟枋、那空朗勃剌邦，六王侯地十二点泰，而止于现属中国云南省边疆。东部并有柬埔寨全部，东南并有蒲

---

① 校按：此处原稿空四格。
② 校按：此处原稿空一格。

泰全部。南部并有丁加奴全部。西部并有丹茗（即玛烈，又名墨规）、廷那撒琳（即顿逊，又称打锚星）。（陈毓泰译文，登《南洋学报》二卷一辑）

应该指出，吴福元这里所说的好多列入暹罗版图的地方，不是没有问题的，有的像丁加奴，可以说当暹罗为上国，有的是暂时受暹罗的控制，但是在郑昭时代暹罗所统治的地方是大于现在的暹罗也是无可疑的。而且在郑昭的时代，暹罗所统治的地方比之阿瑜陀王朝的领土应该说是大了好几倍。我们知道苏口胎王朝的领土南不到华富里（Lopburi），北不至南邦（Lampang），东离呵叻很远，西只达夜功河流域。在阿瑜陀王朝的时代，北也不到南邦，东也不至呵叻，西包括了夜功河流〈域〉，只在南边伸张得较多，除包括吞巫里或曼谷外，还抵达马来半岛的北部，所以暹罗版图之扩张的最最广的是在郑昭的时代。现在的暹罗领土虽比之郑昭时代为小，但比之阿瑜陀王朝大得多，比之苏口胎王朝更大得多，所以今日的暹罗疆界在大致上还是由于郑昭的开疆辟土，否则今日的暹罗至多只是承继阿瑜陀的遗产而已矣。

总而言之，今日的暹罗大于阿瑜陀王朝所统治的地方大了不止一倍，它包括了八百媳妇的全部，又包括了东北的呵叻高原，这二者合并起来大于阿瑜陀王朝的疆域，而二者之列入今日的暹罗版图是与郑昭的开辟疆土分不开的，所以郑昭不只是驱逐缅甸、恢复社稷的英雄，而且是开拓领土，奠定了今〈日〉的暹罗疆域的主要人物。

除此以外，郑昭既统一了暹罗全国，他对于内政也很注意，他所重用的臣僚虽然也是杀他与篡他王位的贼臣，但是曼谷王朝的朝祚，从却克里或拉玛第一以至于今还能维持了一百多年，而暹罗在百多年中能成为一个独立国家，追源溯本也不能不归功于郑昭。

郑昭除了上面所说的伟大的劳绩之外，他迁都曼谷是征象了：

（一）一个新都市的发达
（二）一个新王朝的勃兴
（三）一个新暹罗的出现

这三个方面虽然可以分开来说，但却有了密切的关系，而且应该指出，所谓新的王朝的勃兴固是由于迁都曼谷，所谓新的暹罗的出现也是由于迁都曼谷。因此之故，我们在叙述（二）（三）两项之前，我们应该先谈这是新京都。迁都曼谷虽然不过是郑昭的伟大的功绩之一，然而这件工作不只是这个新王朝的基础，也是新暹罗的基础。我以为这是郑昭的远见，这是郑昭的最为伟大而最为永久的功劳。

暹罗京都迁到曼谷之后，曼谷不只成为暹罗的政治中心，而且成为暹罗的经济与文化教育的中心，这个都市不只成为暹罗的最大都市，而且成为东南亚与世界上的一个最大的都市。

我们知道，阿瑜陀或大城不只偏靠上游，离海较远，水位较浅，而且这个都城原来是建立在一个岛屿之上，发展起来较为困难，加以像我们在上面所说旧都城为了旧传统所囿，发展起来免不了有阻力。相反的曼谷既出海较近，湄南下游水位较深，而且在这个地方，在汽车、电车未发展之前，河流交错，交通方便，湄南两岸尽为旷地，发展容易，所以百余年间，曼谷可以从一个很小的市镇而成为一个大都会。

在很久以前，曼谷这一带可能还是一个海湾，是暹罗湾的凸入海湾，但是因经过长期的沙土，是湄南上游冲积下来，这个凸入海湾逐渐为沙土所遮掩，而乃成为低洼地带，同时又成为河流交错的地区，这样原来傍海的曼谷遂成为傍河的地方，去海还有二十余公里。

郑昭建都的曼谷是在湄南西岸，这就是现在的曼谷的对岸，却克里杀郑昭而自立为王之后，其王宫乃迁到东岸。现在的曼谷既有大桥沟通两岸，东西两岸不只来往方便，而且两方人口都很快增加，成为一个百多万人口的大都市。

曼谷地势既较低，河流又多，洼地多蚊，曼与蚊音相近，而谷与国音相近，因而华侨有叫曼谷为"蚊国"者。听说最近暹罗政府又有改曼谷为陀那巫里（Tanaburi）的建议，但曼谷之名用之既久，人们仍多称为曼谷。

上面已经指出，曼谷的河流交错，在这个城市发展的初期，与在汽车、电车还未发展之时，曼谷交通多靠河道，以前人们所建房屋多在河边，以小河为街道，这些小河称为渠弄（Klong），所以曼谷有〔又〕称为东方的威尼斯。

百余年来，尤其是从这个世纪初年至现在，曼谷不只是人口增加，市区扩大，而且在建筑与交通方面，以至其他的公用事业也正在很快的发展起〈来〉，新的马路代替了好多行驶小船的小河，电车、汽车、三轮车以至小汽船代替了手摇的木艇。在湄南河中，轮船之停泊者到处可见，从这有好多小型轮船经常开到这条河流的上游城市，也有的经常开到河的下游以至海滨，更有很多驶到香港、广州、汕头、海口以及东南亚的好多港口，如新嘉坡、西贡等处，以至世界其他的地方。曼谷是一暹罗最〈大〉的通商口岸，也是东南亚与世界的通商口岸，在十七八世纪的时代，英、荷、法、日各国的船舶已到这个港口。

市区的马路既日筑日多，陆道交通压倒了小河的交通，而且从这里可以乘汽车或火车到其他的好多地方，曼谷有火车直通北边的大城华富里、苏口胎、南邦以至清迈东北，可以经柯叻而到朗开。朗开在湄公河旁，对河就是老挝的首都万象，东边可以直抵乌汶，这也是在湄公河旁，对河也是老挝，其东边偏南的亚兰是与柬埔寨交界的地方。从曼谷也有火车抵达，从曼谷又有火车到暹属的马来半岛，好多火车所走的路线往往也有公路，至于没有火车可通的地方，往往又有公路可通。现在的暹罗既有了很多的铁道与公路，又有湄南这条河贯通南北，全国交通较为方便，而其交通的枢纽就是曼谷。

曼谷固有轮船到世界其他各处，曼谷也有火车或公路可以通达其邻国或其他各国。从曼谷可以乘火车到柬埔寨的首都金塔或金边，除金边到西贡这一段路没有火车外，从西贡有火车到河内，从河内有火车到我国的云南昆明，从河内也有火车到我国广西南宁，从南宁可以乘车到我国其它各处以至北京，或东北三省，或内蒙古而抵达苏联，以至欧洲各国。

又从曼谷，人们可以乘坐火车抵达暹罗所属的马来半岛以至马来亚的吉隆坡、马六甲、新嘉坡等地。

公路之到邻国的，如从南邦乘车到清线，从此可以通缅甸的东北部，也可以从柯叻而抵达朗开，渡河而到老挝。

航空发达以后，曼谷成为东方的航空的一个很为重要的航空站。曼谷的丹蒙飞机场是东方一个最大的飞机场，建筑于三十年前，当时的规模已经很大，成为国际航空的大站，从香港到新嘉坡以至缅甸、印度、欧洲的好多飞机都经过或暂停在这里，这个飞机场的设备比之世界其他各国的并无愧色。

暹罗年来对于国内航空也很注意，好多地方也有航线，暹罗幅员只有五千多平方公里，除从最南到最北的航程较长外，从曼谷到任何地方航程较近。有了航线，又加以铁道、公路，使这个京都之于全国各处在交通上很为方便。

曼谷是一个国际都市，也是暹罗的最大的城市。应该说是暹罗的唯一的大城市，我们知道暹罗的所谓仅次于曼谷的城市是清迈，可是清迈的人口大约只有十万左右，在一般的城市来说，只能算作中型城市，不能称为大城市。曼谷人口有了百万以上，所以曼谷之于暹罗的其他城市正如大巫与小巫之比。不像我们中国，三百万以上的人口的〈城〉市就有很多，二百万以上的人口的城市又更多，至于百万以上的人口的城市有了十个以上。

曼谷既为暹罗的最大城市，又是政治、经济、教育与文化其他方面的最集中的地方。北京是政治的中心，但是工业、商业的集中地方有上海、天津、武汉、广州等处，教育、文化，现在的北京虽也很集中，但各大城市与各省都有不少的高等学校与其他的文化机关。曼谷就不是这样，这个城市几乎是政治、工商业、教育与文化的其他方面的总集中的地方，所以到了暹罗的人只有在曼谷可以看到这是一个大城市，假使你到了暹罗的第二大城市的清迈，你就立刻感觉到这与曼谷完全不同，人口虽然也约有十万，但是景象好似是个乡村一样。古老的城围，漫散的房屋，稀少的车辆以及一些小型的工厂与商店，置身其中者，既没有大城市的感觉，也没有大城市的噪闹，一切都比较安定幽静，在树木的枝叶互相交错的马路上行走，好像是在公园里散步。

除了清迈以外，其他的一些所谓较大的城市，像大城（阿瑜陀）虽然也有一些工商业，但古香古色的气味很重。苏口胎曾是暹罗所谓泰族的最早的都城，可是现在已毁败不堪，古香古色的气味更重，旅行到此者只能凭吊古昔而已。华富里（Lopburi）是一个更古的城市——猛人所建立的城市，虽然在靠近车站的数条街道，人们熙熙攘攘，小摊拥拥挤挤，像我们国内的一个小市镇。旅客到此者，其印象比较深刻的不只是到处可见的市场，而且是千数百年来，猛族人民所遗留下来的寺塔一座一座的耸立。此外，又如东北边的清线、西北高原的呵叻以及乌汶等等城市在暹罗虽然也可以列为中型城市，但在我国、在世界其他各国只能当为小市镇。

因为在暹罗其他的城市虽比较的小——应该说特别的小，所以曼谷显得特别的大，特别繁荣，两者真有点巨人与侏儒的对比。有一次我们到了清迈的郊区，参观了一座乡村寺庙，一位和尚年约四十，曾到过曼谷寺庙住过一个短时期，他问我有没有到过曼谷，我说我是从曼谷来的，他问我住在曼谷多久，我说只有二个星期，他立刻说那你还不会认识曼谷，因为他在曼谷住了数月还认不清曼谷的东西南北。那么他的结论：我在曼谷二个星期，我所认识的曼谷一定比他更少。他说曼谷太大了，大得街道数不清，房屋数不清，人口数不清！他还问我你有没有见过比曼谷更大的城市，为了满足他对于曼谷的伟大的信心，我告诉他曼谷是暹罗最大、顶大、极大的城市。

曼谷之所以成为暹罗最大的城市，这是与郑昭建都于此有了密切的关系，但这与我国侨胞之在曼谷也有密切的关系。

到过暹罗的人们，无论到那里都很容易看到华侨。我有一次到清线，在离这个城市约十多公里的一个比较偏僻的乡村，应该说这不能算为乡村，因为在这里只有五六家人居住，而且各人所住的并不在一块，从一家到别的有的要走十余分钟路。我看到一位当地装饰的年青妇，这是佬人——是八百媳妇的〈后〉裔，带着一个约三岁的小孩，小孩穿裤子，我一看就知道这是华侨的孩子。我问[问]小孩爸爸在那里，妇人似懂得我所问的意思，她用手指着一个不远的地方，同时要我跟着她走，约走了五六分钟到了她家，小孩叫声爸爸，出了一位男主人，他首先用暹话问我是什么人，我说我是海南人，他大喜过望，一声"同乡"，谈起来十分融洽。他把家中的水果、食品都拿出来告诉我道：三年，多年，他在这里还没有看到一位同乡。说也奇怪，他的妻子与孩〈子〉还说出好几句海南话，这是他经常教训的结果。他的职业主要是采集山货拿到清线出卖，偶而也到曼谷，据他说除清线外，在二三十里周围中，虽然没有海南人，但有不少潮州人。在稍大的乡村中，一个小小的杂货店门前贴的红纸写的"开张骏发"或"对我生财"或"天官赐福"，至于小市镇好多店铺也多为华侨所开设。

曼谷不只不是个例外，而是华侨集中的地方。

应该指出，在郑昭未建都在这个地方之前，已有不少华侨寓居在这里，主要是做生意的，他们不只与当时的京都大城的华侨有了商业上的关系，而且已与我国国内以至东南亚一些国家有了交易的往来，因为这个地方像上面所说，已有外国，如英国、荷兰等船舶停泊这里，华侨之于这些国家商船、商人也必有了关系。

我很怀疑郑昭可能在其早年，而特别是在他打败缅甸人所遣派的驻扎这个地方的暹人太守之后，与了当地华侨商谈之后觉得这个地方是个交通要道，将来大可发展，于是乃决定迁都到这个地方。

也有可能的是在他小年的时候，他的父亲既是摊主，可能也做点他种生意，至少他的父亲不只与大城的潮州人或其他华侨互相往来，而且与曼谷或吞巫里的华侨多相认识，从后者的往来中知道这个地方商业逐渐繁盛，是暹罗货物出口的集中处，也是外国商品到暹罗的终，从此再用驳船运进大城以及其它各处。这样小年的郑昭也因之而认识到这个地方的重要性，所以当他当权之后，他就选择这个地方为京都。

曼谷在郑昭未建都之前已有很多华侨，其实根据西籍所载，那个时候在这个地方主要是中国人，我们相信郑昭建都之后，必定利用这里以至从其它各处所招徕的不少华侨为他披荆棘辟市场，建筑道路，营造宫室。

其实直到最近，有关建筑与各种建设工作，暹罗政府还利用华侨去作，甚至在穷乡僻壤，房屋之最好的多为寺庙，而寺庙的承造者几乎皆为华侨。郑昭是华侨子弟，华侨当时之在大城或其他各处的不只经营商业，而且经营其他各业，所以郑昭的建设京都的工作一定有很多的华侨参加，就是后来的国王建筑王宫、寺庙同样用了很多华侨去作。现在的曼谷王宫虽然风格是暹罗的，但已受中国建筑的影响，说不定郑昭所建的宫室其受中国的影响更大、更深。

应该指出，暹罗泰族的文化之受中国的影响历史很久，远在苏口胎时代的敢木丁已找了很多华人在①建筑陶窑，制造瓷器。苏口胎这个城市的建筑、阿瑜陀这个城市的建筑以至八百媳妇在清迈所建的城市都受中国的影响。郑昭不只不会是个例外，而且他本身即是华侨，其利用华侨比之其他君主必当更多。暹罗人杀死他后，曾数他三大罪状，其中第一条说他为华侨之子，而非暹人，虽然这是污蔑之辞，然也可能说明他多信用华侨而引起暹人的妒忌。

曼谷的发展是与曼谷的华侨有了密切的关系，而且是有其长久的历史的。其实华侨对于曼谷的繁荣的贡献是随着时代的发展而愈大。在曼谷的历史上，华侨在曼谷人口的数目上所占的百分比是很高的。上面已经指出，在郑昭未建都之前，寓居于这个地方的人们最多是华侨。在十八世纪的末年，有人估计华侨之在曼谷者，还占大多数，十九世纪的情况也差不多。在二十世纪的二十年代至三十年代，到过曼谷的人总会感觉到华侨到处可见，可能还是占了多数。近二三十年来，暹罗"排华运动"一起再起，华侨之在曼谷者，可能受了多少影响，然这

---

① 校按：此处原稿空四格。

种影响不会太大，华侨之在这个京都的在比例上不会少于暹罗的泰族。

旅行在曼谷的人们不要说在最热闹的三条街，店铺多为华侨所开办，就是其他的大街小巷，都可以看到华侨商店到处林立，铺店可以说是无论那一种，都有华侨经营。酒是政府专卖的，但二十多年前承办者都是华侨，所以走在曼谷的街道上的人们有点觉得是走在天津、上海的街道。在暹罗政府还未命令所有商店都要用暹文招牌之前，街道上的招牌处处都有中文，大的、小的、金字的、黑字的，不懂得暹文或西文的华侨一看，就知道某一个店是作某种生意，这种情形不只在曼谷是这样，在暹罗的其他城市也差不多是这样。

暹罗的出口大宗是米与木，前者尤为重要，可是无论是在曼谷也好，在其他的地方也好，米较（碾米工厂）与火锯（锯木工厂）几乎都为华侨所开设，暹罗工业不很发达，此二者只算为加工工厂，其他如水泥厂、汽水厂、冰厂也多为华侨所经营，至于一些手工业或家庭工业也多为华侨所从事。

其实各样各式的职业都有华侨参加。从火车上的炊事员，以至铁路饭店中的炊事员与招待员也多为华侨，街道上的黄包车或洋车拉的是华侨，后来有一个短〈时〉期中，三轮车驾驶员也是华侨，码头上的搬运工人、湄南流域上的好多运输船与谷船船主，［船主］多为华侨。在湄南河与暹罗湾里的渔民也有华侨，暹罗北部的深山丛林里的采购山货的人们也多为华侨。在曼谷菜市中的小摊子，如卖水果、蔬菜等，虽多为暹罗妇女，但在街道上的好多吃的、用的小摊也有华侨经营。我在曼谷，晚上有时喜欢到暹罗国会前面的草地乘凉，这里有的小摊卖冰冻椰子。所谓冰冻椰子是用椰肉还很软的椰子去其外皮，放在冰桶里，冻得里面的椰汁将结成冰而却又不硬，吃时打开椰壳，成为一大口，用匙掘出椰肉与冰冻的椰汁，甜凉可口，比之椰肉、椰汁原味尤为可口。华侨固多喜吃此品，暹人也多到这里尝其味道，可是挑小摊而到这里的，也是华侨。所以在曼谷的各种职业中，华侨可以说是无孔不入。

应该指出，这种情况在二三十年来是改变了，而且有的地方改变得很厉害，这主要是由于暹罗政府严厉的执行了所谓排华政策。这个政策开始于二十年代的末年与三十年代的初〈年〉，当然在理论上，其排华的论调更早在二十年代的先后，尤其是在暹罗第六世皇的时代，这位国王就高举起反华的旗帜，著书立说反中国人、骂中国，以为中国人比之犹太人尤为厉害、尤为可憎。后来实行这个政策之后，用了法令以及各式各样的方法去限制中国人的移入，限制以至取消在暹罗的华侨所经营的事业。暹罗政府用很高的入口税与很高的文化标准去限制中国人进入暹罗，用婚姻去引诱中国男人与暹罗妇女结婚，使其第二代变为暹罗人。又用各种法令去限制华侨经营商业或开设工厂，有的商业不准中国人开办，有的工厂不许中国人设立，准其设立者又规定百分之七十工人要雇暹罗人，建了华侨学校，除了华侨校长、教师之外，要请一个暹人校〈长〉或一些暹人教师，驾驶三轮车只有暹人可以当之，中国人被禁止。

这样的法令与政策对于华侨是有很大的影响的，比方一九三五年，我到曼谷时，西药药房几乎全为华侨所开设，可是到了一九四八年，我在曼谷发现不少暹人所开的药房，暹罗政府用了最优待的条件去鼓励本国人去经营这个行业，又用很苛刻的方法去限制华侨所开设的药行，目的是逐渐消减了后者，而使其最后消灭。药业是如此，其他各业也是如此。然而尽管暹罗政府无所不用其极去排华，华侨的工商业是否在不久的将来就会完全消灭，还是一个问题，问题是在于暹罗政府本身对于经营工商业既还未懂，而暹人之经营此业者缺乏经验，不善于经营，所以若说在短期中要连根拔丢〔去〕华侨在百多年来所奠立的基础也是不容易的。

尽管暹罗政府用了最优越的条件去培植本国人经营各种行业，可以〔与〕暹罗官吏自身有了矛盾。我要我的亲戚朋友去作某公司经理，当重要职位，你也同样这样作，争得不休，一得到手之后，自己当为后台老板，而当为公司经理与重要职位者，各打各人的算盘，盈利归己、归上司，亏本归公家，这样公司就很不容易维持下去。

有的行业不准用华侨名义去领牌照的，有的暹罗人就顶名领照，实际上就是华侨办理，名义的经理或股东坐而吃干薪，有的对于业务完全不懂也不过问，支薪分红就已满足，甚至好多年前在华侨学校的暹人校长也是这样。我曾与一位校长谈过，他说政府派他当校长，他觉得高兴，但也很惭愧，高兴的是他是校长，有职位、有常薪，惭愧的是他不懂得教育，更不懂得华侨教育，虽然华侨校长对他很为客气尊重，事事与他商量，可是他既不懂，只好做个 Yesman（样样照办的意思）。

在曼谷的华侨，在经济方面固是占很重要的地位，在政治上也占有重要的地位。应该指出，在政治上占了重要的地位的华侨严格来说是华裔，是华侨的后代，是入了暹罗籍的华侨或中国人，暹罗的华侨常说愿意穿帕侬，就可以做暹罗〈人〉。帕侬是暹罗人所穿的下身服装，穿帕侬者采用暹人服装，采用暹人服装也可以说是采用暹人风俗习惯，以至入了暹罗国籍。

上面已经指出，暹罗政府很鼓励中国男人与暹罗妇女结婚。暹罗的最高学府朱隆功大学曾把这个问题开过讨论会，结论是中国男子与暹罗妇女结婚是天作之美，应该提倡。在这个结论的后面就是暹罗政府暹化华侨的政策，暹罗政府不只鼓励其妇女与华侨结婚，而且据说暹罗学校当局经常对在校的暹罗年青妇女〈说〉，假如她们与华侨结婚的话，应该教育子女热爱暹罗，养成暹罗的公民。子女受母亲影响最大，华侨忙于谋生，子女小年教育完全操之母亲，说的暹罗话，一切行为都暹罗化，父亲一死，这些子女往往就变为暹罗人。变为暹罗人就可以做暹罗官，〔暹〕暹罗官的华侨后裔有了很多排斥华侨，比之好多暹罗官吏更为厉害，原因是这种人为要取得暹罗人的信任，所以不得不这样作，当然也有不少对于华侨有好感，有的宁愿弃官不做，〈也〉不愿参加排华运动。

在暹罗的泰族中，尤其是在曼谷王朝建立以后，所谓华裔的数目虽然没有人做过统计，但其数目必当很大。在暹罗政府的高级官员以至王室中也有很多是华人血统。暹罗曼谷王朝的第七世皇一再声称他有华人血统，却克里或第一世皇是郑昭的女婿，他的后代当然有了华人血统，至于政府中的内阁、总理、部长、司长等等之有华侨血统更不知多少。

原来华侨的经济地位既比较优裕，他们的子女之受高等教育或出洋留学者很多，他们学完之后，只是愿意入暹罗籍就可以得到政治上的地位。我有一位同乡云茂修（竹亭）旅暹很久，兄弟数人，他与较大的弟弟经营商业，开设冰厂，有一个时期生意很好，他在暹罗的社会地位很高。他有一位弟弟叫做老七，在暹罗外文学校毕业之后，又到英国留学，回后在暹罗政府做事。他曾做外交部长，他是一位十足暹化的人物，但是他的哥哥们却是典型的中国士商，他们参加好多华侨团体，工作也常常回到祖国，对于家乡的事情尤为关切，我数次到暹罗，他经常陪我游玩。他们兄弟数人同住在一个很大的围院里，每人一座洋楼。竹亭家中挂了很多中国画与对联，又有好多古董与盆花。有一天夜间约二时他打电话给我，一定要我〈到〉他家里，我起床穿好衣服后，汽车已在门外待候，我最初以为什么重要事，原来是他的盆花中有二盆昙花大开，他高兴得不得了，当为好的预兆，所以请些朋友来看，而且临时备了丰富的点心，各种各样的饮料——酒、咖啡、茶等等。

有一次他要我到他的弟弟老七家中与老七坐谈，他弟弟用英语与我谈话（他也可以说普通的海南话），他对我说了二次的"你的国家"（指中国，your country），当他第三次这样讲时，他的哥哥立刻打断他的说话，他的哥哥说：

"这是同乡与你谈话，不是别人，这是在我们家里，不是在暹罗外交部，你何必一说再说'你的国家'这些官话。"

他的弟弟面红起来，可是他微笑道：

"我的哥哥经常对我说我是暹罗官，我是中国人，在某种意义上我不能不这样的承认，但在某种场合中，我不同意他的说法。"

我后还听说在他们的家里，以前父母在时，生日、过年他们还要穿起长衣马褂，叩头行跪礼，父母死后，哥哥还要弟弟与子侄们这样的做。

我又看到一位华侨后裔名为苏迪，暹罗政府曾派他到中国北京大学留学。他回暹罗之后，在教育部当某司司长，当时年纪还不够三十。有一天他请我到他家吃饭，他的夫人出来时，他用英话介绍我，介绍完后，我听得她用潮州话问他我是中国那一个地方人，我用潮州话对她说，我是"海南人"，她高兴了不得，并且说我们就用潮州话谈话好吗，我的潮州话并不好，我告诉她我只〈会〉说一些,并不流利,她说苏迪也说得不流利,可是后来我发现苏迪说得很好,他们能说英语、潮州话、中国国语——当然没有问题能说暹罗语。

当天吃的是暹罗菜与潮州菜的混合品,这位夫人是华侨的女孩,她若不入暹罗籍,其子女没有问题是暹罗人,苏迪是暹人,是华裔,他既到中国留学,又娶了华化很深的夫人,子女也会华化。

上面两个例子不是个别的,但另一方〈面〉我们得指出,好多华裔是不懂中国话,不懂中国风俗习惯了。血统上华裔,但事实上是暹罗人。

暹罗在经济上虽也深受资本主义的压迫,但二三十年前是东南亚的唯一的独立国家,所以华裔或暹化华裔能在政治上升到很高的地位,这是在其他的殖民地中所罕见的现象,同时好多华侨在政府里虽没有一官半职,但社会地位很高,他们经常与高级政府官员,以至王室人物互相往来。这种关系的历史很久,郑昭父亲之认识当时的财政大臣就是一个例子,因此多数的华侨在经营商业上虽然主要靠着自己的勤劳或亲朋的帮忙而起家,但也有一些得到政府的官员的帮忙而致富。

河 内

　　河内位在红河的右岸，从这个地方到红河河口，这就是到海约一百六十公里，离越南西北的边境的老街，这就是与我国云南的河口，隔河对面是二百九十六公里。河内可以说是居在东京的中心，东京北与吾国的云南与广西为邻，南近清华，西与老族或越南人所谓为哀牢人所居的地方，东临东京湾或北部湾。这个地区主要是一个平原或是三角洲，乃红河冲积所成，土地肥美，从海防到河内约一百公里，从火车或汽车上举目四望，稻田遍地，广无涯际，每年二次收获固无问题，有的一年还可三熟。这是北越的粮库，海阳一带是粮食集中的地区，其所出产的粮每年约二百万吨，在整个越南来说只次于南越的湄公河下游。自古以来，这是一个人口较稠的地方，也是越南经济与政治的重要区域，除了平原之外，西北一带多为山区，群山万岭，林木丛生。

　　红河源出我国西南，在我国者称为富良江，长一千三百公里，河之右有一条河叫做白河，河之左又有一条河叫做黑水，黑、白两河流到河内合二为一，所以河内成为东京地区的水运交通很为方便的地方。法人占据之后又有铁路，西北通到老街以至我国云南昆明，东边通到海防，而南又通到西贡。

　　天然的环境与优越的条件使河内以及其附近地区不只在近代占了很重要的地位，而且是自古以来就占了很重要的地位。

　　河内与其附近地区在过去是叫做交趾。交趾在古代是指着现在的东京或三角洲一带，也同时又是这个地方的首府所在地。交趾、九真与日南是三个郡，交趾也是交趾郡守所住的地方，同时又是交州，包括九真与日南的首邑。可是在古代，交趾的首邑城市是否也就是在现在的河内这个地方，却是一个问题，《汉书·地理志下》记交趾郡有十个县，排列如下：

　　　　羸娄，安定，苟屚，麓泠，曲易，北带，稽徐，西于，龙编，朱䳒。

　　《水经注》引《交州外域记》说羸娄为郡治，又，若照排列的次序来说，羸娄排的最先，羸娄应为交趾郡的首邑，但是《水经注》引《交州外域记》说：

　　　　麓泠县，汉武帝元鼎六年（公元前一一一年）开都尉治。《交州外域记》曰：……路将军到合浦，越王令二使者赍牛百头，酒千钟，及二郡民户口簿，诣路将军。乃拜二使者为交趾、九真太守。诸雒将主民如故。交趾郡及州本治于此。（看该书卷十四十①）

---

① 编注：目前所见到的《水经注》版本显示，应为卷三十七。

究竟嬴娄还是麓泠是郡治还是一个问题，但郡守在不同时间中也可以在不同的地方。而且应该指出，这里所举的十县中的龙编也曾当过郡治。在地位上，麓泠是在交趾郡的西北，龙编是麓泠的东南，嬴娄又在龙编的东南，照地位来说，麓泠较偏于西北，龙编较适中，而嬴娄更适中。在前汉时代，可能最初以麓泠为郡守，后来觉得嬴娄适中，乃迁到这里。在后汉时代，这就是公元一三六年，当周敞任交趾太守时，郡治是在龙编，这一点见于《太平寰宇记》卷一七〇。为什么又迁到龙编不得而知，可是我们知道当士燮拜为交趾太守之前（公元二〇七年），交趾郡治又迁回嬴娄，后汉建武十五年（公元二一〇年），士燮归附于吴，吴曾封他为龙编侯，龙编又列为交趾十县之首，说明龙编又为郡治。

迁移郡治虽然是一件大事情，尤其是在近代，迁移一个省城以至府城是要经过好多考虑而决定，但是我们也知道在古代，特别是在离中国京都很远，像交趾这个地方，所谓郡治的城池、房舍还是比较简单，迁郡治也非一件很为困难的事情。《宋史·交趾传》载淳化二年（公元九九一年），中国遣派使者到交趾时，据使者的报告：

> 抵交州海岸十五里，有茅亭五间……至城一百里……城中无居民，止有茅竹屋数十百区，以为军营。而府署湫隘。

这是交趾，黎桓时代的都城，其简陋湫隘还尚如此，在此之前的好多朝代，当交趾还是一个郡的时候，房屋府署未必很为堂皇壮丽。因此之故，郡治从一个地方迁到另一个距离并不太远的地方是容易理解的。

麓泠、龙编与嬴娄这三个地方虽然是在河内或东京这一带，但并不在今日河内这个城市所在的地址。南北朝时，这就是公元五世纪的时候，宋置宋平县，郡治也在宋平县，这个宋平郡治可以说是后来的河内的所在地。南齐也置宋平郡，宋平这个名称可以说是始于南北朝，隋也以宋平为郡治。

唐代都护府治也是在宋平，唐代宋〔宗〕大历二年（七六七），张伯仪曾在此建城；德宗贞元七年（七九一），赵昌又把这个城改建，到了宪宗元和三年（八〇八），安南都护张舟也在这里建大罗城；穆宗长庆四年（八二四），李元嘉又在靠近这个地方建大罗城；懿宗咸通二年（八六二）南诏攻陷交趾，占据这个地方及其都护府，治约三年之久，唐朝遣高骈将兵攻破南诏在交趾的势力，又在李元嘉所建的城故址上建城，这个城是在现在的河内的西北角，城址还可看见。所以今日的河内可以说，就是以往的宋平郡治故址，唐沿南北朝、宋代的故制，除称府治为宋平外，又置宋平县，宋平县治也就是府治所在地，所以《新唐书》与《旧唐书》记载这个府治，各县皆列宋平为首。

大致上我们可以说，从隋代初年以至于现在河内（也就隋唐的宋平）是交趾的都城。但千余年来，也有的时候人们把别的地方当为都城的，比方吴权于公元九三九年自立为王，他把都城建在古螺，古螺是靠近龙编而在其西北。又如在公元九六八年，刺史丁公著之子部领征服十二使君，先自号为万胜王，至这个时候又称为帝，他却把都城建于清化省安康县的花间，他的国号叫做大瞿越。到了黎桓时代（公元九八〇至一〇〇五年），他又把都城建于现在的河内。

这个地方之所以称为河内，是因为它是在河之内，这就是说它是为了红河及其支流所包围，所以称为河内。在法国还未强迫东京为保护国之前，在十六世纪的时候，已有英国人、荷兰人与法国人来到河内做生意，此后其他的一些欧美国家也有人到这里。

十九世纪的下半叶，法人占据东京之后，河内不只成为东京的都会，而且成为整个越南——这就是东京——或北圻、中圻与南圻的首都，后来法国人并吞了柬埔寨与老挝，这两个地方也归驻在河内的总督管辖，这就是法国人所称的印度中国（Indo-Chin-China），河内不只成为法国统治越南、柬埔寨、老挝的首都，而且最没有道理的，法国人于一八九八年强迫我国租与广州湾——湛江之后，广州湾也归印度中国的总督统治。

不只这样，法国帝国主义者又把河内当为侵略我国广西，而尤其是云南的根据地。他从河内建筑铁道到我们广西的边境，又筑铁〈道〉从河内经老街而越过我国的河口，而直达云南省会的昆明，又在云南边境掠夺了猛乌、乌得两块很大的土地，把我国的西南当为它的势力范围之内。

从历史上来看，法国之占据东京而把河内当为侵略北越以至中国西南，是一件很可痛恨的事情，原来法国自一八六二年在《西贡条约》中就获得湄公河的航行权，当时就想由湄公河而侵入中国。一八六六年，法国遣海军将领加尼亚（Garnier）试航湄公河，目的是要从下游而至上游，这就是进入云南境内的澜沧江，当时在云南正是回民起义，反抗清廷。有法国商人叫做杜威斯（Duyvis）者，乃建议法国政府由红河可通云南、西贡，法国总督不久又遣加尼亚率舰到河内，又与杜威斯狼狈为奸，攻陷北宁、海阳、南定与宁平等处。在东京的越南政府除尽力抵抗之外，又请到刘永福率其黑旗军合御敌人，结果是加尼亚战败，而他自己也被杀死，于是法国乃与安南政府缔结第二次的《西贡条约》，这是一八七四年的事情。

这个条约分为三条，今列于下：

（一）法国承认越南国王系操自主之权，并不遵服何国。越南若有内患外寇，国王一有请援之举，法国立即随机援助。

（二）越南王现割与法国三南圻六省，承认法国有完全管理之权。

（三）越南允许法国开放红河，各国商船得自由航行，又在北圻开商埠三处，得置法国领事，并驻一万名以下之卫兵。

这个条约表面上承认越南系操自主之权，实则不只承认法国在北圻有了航行红河、设置领事与驻扎卫兵等等权利，而且把越南当为一个保护国，因为所谓

"并不遵服何国"者,消极方面是摈除了中国之于越南的关系,而积极方面是准备这些地方给以法国去蚕食也。

根据了这个条约,法国于一八八〇年不只驻兵于海防与河内,还派兵到顺化与会安驻扎,加以法国的其他种种高压手段,这当然引起安南人的愤怒与怀恨,因而安南人又与刘永福合作抵抗法国,法国于一八八二年二月派遣将领比威耶(Heuri Biuiere)至海防,并进到河内,要黑旗军退击越境。安南人既不答应法国,乃攻击河内,并攻南定,刘永福于是乃攻入河内,打死了比威耶,据说他死的地方距离加尼亚的死地不过百余尺。

法国在河内既不能战胜,乃转而攻陷顺化,迫签条约承认安南为法国保护国,这样整个越南遂沦于法国。

当比威耶到河内时,中国曾向法国抗议,要求撤退法军。比威耶战死后,法国又于一八八四年派了二万多名军队到东京,当时中国也有二万名的军队在北圻,法国的军队开始虽得胜利,可是一深入到镇南关,就为冯子材大败,司令得来古里(Denegier)负伤退却,中国军队乘胜追到谅山,以大捷闻。法国总理茹费理(Fezey)因为此事而辞职。当时曾纪泽在巴黎有电回中国:请勿议和。可是李鸿章却极力主和,并于一八八五年订了《天津条约》:第一,承认法国与安南的《顺化条约》;第二,开老开、谅山为商埠;第三,法兵之在基隆(台湾)、澎湖者均撤退;第四,中国南部如筑路时,需聘用法人。

这样不只越南成为法国保护国,中国自己也吃了亏。法国于一八六三年已迫柬埔寨为保护国。到了一八九三年,法国又强迫老挝成为保护国,到了一八九五年,又乘中国战败于日本而占据了属于西双版纳的猛乌与乌得数百万平方公里的地方,一八九八年又强迫我国租借广州湾。

这样河内不只是越南半岛——包括了越南、柬埔寨与老挝的统治中心,也成为侵略我国广州湾与西南省份的司令台。

久为交趾首都的河内,就是这样的成为法国帝国主义者的统治越南半岛的首区,成为侵略中国西南各省的根据地,成为侵略暹罗、侵略亚洲的神经中心,河内成为殖民主义者的表征。

河内这个地方据说原来是一百零六个乡村,因为城市发展起来,乡村有的被并于城市,有的为新的房舍所代替,直到近代还有的会〔曾〕为越南人所住的街坊,仍然遗留着一些原来的乡村的制度,如每乡或每村自有其首领。

在法国人统治的时代,这个城市不只是整个越南的首都,而〈且〉是总督所驻的所在地,也是东京或北圻的首领。而除了这个地区的法国最高的长官(Resident-Superior of Tongking),法国人统治下的印度支那的最高法院,也在这里。还有军营以〈及〉其他的机构,至于河内的市区又有市长以及一个选举出来的市政委员会。

在法国人统治之下的河内，大致可以分为三个区域，一为法国地区；一为安南地区；一为军营地区。

所谓法国地区是与当地人民或越南地区隔以剑湖，这个地区是在这个城的南部，原来是靠近剑湖南边，也就是最初的法国租借地，可是后来慢慢扩充，而到了火车总站一带。好多政府机关是在原来的租借区，最热闹的街道是靠近剑湖。在这个地区，房屋多为洋房，街道也比较宽大而平坦，一些大旅店也在这里。

当地人民的住区是在剑湖的东北部，这个地方是在原来的河内城围之外，这是以往的商业地区。法国的地区发展之后，大的生意店转移到法国地区，虽则好多小的生意店还在这里。在这个地区中留存了好多越南的古香古色的东西，街道比较狭小，往来于街道的比较拥挤，好多街道仍用旧名，而且分为各行业，如米街、丝街、糖街等等。

华侨之在河内者，很多往往在这个地区。在这里可以找到好多华侨所开店的饭馆与商店。华侨之在河内的，在日本未占据河内之前约为万余人，这个数目并不包括中国政府在河内的各种机关的人员。华侨之在这里营商业者历史很久，有的有了一二百年，有的店铺不只与越南其他的大城市，如海防、西贡等处有联号，而且与香港、广州、昆明都有联号，他们所经营的商业差不多行行都有。

华侨之经营旅店的多在火车站附近，天然旅店是往来客人（中国人）较多的旅店，在河内、在老街、在海防、在香港、昆明都有联号，店东是姓李的。大致上来往于香港、海防、河内、老街、昆明的一般客人，尤其是做生意的商人，均住宿于该店。抗战时期，中国旅行社在车站附近设立了一个分社，房间宽敞，地方清漂，吸引了很多的客人。

军营区是在越南地区之西边，占地约三百英亩，法国人在这里扬威耀武，可以〔是〕日本人侵略河内时，这个兵营抵抗不够三个钟头就被迫投降。

剑湖是河内市区里的很为幽美的风景区，湖虽不很大，但在市区中心来说并不算小，法国人称为小湖（Petit Lac），不见得名副其实，法国人之所以这样的称呼，是因为在河内除了这个湖之外，在越南区的西边还有一个很大的湖，因为这个湖很大，所以剑湖就显得很小，可能为了这个原故才称为小湖，而那个大的就叫做大湖（Grand Lac）。

剑湖是靠近在一个小花园旁边，这就是所谓保罗小德广场（Square Paul-Bert），湖水清清而又静静，四周围以草地与树木，在湖的北边有一小岛，岛连以桥，岛上有庙，庙是为崇拜龟而建筑。门口有中文对联，与在国内的一些庙宇一样。①

湖的时候，他身上所带那把剑忽然不见了，同时却听到好像雷响而可惊的声

---

① 校按：此处有阙文。

音,他所见的不是他的剑,而是一条青龙跑进这个湖去,这样人们遂称这个湖为还剑湖或简称剑湖。

这是传说,但我们也知道在明代有了一个后黎则,他于一四一八年起兵抗明,自号平定王,他是清化省绍化府瑞原县蓝山人,生于一三八五年。到了一四二八年,他乃自称为帝。他死于一四三三年,年四十九岁,这就是越南史上的后黎朝,别于宋代的前黎朝,这就是黎桓称帝的时候(公元九八〇至一〇〇五年)。黎则是清化人,他是否到了河内当渔翁不得而知,所以这个故事也只能当为传说而已。

住在河内的人在闲时、假期多到这个剑〈湖〉散步,并到庙中参观,至于从外地到河内的人更很容易为这个剑湖所吸引。

大湖位在河内的西边或西北,湖面很高,风景也很好,河内的植物园与动物园靠近这里,越南的总督衙门也靠近这里,总督衙门靠近植物园的入口处,建于一九〇一年至一九〇五年才完成,围以围墙,在前门之内有了一个纪念碑,是纪念李威耶,李威耶是征服河内者,这个总督衙门也就是法国侵略远东的大本营。日本人占领时期,日本的高级军事人员住在这里,日本投降时,中国接收越北,中国军事长官卢汉住在这里。

法国之在河内的,对于他们享受游玩的一切设备,虽然化了一些工夫与不少金钱,可是对于教育、文化并不重视。河内有了几间学院,培养一些医学人员与技术人员,主要目的不外是为殖民地政府服务,后来把一些学院并为河内大学,设备也很为简单,对于高深课目与研究工作很少注意,只有一个东方学院做了不少研究工作,虽则这个学院目的也是为了殖民地政府服务而建立的。

东方学院法文名为 L'École Française d'Extrême-Orient,这个学院成立于一八九八年,当时的法国越南总督是韬美氏(Paul Daumer),他建议法国科学院(Academic Française)设立关于印度支那的考古工作的机构,像罗马学院、雅典学院一样。

这个学院不只是研究关于印度支那的历史文物,而且有权去协助有关像存古物、古迹的法令的执行。学院有一个图书馆,里面藏了不少关于西文、中文、日本与越南文的书册,此外该院还有一个博物院(东方学院博物院),里面陈列了很多有关印度支那的古代艺术与技术的物品。

这个图书馆与博物院对于研究印度支那与东南亚的古代历史有了不少的作用,东方学院还发行了一个季刊 Bulletin de l'École d'Extrême-Orient,冯钧是从这里译了好多论文。①

代的东西,如铜器、铁器、木器、瓷器等,又有有关中国西藏、日本、高丽

---

① 校按:此处原稿有阙文。

的东西，又有不少各国古代的钱币。

远东学院自一八九八年开办以来，五十年中，不只出版了好多有关越南半岛与东南亚的研究论文，而且出了不少所谓东方学者，他们不只利用古物、古迹以及当地的文字——占文、越南文、中国文、柬埔寨文、暹罗文、老挝文、马来文等等，还利用印度的梵文、巴梨文。像伯希和（Paul Palliot）就懂得中国文与好多种文字。戈岱也懂得好多种东方文字，戈岱是一位精力很为充沛的人物。伯希和在一九四五年，我在英国看到时，于越南半岛与东南亚的好多历史问题还很注意研究。

抗战前后，我都到过河内，可是到得次数最多的是在抗战时期。当时西南联合大学在昆明，南开经济研究所也在昆明。有一次我到河内，裴化行神父（Dere Heuri Bernand）正在河内演讲东西在历史的关系问题。他在河内时，他与法国殖民地政府曾多次商量，希望成立一个有关滇越历史的研究所，地点放在昆明，可以与远东学院联系，但两者完全独立。他说他建议我当所长，同时已得到殖民地政府的同意，他还说经费完全由滇越铁路局按年拨给，在开办时候不只可以给与一笔较大的开办费，还可以给一笔准备金。在抗战时期，滇越铁路生意兴隆，收入大增，出了这笔经费当然不算一回事。

可是我听了之后，觉得依靠这种经费来办研究所是不妥当的，而且要办这一类研究所应该由我国人创议，何必劳到外国人。我虽有了这样看法，但我并没有把这些话与裴化行说，我只说我在昆明是被难，是作客，南开经济研究所之在昆明固是临时性质，西南联合大学之在昆明也是暂时的，抗战一完，我们就要回去，滇越研究所现是长久的，最好是找当地（云南）的学者或机构去筹办主持。他虽然再三劝我去负这个责任，最后还是被我说服，我建议找云南大学校长熊庆来先生商谈，此事由云南大学指定人去做这件事。据说他们与熊先生讨论之后，觉得问题更多，而又一时选不出人来，因为这个，研究所始终没有产出来。

河内的植物园也是一个值得参观的地方，虽然只约有二百亩，但里面种有三千多种热带的植物，对于研究热带植物的人很为方便。此外还有好多越南半岛所出产的动物，如虎、豹、鹿、猴及各种鸟类，园中道路纵横，可以驱车游观。

河内是在红河之右岸，河内的对面就是嘉林，河内与嘉林的交通是经过一条桥，桥叫做韬美桥，桥长为一千六百八十二公尺。这条桥完成于一九〇二年，当时化了六百多万法郎，因为红河河底很深，所以最大的工程是放在桥墩方面。有了这条桥，河内成为东京以至到南越、到海防、到云南、到广西等处的铁道中心，从河内到海防、谅山、老街等，火车都必经过。嘉林只有南行到南越的火车不必经过这里，所以嘉林变为交通要冲，有点像我〈国〉，像北京附近的丰台一样，火车、厂房都集中在这里。嘉林也是从河内到其它各处或从其它各处的飞机来往的要枢，这里有了很大的飞机场，所以嘉林实为河内的交通枢纽。

河内位在红河的下游，去海防约一百公里，交通十分方便。从此到海防全为平地，这是红河三角洲地带，也是越北出米最多的地方，所以从河内到海防无论是乘火车或汽车，沿途两旁全是稻田。在河内与海防之间的海阳是谷米的中心，河内之所以成为交趾历代的首枢，是与这个富于稻米的产地有了密切的关系。

海防是根据越法一八七四年的条约辟为商埠，从此以后，这个港口成为北越或东京的最重要的港口，从这里经常有轮船到北海、海口、香港以及越南半岛沿岸各港口。这个港口离海约三十二公里，从海口进到海防的河水不深，只有较小的轮船才能进来，六七千或万吨的轮船只能在海口停泊。到海口、到海防的河水为沙土所冲积，有时还要疏浚，否则日久更浅。

海防一带地方全为洼地，城市所用的建筑地方多是填起来，直到廿世纪的四十年代，市区外围几乎都是低洼地带，市区内有好多小溪运河作为排水与交通之用。在海防的北边较远的地方才有山岭。海防也分为法人区与本地区，本地人与华侨多位在城市的北边，而法人区是在其南，最大的马路是保罗巴特（Paul Bert），两旁洋楼林立，好多政府机关也在这里，工厂以水泥厂为著名，至于公共场所与花园等，规模不大。这是一个通商口岸，在文化、教育方面很为落后，华侨在这里设立了小学。

在海防，在华侨中有一位钟锦泉先生，他在海防住了好几十年，我第一次见他时，已六十多将近七十，可是精神很好，海防无论越南人、我国人或西洋人无不认识他，他喜做公益事，几位儿子都能自立，他夫人死了，七十三岁续弦，还生一位儿子。

离海防约六十公里有个地方叫做鸿基，这是出煤的地方，煤质极好，广州、海南岛等处有时也用鸿基煤。产量亦多，有二个很长码头，主要是为运煤，这是一个很好的港口，水深可泊大轮船，法国总督韬美曾计画开一条运河到海防，没有成功。

鸿基的煤好多就在地面上，采矿工人在二十年代已有六七千人，年产六七十万吨，这个矿完全操在法人之手，其总公司是在巴黎，殖民地政府是为了掠夺资源而来，他们坐在巴黎白拿利益，越南的劳苦人民只能在生活水平下过日子。在一八八八年以前，这个地方只是三五越南小乡村，人口很少，煤矿发现以后，已成为一个人口众多、商业繁荣的城市。

有名的夏龙湾就在鸿基的附近，游夏龙湾者要先到鸿基，从海防到夏龙湾轮船约行四个钟头，船多在中午开行，下午四时多抵达鸿基。在鸿基有较为舒适的旅店，住了一晚，次日清早可以雇小艇到夏龙湾。

夏龙湾、吴哥寺与顺化的皇陵是人们称为越南三个最值得游览的地方。其实顺化的皇陵很像中国的陵坟，吴哥寺的确是巧夺天工，表现柬埔寨人民的高度建筑艺术，但是皇陵与吴哥寺都是人为的古迹。夏龙湾却是天然的美景，一座一座的岩石在海中耸立，无数小岛排列起来，有的与水面平行，有的四周罗列，其中好像湖泊，小艇进去要经过好多曲折，游夏龙湾者只觉得景象如画，变化万千。

从河内往西北走多是山区，东京的西北是另一些民族居住，主要是老族或泰族，其次为苗族。这个地区的首府是老街，老街位在红河的上游，老街对面就是我国的河口，河上架以铁桥。虽然老街本身并不很大——主要一条直街加以一些横巷，楼房在大街多为两层楼，但这是西北地区最大的城市，而且有了灯与好多现代城市的方便。从河内到老街二百九十六公里，火车要走十一个钟头才到老街所统治的地方，约七千平方公里。红河贯流分为二部，大部分的地方是森林地带，越南人之在这里的不够二千。

老街原属于我国，很久以前就为我国人与一些兄弟民族所定居。十九世纪的中叶，我国人之在这里数目很多，广东就有好多人住在这里，太平天国失败之后，又有不少徒众来到这里，黑旗军队也把这个地方当为根据地。到了一八八六年，法国的摩孙（Maussion）带兵到这里，强占这个地方，此后遂受了殖民地主义者所统治。后来从河内到老街的铁路通了之后，又从河口建筑铁路直达昆明，这就是所谓滇越铁路。从河内到昆明的旅客，往往要在老街停一晚，次晨若乘最快的米支林车，当天下午可到昆明；若乘一般火车，还要在开远或阿达州过了一晚，次日下午始抵昆明。虽则海防到昆明全程也不过八百六十三公里，从老街到昆明只有四百六十三公里。

清　迈

　　火车正在走得很快，似乎是赶时间，尽管车声隆隆，人声喧喧，我却正在欣赏两旁的山色，坐在对面的一位朋友说快到清迈了，我把镖〔表〕一看，不觉顺口说道：快到清迈了。虽然我这样的说，我的脑海却正沉醉在车外的风景，在铁道的两旁，树木丛生，把西照的热光都挡住了，有时看到日落西山的太阳更觉得夕阳无限好，景致迷人，不只不觉终点之将至，也没有只是近黄昏的情调。

　　在青天与绿叶的笼罩之下，有时看到红的、紫的野花点缀，其间增加了自然的美丽，虽然说是快到清迈了，可是这个境象完全不像一个城市的郊区，更不像是暹罗第二个最大的城市的郊区，没有看到工厂的烟筒，也没有看到人家的住宅。我们是在山区中走，可是没有多久，两旁的自然风光虽差不多一样，往来的人们逐渐增加了，年青的妇女们穿起五光十色的衣裙走在铁道的两旁，坐在车上的人视线朝在她们的身上的时候，她们不只笑容可霭，满面春风，而且有时举起手来作欢迎状。这是人间美景，这是天上仙女，怪不得在暹罗南部的男子总说娶妻要到清迈去。

　　清迈，这是暹罗第二个大城市，这也是历史上——很长的历史上的独立国家的京都。在唐代，在唐代之前，在这个城市的南边不远的地方，也曾建立为都城，樊绰《蛮书》中所说的女王国的都城就在这个地方。

　　女王国的历史究竟始于什么时候很难考订，樊绰是唐人，至少它的建立是在唐代的初期。女王国的成立是极富有浪漫史诗性，这个女王国的建立者是占萨末旦维（Chama Devi），是罗斛国的公主，她嫁给在现在的缅甸南部的一个国王，国王为猛族，她也是猛族。不知何故，在七世纪的中叶，她离开她的丈夫，回到罗斛，率领五百位僧人到了清迈不远的南奔（Lambun）建立国家，宣传佛教。

　　当这位公主离开丈夫的时候已经怀胎，到了南奔之后，生了双胎儿子，在儿子未大之前，她治理国家，开辟疆土，儿子长大了，她让位给大儿子，又另建一新城给与次儿治理。这个女王国之所以得名，可能就是因为其建立者为一位公主，这个国家其历史继续到一二九二年，始为八百媳妇所灭亡，至少有六百多年的历史。有一个时候，这个国家曾打败了南诏，又有一个时候，曾击退了真腊。我们知道南诏是唐朝劲敌，曾北破成都，南据交趾，然而却为女王国王所打败，说明女王国是个强国。真腊在东南亚也是一个富强的国家，也为女王国所击退，也说明了这一点。

　　关于这个国家的历史，我在《猛族诸国初考》一书第一编第五章说得较为详细，这里只略为介绍。

女王国是被了八百媳妇所灭亡，八百媳妇的策源地是在清线，孟莱（Mengrai）就位之后，逐渐向西南扩充其领土。到了十三世纪的下半叶，他的版图愈来愈大，一二九二年，他的军队抵达湄南上游，击败了女王国，遂占有其地。八百媳妇称为缆那（Lan Na），意义是百万稻田。孟莱征服女王国之后，并不以南邦为京城，可能是占据女王国的时候，经过剧烈的战争，破坏不堪，故乃另找地方。孟莱未迁都到清迈之前，曾请苏口胎王敢木丁、夫尧（Paiyao）王孟昂（Muang Ngam）到这一带地方视察，企能找出一个适宜的都城。最后乃选择清迈，因为这是一个神灵的地方，传说人们曾在这里看到白鼠鹿与白鸣鹿各二个，又有一只白鼠，五个小白鼠。经过三位国王商量之后，乃决定在这里建都。

我国史书记载八百媳妇之所以得名是因为其王有妻八百，各领一寨，故曰八百。究竟是否因为其国王有了八百个妻始称为八百媳妇，还是一个疑问，但从女王国到八百媳妇，这个地方的国名都属于女性是很值得我们注意。

"娶妻要到清迈去"，我到清迈时，不只在离清迈不远的铁路两旁看到年青妇女天真可爱，就是在这一带的妇女比之南部统治暹罗的泰族妇秀丽得多。在这一带的男男女女较为温柔，酷爱和平，加以山明水秀，风景宜人，其人其物似乎都偏于女性。我所以把这个地方过去的一千多〈年〉的历史略为介绍，同时指出不只从唐到元，所谓女王国的建立者是一位女性，国名亦是女性，就是从元到清，国家改变了，朝代更换了，统治的民族也不同了，但是国名还是女性，直到现在，不只暹罗人有"妻娶要到清迈"的谚语，清迈的妇女的确是比之暹罗其他的地方的妇女较为秀丽，而且清迈的人与物也似乎偏于女性，这是一件很为凑巧的事情。

清迈位在湄南河的上游支流湄滨旁边，城离曼谷七百五十一公里，离河约五里，其地离海面约一千零二十三公尺，周围高山环绕，清迈就在这个盘〔盆〕地中。盘〔盆〕地不算很大，也称清迈平原，地势险要，故数百年来都为八百媳妇的国都，进来新辟好多公路，由此可通清线、清东、缅甸等处，没有公路之前，由此也有路通缅甸、老挝各处。缅甸多次侵略暹罗，是先到清迈，然后再南下，而到湄南下游。这个地方不只在种族、语言上与现在统治或南方的泰族有所不同，山水景致也与南方有了差异，气候也有别于南方。在曼谷一年到晚，穿条单衣没有问题，到了这里，冬天已觉稍冷。畜产有牛、马、羊等，农产有稻米、烟叶、豆、麻，又有紫粳。山岭皆森林，木料很为丰富，而最著名的为柚木，柚木质量很好，可以耐久，盖房舍、作家具采用柚木可以经数百年而不朽，尤适宜于制造海轮，性既坚而含有油气，用钉打进去，经年不锈。近代西欧各国多购以造船，有的还在这里设立公司到山里采木。

清迈与其附近一带，尤其是在南奔、南邦一带，妇女精于织"线"（Sen）。线者，一种布料，也有的织得很美，有各色各样的花纹，当地妇女用以做裙。马来人称为沙笼，一幅横布缝其两端就成为裙。

清迈城大约四方哩，其建筑很像中国的城，应该说是受了中国建筑的影响。八百媳妇的策源地是在清线这个地方，与我国云南的西双版纳接近，在澜沧江的流域。其种族也是来自云南，故其文化染有中国的彩色。虽则在宗教以及其与宗教有关的风俗习惯是受了印度，特别是佛教的影响。清迈城围约为六平方公里，建立在这个宽约三十公里与长约百二十公里的平原中，现在的市区已发展到城外一带，虽为暹罗的第二个最大城市，但这个城市不但没有像曼谷那么噪闹，而且具有乡村的风味，一九四三年的人口统计约为五万人，主要为佬人（Laos），华侨不少，又有卡兰人（Karens）。

清迈或八百媳妇在其历史上，曾强盛比之统治苏口胎（元史作速古台）以至阿瑜陀的泰族王朝尤为强盛，到了十九世纪始为曼谷王朝所打败，成为后者的附庸。尽管如此，王室仍继续不断，直到一九三九年，其王死后，曼谷政府不许其再立国王，其国王的儿子只准其每年由曼谷王朝给与一些休养金。

佛教之传入这个地方历史很久，至少可以追溯到唐代的女王国。孟莱于一二九二年征服女王国之后，仍是尊崇佛教，所以直到现在，在这个地方还有一些很著名的寺庙。在八百媳妇的其他市镇、乡村也有不少寺庙、僧侣。一八六七年，基督教的长老会曾派人到这里传教，设有教堂、医院与学校。学校校园很大，一九三五年，我到清迈时曾到该校参观，该校校长招待我们，据他说虽然佛教在当地有长久的历史，深入人心，基督教的宣传工作受到相当大的阻碍，但是病人之到医院的不断增加，加以时代变化，人民以至王室与政府官员觉到需要学习西洋科学，愿意送子弟入其学校，这样入教的人也逐渐增加。

喷 怀

　　喷怀或公佛是柬埔寨的一个省名,也是这个省的省会名,位在柬埔寨的西南部,也是柬埔寨的唯一靠海的省份,面临暹罗湾,西与暹罗接壤,而东与越南交界,东离越南的西南港口只有数十公里,而西到暹罗的港口也不远。省会公佛也是靠海,除这个港口外,其西边还有磅逊港与云壤港。喷怀这个省有七个县与一个直辖市,这就是喷怀县、促县、宾地密县、磅咋叻县、波礼纳县、国公县和西安宝县,直辖市就是磅逊港。

　　全省有三十多万人口,除了柬埔寨人外,还有其他种族。在其他种族中,华侨与越侨最多,华侨约有十万人,华侨之在这个省的,不只多住城市,而且很多在乡村。喷怀、磅咋叻白马、土城以至近年来新辟的磅逊港,都占了这些城市的人口的大多数,在这个省中的好多胡椒园也多为华侨所经营,乡村小镇好多小生意也多为华侨所经营,至于城市中的各种商店,华侨之设立者更多,土城、白马,尤其是磅咋叻几乎是华侨的城市,华侨之中,在这些城市者,以海南人为多。

　　喷怀市或喷怀港是一个历史很久的港口。这个港口的历史究竟可以追溯到什么时代不易确定,但是我们知道,在公元前一二世纪以至公元后五六世纪,暹罗湾是中国与越南半岛到孟加拉湾,以至印度洋与亚剌伯海的交通要道,从东到西的船舶多经暹罗湾,而到现在的马来半岛的北部的克拉地带或其附近,经过一段的陆道,抵达这个半岛的西岸或是孟加拉湾的东岸,然后又乘船而到印度洋以至亚剌伯海各处。

　　在这个时代中,越南半岛的南部有了一个极富强——可以说是在东南亚的最富强的国家,这就是扶南。扶南不只是一个大陆帝国,又是一个海上霸权的国家,喷怀在当时可能已是扶南的一个重要港口。近人在现在越南南部的迪石(Reglia)的北部曾发现一个古代城市,这是扶南的一个重要港口。我们知道扶南的都城在那个时候是在现在的朱□与金塔之间,从扶南都城或从中国的徐闻、合浦与越南的交趾、日南等处的船舶之到暹罗湾要绕柬埔寨角——这就是现在的越南的东南角或半岛而到迪石,又从此而靠岸行驶。现在的河仙、白马、喷怀以至西边的云壤应该是当时船舶所必经的港口。而喷怀在这几个港口中地位较为适中,从现在看起来,这个港口虽然没有云壤或磅逊的港水较深,能容较大的船舶,但在古代来说,船舶较小,吃水不深,喷怀就占了优越的地位。现在的喷怀之所以成为柬埔寨沿海的最大港口、人口最多的城市是与是〔其〕发展历史有了密切的关系,这就是喷怀的发展并非一天或短期所形成的,而是经过一个长久的历史的。

近来有人以为，当扶南在公元后六世纪的中叶，被了真腊打败而占其北部的土地与其国都时，扶南曾迁都于南部，也可能是迁到啧呸，将来的考古学者也可能在这个地方找出一些古物、古迹来说明这一点，所以这种看法很值得我们研究。我到啧呸好几次问过好多华侨与当地朋友，他们均说啧呸的历史很久，他们还指出，那个地方是过去船舶停泊的地方，那个地方是以往交易的市场，虽然他们不能说出这些史实是始于那个时代，然而在这一带的港，除了迪石附近的古城之外，啧呸应该是较古的港口。

自十四五世纪，阿瑜陀王朝，尤其是自十八世纪曼谷王朝以后，暹罗对于这一带地方时想控制。十九世纪的中叶，柬埔寨国王、法国殖民主义者都很重视这个地方。我们航船之到此者，上面已经说过，历史必定很久，我的父亲及其先辈之从海南岛的清澜港驶船到这个港口的，就记忆所及也有百多年的历史，而华侨之移居于这个地方的也有数百年的历史。其实在现在的柬埔寨的城市中——包括其国都金边在内，华侨之移居于这个国家人数最多，而历史又久的恐怕要算啧呸了。

啧呸市像其他好多的柬埔寨城市一样的安静清洁，街道的房子绝大多数是二层楼，可是在这里华侨多，华侨建了中国式的古香古色的会馆，旅行这个地方的人们免不了好像置身在广东的一些中小城市。

因为啧呸是靠海，在堤岸街道散步的人们看到绿绿的水，举头远望，又看到青青的十哥山或啧呸山，另有一种景致，这是柬埔寨的其他好多城市所少有的风光。

我在啧呸访问了两所华侨学校，虽然规模不大，但在柬埔寨来说，华侨的教育事业在这里是较为发达的，侨胞与学校对于体育也很注重，旧历新年还组织舞狮队游行表演。

华侨之在这个港口的，经营各种生意，洋货店与杂货店尤多，有好多商店经卖国内各种货品。越南侨民多从事渔业，当地人主要从事农业，饲养各种家畜。在这里生活水平比之河仙稍高，但也很便宜，海鲜如鱼、虾，家畜如鸡、鸭至为便宜。我的一个朋友在一家饭馆里请我吃饭，一共八人，鱼虾鸡鸭排了满桌也不过用了三块越币——这是一九三五年的事情，算起来每人不够四毛钱，不只吃得很饱，而且还剩了很多东西，所以华侨之到这里的，很多就成家立业，长久的住下去。

啧呸山离啧呸市不远，山虽不很高，可是山路弯曲不平，汽车路要绕了一个钟头以上才能抵达山顶，路基不好，路面不平而又很狭，非熟练的司机，多不敢开车上去。据说曾有好几部车在半途翻下来，所以谈起上啧呸山，就有谈虎色变的样子。华侨中还有人很为迷信，以为非"命大"者不可上山，又山上时时有云雾遮被，极少看到太阳，偶尔一见，一些华侨也说成为幸运。

因为山顶离地面较高，而又多云雾，气候与地面不同。法国人盖了不少房舍在上面，房舍多为木屋，还有一座简单的旅舍，假日星期他们上山休息避热。从山脚到山顶树木很多，山顶又有好多奇岩怪石，也有瀑布，风景很为幽雅。我有一位亲戚，很多年来很想上山一游，可是他也受了迷信的影响，不敢一游，在我的涌涌〔怂恿〕下，他答应与我乘车上去。未上山之前，他交代他的司机除了特别小心去检查外，还要司机找个相士看看气色，选好日子，然后决定。这是事后来才告诉我的。

我们化了将近一天的时间漫游山水，这一天云雾虽非特别的大，但也没见阳光，只在我的这位亲戚在厕所的十余分钟中，太阳居然出现，在层层的浮云中出现太阳，景致特别美丽。司机在这个时候又正在睡觉，等到这位亲戚出来时，阳光又为云雾所遮蔽，他从厕所跑出来时笑对我说："算命先生告诉我，我有幸运去发财，却是没有幸运去享受风光。"下山后，他又对我说："老实说，不是你陪着我的话，我可能永远没有勇气上这个山，现在能够上了山又安全的下来，对我来说已是一种幸运。虽然不能在山上看到阳光，也不惋惜。"我只能笑对他说："你有发财的命运，有了钱可以有了很多的享受，我呢，没有发财的命运，只能享受享受不要钱买的阳光。"晚间，我们吃饭，他要了一瓶香槟，庆祝我们安全而愉快的游了喷呸山。

离喷呸市约八公里，又有一个巴名山，又名空壳山。山位在巴名市附近，巴名市可能是因巴名山而得名。山上山洞很多，名为空壳可能就是因为山洞多，旅行喷呸的人们也多到这个山上游玩。

离喷呸市约八公里还有一些瀑布，华侨称为响水。因为瀑布来自山顶的泉水，水流下来很急，冲击岩石发出声音远远的就可以听到，所以称为响水。泉水流过的地方，有的面积颇大，可以游泳，水极清洁，其四周又多树木，风景宜人。从这个山西看，就是柬埔寨与暹罗交界的界尺（Bontat）山脉与象山，象山重重叠叠，气象相当雄壮，与沿岸的百哥（Boror）与百马（Kep）山以及喷呸沿海的富国岛（Phu Quoc）及其无数小岛屿，成为柬埔寨的西南屏障，也是柬埔寨的风景幽美的地区。

云壤（Ream）是柬埔寨的西南部的很好的港口，这个港口外面有富国与靠暹罗的国公（Kohron）岛为屏障，白马与喷呸的港口都不若云壤港的水那么深，所以好多轮船与渔船之来往于柬埔寨与暹罗，多停泊在这个港口，这里有公路通到喷呸。云壤靠近磅逊，位在磅逊港的进口处的东南方的一个海角上，其南边有一个大岛屿当为屏障。这里的水深约六公尺，可以停泊二千吨的轮船，在二十与三十年代，这是柬埔寨靠海的很重要的港口。

但是在地位上、在交通上，柬埔寨的最好的港口是磅逊。法国统治越南、柬埔寨与老挝，在越南的南部已有可容约二万吨的轮船的西贡港口，对于云壤没有打算开辟为商埠，同时因为这一带地方较为偏僻，所以只利用云壤当为暹罗湾中的较小的轮船的停泊港口。

柬埔寨脱离法国的统治而独立之后，情形大大的改变了。虽然金塔或柬埔寨的都城也可以在湄公河行驶较小的轮船，但是下游要经过越南所属的湄公河，因此柬埔寨政府正在计画建筑磅逊为商港，拟筑同时可靠两艘万吨以上的轮船的码头。假使这个计划能够实现，那么这个港口将是暹罗湾中的最大的港口，轮船的出入比之暹罗的曼谷尤为方便。

磅逊、云壤这一带风景很为幽美，港口尤其是磅逊，气概很为雄伟。从喷呿到这里，公路相当崎岖，在其西边是连绵起伏的象山山脉，象山的高峰高出云际，只在天晴时可以看到其主峰；百哥山在其东边，丛林密布，遮掩阳光；公路有时经过海边，可以看到没有崖际的暹罗湾，在扶南时代，人们称这个湾为涨海。青山绿水，景色迷人，虽在酷热的天气，海风一阵一阵的吹来，使人们并没有汗流，晚间三五渔船或是往来云壤与各处的轮船灯光四射，在波浪中反照波动若闪电，增加了自然的美景。

很会享受的法国人曾在磅逊的较低的山坡上盖了一些别墅，依山面海，从此近可以看到白白的沙滩，绿绿的树木，远可以看到无边的天空与翻滚的海水。这些殖民主义者剥削了当地的人民的金钱、资源，除了大量运到法国之外，又在这里享受，他们礼拜、假日往往偕其亲朋来到这里，饮香槟、浴海水。一位为他们当炊事员的华侨对我说：他们三五成群，星期六从金塔到此，星期一回去，饮食与其他消耗往往多于好多侨胞一年的收入，至于柬埔寨的穷苦人家数年的生活费也抵不上他们二天的费用。他们是在人间的天堂，我们与当地人是在人间的地狱。这是统治者与被统治者一个很好的对照。①

汽车在公路上跑得相当快，远远的可以看到绿绿的海水，司机告诉我们道：快到白马了。不够一刻钟，我们的车子停在一间咖啡店的旁边，我们从车中出来看到一条很长的沙滩。沙既白而又细，海潮正在高涨，从海中送了一波又来一波，绿水吹到白沙上，又起了一些白泡。三五小孩一丝不挂的在沙滩上玩，在水中跑，也有的坐在水中，风浪稍大时，水花高过头顶，孩子们嘻嘻呵呵的笑。

在白马港的西边有一小山，山下也是一块很白而细的沙滩，几位法国的男男女女穿了五光十色的游泳衣，有的在海里游，有的坐在沙滩上，也有的卧在沙滩上。

在这个小山上有一间旅舍，房子虽然不大，但布置得很为幽雅，有客房、有餐厅、有走廊，走廊面对海边排了数张小桌与好多椅子。有人在这里喝咖啡，有

---

① 校按：原稿下空两行。

人在这里喝汽水、茅台（Martel）或白兰地。

沙滩上还有一些公共更衣室，其旁种了好多椰子树。

在沙滩的后面有了一个小市镇，房屋多是草房，供应一切日常用品，也有一些栈房或货仓，堆积了不少土产。我的朋友指着一座很为陈旧的房子说，这是你父亲从前到这个地〈方〉时所住的房子呵。白马这个地方虽然很小，白马这个地方虽然远在越南半岛之南，远在我的祖〈国〉、我的家乡之南，可以〔是〕这个名字对我来说并不陌生。在我很小的时候，父亲就对我说他在驶到南洋的帆船经常到白马卸货起货，他常说这里的物产丰富，生活容易，好多海南人来到这里就安居下来。直到现在还有很多海南人在这里，我们的车子停其旁边的咖啡店就是一个海南人开设的，他认识我父亲，相见之下，招待格外殷勤，他不只飨我们以很好的咖啡，他还买了一只极肥的鸡做白斩鸡，一定留我们吃午饭。

吃中饭的时候，我说白斩鸡好得像文昌鸡一样，这又引起我想起在清澜港吃白斩鸡的时候，随风飘摇的椰叶，碧波起伏的海水是与白马一样是呵。主人说，可惜离家太远了，假使不是为了生计，我就不会跑到这里来了，回到清澜港也可以开间咖啡店。我提醒他，是呵，可是咖啡来源不若这里方便，生活不若这里便宜，所以来者多，回者少。我一家八口都在这里，不要〈说〉回去生活无着落，就是这笔旅费也不容易。

白马我到过好几次，每次到时，这位主人都照样的殷勤招待。最后一次看到他时，他很高兴的告诉我，他曾回过海南一次。白马的美丽风景使我留恋，白马的浓厚的人情更使我难忘。

马　城

　　马德望（Battambang）是柬埔寨的西北部省份，这个省比之喷呼省稍大，喷呼的面积为一万六千七百三十平方公里，马德望为一万八千五百五十平方公里。本省有六个县，一为马德望，二为城佳，三为蒙力，四为吴哥比利，五为诗士芬，六为德座。省会在马德望，也叫做马德望。这个省的人口也比之喷呼多，约有四十余万人，除当地人民外，有华侨、有越侨、有泰侨、有缅侨，华侨人数约为二万至三万，在马德望省会就有万人以上。

　　马德望西边与暹罗毗邻，从这里到亚兰，有火车直接可以到暹罗的曼谷，从这里也有火车可以到柬埔寨首都金边，这条从金边经马德望到暹罗边境的火车是柬埔寨唯一的铁道，一九三七年建筑，法国人原想再从金边筑铁道直通西贡，第二次大战爆发后，这个计划没有实现，假使可以实现的话，那么从我国广西南宁或昆明可以乘火车到河内，又由河内经西贡、金边、马德望、亚兰、曼谷而直达马来亚的吉隆坡及其它各处，而至最南的新嘉坡。

　　因为马德望与暹罗为邻，这个地方以及暹粒省（吴哥寺与宫室除外）成为暹罗所经常侵略的地方。一九〇七年以前的一个时期中，曾为暹罗所统治，一九〇七年才归还柬埔寨。第二次世界大战的时候，暹罗帮助日本为虎作伥，日本人占据越南与柬埔寨时，马德望与暹粒又为暹罗所统治了。日本投降后，于一九四七年一月十九日，根据法暹签订的条约，这二个省又归还柬埔寨。

　　这个省东与暹粒接壤，地滨著名的大湖或洞里萨（Tanlesap）湖，西边有泒麟（Pailin）山，土地肥美，称为鱼米之乡。米的产量据说是全国各省产米最多的省份，猪、牛也很多，每年运出外地的数量很多，又有各种水果，其著名以为珠山柑与各处所出的橙。省内又多森林，木材也是外运的大宗，其他的山货、药材、檀香、皮革也是该省的著名土产。珠宝更为著〈名〉，泒麟山这个名称意义就是宝石，这里所出的宝石是世界闻名，而其历史也很久。此外，金、银、铜、铁各种矿物也是历史上所早已知名的。我国史书，如《梁书》《晋书》《唐书》均说其地出金银珠香。暹罗之所以不断争夺这个地方，也是因为这个省份是物产丰富的省份。

　　本省不只农、渔、矿产很为丰富，工业也比较发达。因为本省盛产稻米，故碾米厂很多，所碾之米除本省用外，还运到国内外其它各处。

　　马德望是马德望省的省会，交通既很方便，物产又很丰富，所以这个省会也成为柬埔寨全国的第二大城市。华侨之在这个城市的，经营各种生意，杂货、布匹、饭馆、旅店、咖啡店、碾米厂几乎无所不有。华侨教育也相当发达，有小学，有中学，有的为各帮（潮、客、闽）所合办，如国光中学，有的为某帮所独办，如广东华侨所办的民强学校、福建华侨所办的集成学校。学生人数不算少，问题是没有较好的师资，这个问题不只是马德望这个城市或这个省的问题，而是整个柬埔寨、整个东南亚的问题。马德望的华侨对于体育、音乐、戏剧都很重视。

马德望这个城市与好多的柬埔寨的城市一样的，相当整齐清洁。离市不远有个地方叫做船山，是一个名胜古迹。传说明代郑和下西洋时所乘的宝船不只可以在海中行驶，也可以在陆地与山区走动，所谓逢海过海，逢山过山，郑和或所谓三保太监的船曾到过马德望，船上的厨子俯身取水，看到船的下面是田地，大声叫道：船是在陆地上跑呵！这样一说，这个宝船不只搁浅，而且这个地方变为一个山。这就是船山的来源。这是传说，也是神话，三保太监下西〈洋〉的传说与神话流传在东南亚的各处的很多，虽然很多是荒诞不可信，但说明了一点，这就是他七次下西洋，威力所加，到处畏服。因而当地人多以为，他之所以能够这样，是神的力量，他自己也就被视为神灵。

谈到马德望使我想起一种特殊的赌博，叫做赌雨。

赌博对于人们的害处人所尽知，然而好多人希望侥幸去发一笔横财，却往往沉醉于赌博，尤其是一般穷苦的人们，以为一生穷苦，惟有此道可以解脱。在南洋的华侨尤多嗜赌，而赌的方法又很多，麻雀、牌九与各种纸牌，用不着说对于马票、山票更为神驰，因为所费的本钱，有时只一元数角，可是幸而中了首彩就能得到几十万元。所谓一生穷鬼，忽而成为百万富翁，因而无论男女都常买山票。这些赌博，殖民地政府或居留政府又往往鼓励，不只好多官员也嗜此道，企能一天能为富翁而可以得到一笔大税收作为政府的各项开支。

在马德望我还看到人们有了一种特殊的赌博，叫做赌雨。

赌雨的方式是猜猜是否下雨，何时下雨，下雨下得大小。在南洋，在好多地方每天可能下一次或二次雨，下了不久，天气晴朗，太阳出现，但有时也不一定下，因此一般好赌之徒就异想天开当为赌博，而且这种赌博在这一带相当普遍。我在马德望的好几家茶店中喝咖啡，人们都谈起赌雨，同时好多人也参加这种赌博，还有不少人是靠这种赌博为生。有的一次赢了以后，连了原有的职业也放弃了，而希望侥幸猜中，结果是愈弄愈穷，可怜之至。

金　边

　　金边又称金塔，又称南旺，也有称为百囊奔者，百囊奔是 Phnompend 的对音，南旺也应是 Phnompend 的对音。金塔可能是从柬埔寨王宫中的金殿中的金塔而得名，在王宫中有一座金殿，在金殿中有一尊重十八公斤的金塔，这是很值得注意的宝物，所以人们就叫这个地方为金塔。又在金殿里有好名〔多〕佛像或宝物是用金制的或用金涂的，可能因此而又称为金边。

　　百囊奔或南旺 Phnompend 的 Phnom 或 Bunam 的意义是山。古代的柬埔寨人或是扶南与真腊人常常在山上拜神。《南齐书》卷五十八《扶南传》载：

　　　　永明二年（公元四八四），扶南王阇耶跋摩遣天竺道人释那伽仙列中国上表曰……其国俗事：摩醯首罗（Mahes Vara）天神常降于摩耽山。

　　山是神所居的地方，山成为神圣之地，古代扶南国王也称山王（the king of mountain）。山是神所在的地方，也是国王所在的地方，直到现在，在金塔的公园旁边，还有一小山，山上有一小塔，俗人称为塔仔山，这就是从古代柬埔寨传下来的一种崇拜的形式。

　　但是金塔之所以又称百囊奔又有另一说。传说在一三七二年间，有一个孀妇叫做娘奔的，偶而看到河流中有一枝树木，便找人设法把这条木拿起来，把树木砍时，发现一个铜质的佛像与一个石刻的婆罗门像，这位孀妇乃造一小塔于一个小山，并把神像放在里面使人崇拜。后人为了纪念这位孀妇，遂名这个小山为百囊奔。百囊奔的音既近于娘奔，百囊奔又是山的意义。五百年后，柬埔寨迁都于这个地方时，也就以这个山名名其都会。

　　我们知道在十五世纪的上半叶，柬埔寨的都城是在现在的暹粒省的吴哥，这个都城曾遭暹罗人攻破，暹罗人立了一个亲暹罗的王族做国王。一四三一年，柬埔寨王子潘呵雅（Panha Yat）杀死这位暹人所建立的国王，他自己称王。因为这个国都易为暹罗所侵犯，他乃迁都于湄公河东边的室利桑托（Srei Southor）省的巴山（Basam）。到了一四三四，又迁到现在的金塔。金塔之为柬埔寨国都是在五百年前，娘奔的故事是在十四世纪的下半叶，经过五百年后是在十九世〈纪〉，柬埔寨才开辟为国都，故事所说的建都时间与历史上的建都的时间就不相同，所以故事只是一种传说而已。

　　应该指出，自十五世纪吴哥被弃为国都而迁出到金塔之后，柬埔寨的国都曾有数次迁移。有一个时期曾在金塔东北约十公里的毕煦（Bante'ay Dech），又在一个时期，也曾在金塔北边的乌东（Udong）当为国都，柬埔寨国王努路登（Norodam，一八六〇年登位）的王陵还在这个地方，这个王陵盖得相当堂皇美丽，也是柬埔寨的一个名胜古迹。

一八六四年四月十七日，柬埔寨国王努路登签了《柬法条约》，承认柬埔寨为法国保护国以后，金塔从此不断的成为柬埔寨的国都，而且不断的发展成为柬埔寨的最大都市。

金塔位在湄公河的旁边，又是在湄公河的支流洞里萨（Tonle Sap）河与湄公河合汇处。湄公河来自吾国云南、西藏等高原，在云南称为澜沧江，从云南的西北经西双版纳到了老挝与缅甸交界以下称湄公河。入老挝后，曲折蜿蜒，经老挝的西北部与暹罗交界的好多地方，成为老挝与暹罗的主要国界，然后又流入柬埔寨，而且贯穿了柬埔寨，东南流而入越南的南部，又贯穿其南部而入中国南海。这是柬埔寨的交通要〈津〉，尤其在公路、铁道没有建筑之前，这条河成为最主要的交通孔道。古代的扶南国都也是建在这条河的旁边，后来的真腊的著名国都吴哥也是建在这条河的支流洞里萨河的上游的大湖或洞里萨湖的旁边。从金塔到这条河的下游各地以至越南的沿岸各地，以至于海外，都靠这条河。约千吨的轮船可以抵达金塔，水涨，千吨以上的轮船也可以到这个地方沿河而上，较小的轮船也可以驶行。

洞里萨河的上游是大湖。大湖称洞里萨，也称金边湖，这是湄公河的天然储水库，湖的面积约一百四十公里，阔约三十公里，成一椭圆形，这是平时的面积，到了洪水浸入湖时，湖水大涨，湖面扩大比之平时增加约三倍。这是柬埔寨产鱼最多的地方，在洪水下降的时候，是捕鱼最好的季节，住在金塔的人们跑到鱼栏，可以看到陆道的货车一车一车或一船一船满满的湖鱼，从大湖运到金塔，再从这里用轮船运到其它各处，以至新嘉坡与马来亚。

金塔是大湖与湄公河及其支流的渔业的中心，也是柬埔寨好多地方的物产出口的中心，马德望的与好多处的稻米、泒麟山的宝石，他如树胶、柚木等等都多集中这个地方而出口——当然也是海外各处的工商货品输入柬埔寨的中心，同时又是柬埔寨的首都——柬埔寨的政治中心，也是柬埔寨的水陆空的交通中心。我国元代的周达观在其《真腊风土记》中说他到吴哥，是经湄公河转入洞里萨河，而到真腊国都金塔，现是湄公河与洞里萨河的合汇处。可能在真腊时代以至在扶南时代，这个地方应该是一个交通要津。

金塔也称为四河之城。因为湄公河与洞里〈萨〉河合汇处的下游离开金塔不远又分为二条河，一条叫做前河（FL. Ant'eueur），一条叫做后河（FL. Post'eueur），从此二河流到离开朱笃不远而又合起来，可是再下一点又分流。从金塔到海有二百八十公里的距离，前河无论在雨季或干季，较大的轮船都可通航。

这个城是从北到南，位在湄公河边。在二十世纪的初年，地方还是很小，街道狭小而少，讲卫生人口也并不多。法国殖民地主义者，在这个世纪的初年派了一位工程师叫做法勃利（Fabze）者作了一个都会，计画把一些狭小的街道放大分开，行人道与车道种了好多树木，毁坏了不知多少民房。对于穷苦的居民来说，是一个大灾难。同时又建立了自来水厂与电灯厂，虽然也开了不少下水道，可是这个地方是个低洼地带，从五月到十月雨季来了，这个城市就很容易被水所浸。据说，有时水深到只有塔仔山的山顶没有被淹。

二十世纪的二十年代到三十年代的金边，大致可分为三个区域。一为当地居宅区，房子矮小，有的还破烂不堪；二为王城区，这是金塔的中心，也是王宫所在地，好多政府机关与一些官员的住宅多在这里；三为洋化区，在这里街道、房屋都是西洋式，不少的大建筑物都在这里，包括了法国顾问（French Resident）的官邸、法国的官员以至一些公司的房舍。每个区域隔以小河，河上有桥，其实整个金塔是围以小河或运河，运河之外就是柬埔寨的乡村。在那个时候，最热闹的街道是从最东的河旁街以至最西的诺罗敦街（Rue Norodam），一九三七年，在这条街的西边建了一座圆顶交十字形的大建筑物，这就是西区的市场。据说这座建筑物包括填平洼地，化了七年的〈时〉间始能建完——（一九三〇年至三七年）。从此以后，新的街道不断增加，主要是向西边发展，从西区有一条很好的公路通到柬埔寨的港口——喷吥。

金边是一个旧城市发展为新城市。在二十年代以至三十年代旅客们不只可以看到汽车、三轮车、人力车，也可以看到好多古老的牛车，应该说，牛车是乡村的人们到金边的最普遍的交通工具。二只牛拉着一个二个轮的车子，两旁栏以木条，中间是人坐的地方，顶上有一个蓬。没有公共汽车的好多远程的地方，主要是靠牛车，乘了一天只须一元越币，说明生活水平之低，也说明车夫的收入之少。三轮在现在看起来至为普遍，可是在三十年代的初年，我只在金边见到这种交通工具，这个三轮自行车在金塔，两轮在前，一轮在后，乘客二个位置也是在前。夕阳西下，好多人乘三轮车去游玩，因为乘客在前面看风景看得更清楚，可是车子若是相撞，首当其冲者也是乘客。

金塔是柬埔寨的国都，也是国王所在的地方。金塔之当为国都，虽在十五世纪的上半叶，可是柬埔寨的王室——据柬埔寨的传说可以追溯到真腊时代，据一些考古学者的意见，在吴哥与其附近所找到的九百碑文来看，从九世纪的初年以至十四世纪的中叶，其国王的传递不断的见于碑文，而今日的王室也可以追溯到十四世纪的晚年或是十五世纪的初年。这就是说，现在的西哈努克（Sihanouk）也可以追溯到这个时代。传说，在那个时候，有位王叫做西哈努（Sihanu）十分喜吃胡瓜（cucumbers），人们称他为胡瓜王，胡瓜王找到一位农夫是会栽种最好的胡瓜，他所生产的胡瓜之好是全国没有人比得上的。因此，国王遂命他为侍卫，给他很好的待遇，要他好好的保护国王的胡瓜园。有一个晚上，国王很想吃胡瓜，他自己鬼鬼祟祟的跑到园中摘胡瓜，因为天黑不易看到人的面容，守园的农夫侍卫以为有贼来偷胡瓜，这位国王遂为其忠诚的侍卫所杀死。不久，王后知道这个消息，她怕国内因王死而大乱，她的亲信、左右劝她勿泄这个消息，赶快找到这位农夫侍卫，要他当为国王并传告朝中大臣，以为国王有病，暂停朝见，在七日之内，把〈这〉位农夫粉饰得像国王一样，然后传告朝臣、人民说国王明日接见他们。届时，农夫乃登宝座，受他们朝拜，朝臣与人民以为就①

据艾莫涅（Etienne Aymonier）的考订，就是公元八八九至九一〇年在位的阿宿跋摩（Yoçovarman）自柬埔寨被暹罗攻败而放弃吴哥都城之后，直到现在，好多王名也可考订出来。杀死暹人所立的国王而称王并迁都城的潘呵雅（Ponha Yat）做了国王之后，号为室利苏雅跋摩，他在位的时间是一四三二至一四五九。继他位的是室利罗阁（Srey-Racha），贺尔（Hall）在其《东南亚史》（*A History of Southeast Asia*）书的附录的扶南、真腊与吴哥以后的王名表中（页七三九至七四〇）曾将一四三二至一九四〇的王名举出来，其中只有一七九六至一八〇二王位中止，从一四三二至一九四一的五百四十八年中，共有四十位国王，每位平均在位的时间为十三年多。诺罗敦·西哈努克是最后的国王，也就是现在的柬埔寨的元首，因为他做国王之后曾退了位，不用国王的名称。在柬埔寨，人们称他为王子，我们叫做亲王，以前的国王都没有用西哈努克或西哈努这个名称，至于诺罗敦，除了这位亲王用了之外，一八六〇年至一九〇四年的国王也称诺罗敦。从此可见得，所谓胡瓜王，名西哈努者只是传说而已。

当然这也不是说在吴哥以后的国王中，没有篡位的事件。十六世纪末年，这就是一五九四至一五九六年在位的普拉拉玛（Prab Rama），就是一位篡位者。

西哈努克亲王生于一九二二年十月三十一日，在他十九岁生日的时候就登王位，一九五五年，他把王位让给他的父亲诺罗敦·苏拉马列（Norodom Suramarit）。他的王位并非得自父亲，相反的是，他的父亲继他的王位。他退位之后，当为总理，后来不做总理时就称为王子或亲王。他的父亲死后，他虽不称国王，可是在柬埔寨的好多人，特别在乡村偏僻的地方的人民还是称为国王。他虽然不自称王，可是柬埔寨的实际领导者就是西哈努克，他是这个国家的元首，在国与国之间的签约，他是被称为柬埔寨国家元首西哈努克亲王。所以，现在的柬埔寨虽然没有国王这个正式名称，〈但〉还是一个王国，有王室。又西哈努克的男孩也称王子或太子，而女孩也称公主。

西哈努克曾在法国读过书，登了王位与退位之后，他还时时到法国，他的生活习惯受法国的影响不少，他能说很流利的法说〔语〕，话说得比较快，说时还常用一些大学生所喜用的俗语或成语。他喜欣音乐戏剧，他的母亲〈西索瓦·哥沙曼〉②在王宫中亲自指导一群宫女练习柬埔寨的古典舞，他的帕花珢维公主与夏卡朋王子从小也学习了其传统的舞蹈，而且常当主角，演得很好。

---

① 校按：原稿有阙文。
② 校按：原稿此处空十格，今查核后补。

西哈努克的活动范围很广。在政治上，他是这个国家的实权者，他不做国王而做总理就是要把政府的实权拉到自己的手里，他组织政党、领导政党，他喜欢在国内各处旅行，尤喜欣到国外的访问。有人说，他之所以不愿意当国王，因为当了国王会受很多王室仪式所束缚，活动的范围狭小了，行动的自由也受限制了。他不只常常接见大臣或官员，他常常与外国人打交道，与记者谈话。他在金塔时，每星期还指定一个时间做为见客的时间。在这个时间中，他所见的客人不只是所谓社会上流的人物，就是农夫与一般普通人民，他也接见。有人说，他好像一个鸟，在天空到处飞翔，又像一条鱼，在水里到处游。说明他的活动的范围之广，也说明在政治上他的变动性的幅度是较大的。

金塔是国王所在的地方，也是国王与其亲属所住的王宫所在的地方。上面已经指出，王宫自成一个区域，是在金塔的南部，面对洞里萨河，河边有一个簰，簰上有一座古香古色而美丽的方房子，顶是柬埔寨式，当地人叫做浮宫。一年一度的送水节，国王、王后与其亲属就在这里看龙舟竞赛。

王城占地约十六万平方公尺，围方形的围墙，墙并不高。粉黄色顶上凹凸略似中国的城堞，其凸处是圆拱形。这个城围为一公里长，主要的门开向河门，叫做胜利门 Porte de la Victoire。门前一条大街，在节日，各式各样的活动可以在大街上看见。门的右边有一个王宫招待办公室，要到王宫里参观，就在这里办手续。有指导员带领参观的是公共地方，而不是国王与其亲戚所居住的地方。

王城里大小房子共有二十余座。王城里有走廊，走廊中画了各种英雄人物，其旁还有储藏诺罗敦王的祖先安东（Ang Duang）与其夫人潘因（Pen）的骨灰。城内有金殿，有银殿，金殿陈列好多宝〈物〉，重十八公斤的金塔与两个各十五公斤的金佛都放在这里，还有用钻石嵌的佛像，又有一顶用大钻石镶的王冠。金殿的塔尖金光闪烁，是在这里国王会见官员与外宾。

银殿的建筑是仿效暹罗曼谷的王宫的样式，其地板全用镂花的银砖铺的，每块厚二公分，长广各二十五公分，重约一磅。全殿有四千八百块，这个殿长一百二十英尺，广三十六英尺。因为地板为银砖，颇觉黑暗，可是阳光的反照却很为光亮。高高的墙壁用了很显著的颜色，画了释迦牟尼的生活以至可怕的地狱。殿内有好多大大小小的银佛像，中央有一个绿玉佛，高约一公尺，重为四十公斤，是用整块绿玉雕成，这是柬埔寨人所觉得极宝贵的东西。这个佛像是位在金制的台上，所以绿玉佛所占的位置略高于其他佛像，这是［可以是］王宫的保护神，因此这个殿也称为绿玉寺（Vat-Prah-Keo）。绿玉佛像后面还有一个诺罗敦王金像，重达百公斤，只是金就化了六十多万元。其周围有好多玻璃柜，里面陈列王室的各种宝物，如王冠，如用钻石嵌成的戒子，这些玻璃柜只用纸条封着，没有加印，也没有锁住，有人怀疑这样可能会被人偷，可是这是不懂得柬埔寨人对于国王与王室的看法。柬埔寨的国王不只是政治的统治者，也是宗教的领导人，他代表了国家，也代表了神灵。既是神的东西，对于忠诚信仰佛教的柬埔寨人，绝对是不能偷走的，他们信赖神、崇拜神，他们也信赖国王、崇敬国王。国王、王室成为他们的民族生活以至宗教信仰的中心。在王宫的图书馆的南边，还有佛的脚迹，柬埔寨人相信佛曾到过这个国家而遗下脚印在这个地方。柬埔寨是一个佛教国家，从市镇到乡村处处都有佛寺，处处可见到黄衣僧人，金塔是全国佛教的中心。

柬埔寨的佛教在这个国家中所占的地位很为重要。全国不够五百万人口，佛寺有了二千六百多座，僧侣约有八万。每个人——男人在一生中至少要度过一次的寺院生活，长的终其身，短的数个月以至数天。寺院是宗教崇拜的场所，也是教育的机构，绝大多数青年之受教育者，尤其是在乡村，启蒙的教育是在寺院。

佛教在柬埔寨的影响之大是有其历史原因的。在古代的扶南，佛教已很繁盛，在那个时候，还有高僧到中国宣传佛教、翻译经典，到了真腊时代也很发达。在洞里萨湖的北边的吴哥寺就是柬埔寨的佛教圣地，这个伟大寺院——世界著名的寺院不只说明这个国家的佛教兴盛，也代表了柬埔寨人民的建筑、雕刻与美术的水平高超。

佛教在柬埔寨的历史长、影响大，但这不是说柬埔寨只有佛教，没有别的宗教。应该指出，婆罗门教在这个国家的历史也很行〔长〕，比之佛教还要久，不过这个宗教的影响主要是在上层阶级，特别是在王室中。直到现在，婆罗门教还存在在宫廷中，国王加冕就要婆罗门教士来主持，虽则这个宗教现在的势力已不若从前之大。

佛教是柬埔寨的国教，国王是并为国家与宗教的领袖，王宫中的银殿是柬埔寨的佛教信仰的表征。

在王城的北边，还有一座娱乐厅（Salle des Fêtes）。有一个时期，柬埔寨的著〔名〕歌舞就在这里演出，后来又新建一座二层楼的房子，地下一层也可以叫做地下室，用做化装与储藏室，楼上是一个大厅，用全云石建筑，其中有王座与各种观众的座位，僧侣不准进入。照柬埔寨的传统做法，每个国王选二百四十位美女，她们都是上层人物的女儿，当然上面所说的公主也可以参加，专门训练舞蹈。这种舞蹈历史久长，可以追溯到二千年，这是一种古典式舞蹈，很多题材是取自印度史诗《罗曼延那》(Ramayana)。柬埔寨的舞蹈也是受过印度的影响，可是柬埔寨人传说这种舞蹈是来自吴哥时代。在吴哥古城、古寺正在兴建的时候，有的仙女从天上下来在国王面前表演，因而留传于后。

这种舞蹈的特点在于面部表情与手式以及脚部三者的配合。舞蹈是用歌唱去表达其内容题材，但是舞者不唱，而歌者不舞，舞者在台上动作，歌者在幕后唱。舞蹈者初出台时，往往好似静而不动，事实上她们的肌肉、眼睛是正在慢慢的变动，没有留意去观察可能看不出来。要等到一个拍当〔的〕时间，动作才显著，可是不久又回到静止的状态。舞蹈时常常两腿弯曲，略为分开，她们特别注重于两手的表演。柬埔寨王室对于这种古典的舞蹈特别加以重视。

国王接见臣僚与外宾的房子后面是国王的住室，再后就是王后与舞女的住宅。靠近这些地方又有一座二层楼的房舍，楼上藏了王室一把剑，据说此剑已有二千年之久，这是一把很长而大的剑，没有什么装饰，柬埔寨人是当为国宝来看待。

王城北门外有一座博物院，里面陈列了好多残碑，也有不少吴哥浮雕的拓本，又有古代服装、乐器、舟车、金石、动植物、标本等，这个博物院建于一九〇九年。吴哥的古物分为三类：一为早期的吴哥古物，大致是从六世纪至九世纪；第二类是古典时代的吴哥古物，从九世纪至十四世纪；第三类是衰败时代的吴哥古物。对于吴哥古物有兴趣的人可以在这里得到一个概要的认识。

王城外面还有一个象房，[好]这里养了好多白象。白象在一些东南亚国家中，尤其是在以往，是当为神灵来看待的。有的国家在历史为了争取白象而打仗，得到白象，国人当为好兆头。这里所养的白象只有王室的贵宾始能骑。

上面说到，洞里萨河中的浮宫，国王、王后在每年一度的送水节，就来到这个浮宫主持这个节期的仪式。仪式至为隆重，日间好多龙舟在河中竞赛，晚间河中的各式各样的船只点了很亮的灯光，在水里反映，微波吹送，光影摇动。不只市民多到这里游玩，好多较远的乡村的人们也到这里参加节日。

塔仔山也是金塔的名胜之一。欧人叫做 Le Phnom 就名为山，山高二十七公尺，可是因为整个金塔是平地上了，这个山可以看到金塔的全市以及其周围的地方。山顶有一个塔寺，从山脚上去，山门的两旁各有矮塔，中有三重砖阶，拾级而升，可到山顶塔寺的平台。下层砖阶的两旁各有一条七头蛇或那加（Naga）为栏。周达观《真腊风土记》中"宫室"条，有下面一段话：

> 其（指宫室）中有金塔，国主夜则卧其上。土人皆谓塔之中有九头蛇精，乃一国之土地主也，系女身。每夜则见国主，先与之同寝交媾，虽其妻亦不敢入。二鼓乃出，方可与妻妾同睡。若此精一夜不见，则番王死期近矣；若番王一夜不往，则必获灾祸。

又在山下的公园中，还有一个蛇桥（Pont de Naga），一个很好的桥饰以蛇形，这是一八九四年所建筑的。

这样看起来人们不只拜蛇，而且拜蛇的历史是很长的。

山顶的塔寺其中有一座位坐着的是佛像，平时这个塔寺不开放，只在节日才开门。山的南边的碑旁，还有西索跋特王（King Sisonath，一九〇四至一九二八）的铜像。

山的下面就是一个公园，园大约百亩，园内有好多行人道，也有环山小道。园内树木甚多，树叶密布，虽在酷热，也觉清凉，还有一个音乐亭，偶尔乐队在此演奏。

在柬埔寨的历史上，古代扶南的国都据说是在现在的越南境内的朱笃附近，也就是在湄公河的旁边，真腊是扶南的属国，原来是在扶南的西北。在六世纪的中叶，扶南被真腊征服，逐渐向南迁移。到了七世纪的中叶，全部为真腊所占据，真腊占据了扶南之后，似乎没有利用扶南的国都为国都，扶南国都的情况如何直到今天还未考订出来，将来是否能在地下找出古物古迹也难预料。至于真腊的国都，可能在其最早的时候就在大湖的旁边，也可能就在吴哥或暹粒（Siem Reap），因为在这个湖边不只渔业发达、农耕适宜，而且交通也方便，所以现在在吴哥古迹、古物中还可以找出较古的东西。金塔的博物院中陈列一部分古物叫做吴哥的初期时代，是从六世纪至九世纪的东西。考古学者若再努力去发掘，可能还可以找出更多的真腊最早时期的古迹古物。

柬埔寨或者说得更明确的吉蔑民族的历史可以分为三个时代：一为扶南时代，从公元前一二世纪开始至六至七世纪；一为真腊时代，从六至七世纪至十五世纪；三为柬埔寨时代，从十五六世纪至现在。从真腊时代转为柬埔寨时代的时代划分颇不容易，因为从王室的继传来说，似乎没有间断，应该以从吴哥迁都以后［作为］去划分时代。《明史》说，真腊到了明代才称柬埔寨，这话应当可靠，因为十三世纪的末年，当周达观到这个国家时还是称为真腊。应该指出，明时虽称为柬埔寨，但在我国著作中还有不少称为真腊。

三个时代分为三个国都——扶南在朱笃附近，真腊在吴哥，柬埔寨在金塔（暂时在其他地方的可以不必算），三者都在湄公河或其支流旁边，金边却在其中间，这是柬埔寨较为适中的地方。虽然现在这个地方是偏于东南部，但在现在的南越的东南部还属于柬埔寨的时代，金塔可以说居全国的中心，握四河的咽喉，在地位上、在交通上都很适宜于为国都。

现在的金塔的王宫以至寺庙，虽然远不及吴哥的工程之巨，气派之大，但却保持着不少吴哥的传统形式与艺术。在金塔王宫中的走廊参观的人不能不联想到吴哥宫院的走廊，宫殿的结构，尖顶同样使人有了这种感觉。至于古典的舞蹈，使人想到吴哥宫院的壁上的雕刻的舞蹈。他如佛教的尊崇与其仪式，以至拜蛇的信仰，都不能不说是与吴哥时代没有关系。我在金塔看到面临国王府大街，这就是苏他罗大道的曾齐雅殿，这是柬埔寨元首的检阅台，同时也是举行盛大的歌舞台。殿里雕梁画栋，殿顶八角尖塔以至看到河边的浮宫，使我想起远在差不多二千年前的扶南，国王也曾盖起楼阁，以为娱乐。所以《梁书·扶南传》告诉我们："范桑（按，为国王）起观阁游戏之。"在真腊时代，周达观在其《真腊风土记》中说：

> 每用中国十月为正月，名为佳得。当国宫之前缚一大棚，上可容千余人，尽挂灯球、花朵之属。其对岸远离二十丈地，则以木接续，缚成高棚，

如造塔扑竿之状……每夜……装烟火爆杖于其上……遇夜则请国王出观……五月则迎佛水，聚一国远近之佛，皆送水来与国王洗身，陆地行舟，国主登楼以观。

虽然娱乐的节目可能有多少改变，节期的时间可能也有所不同，但从扶南经真腊直到今天，吉蔑民族有了不少风俗习惯大致还是保存是没有问题的。

扶南的都城早已湮没，可是真腊的都城还存在着。虽然在一个长时间中，吴哥的宫室、寺院也曾被丛林所遮掩，可是周达观的《真腊风土记》对于这个"富贵真腊"的国都既记得相当详细，到了十九世纪，这个古迹被人发现之后，人们重读起周达观的记载，砍伐林木，清除野草，再加以人口修理毁败的地方，吴哥的宫室、寺院的真面目现在又清楚的在我们的目前。

金塔是吴哥的后身，在某种意义上也可以说是吴哥的缩影，可是从其发展方面来，也可以说是吴哥的放大。因而游了金塔的人不能不联想起吴哥，应该说到了金塔的人很多就会或很想一到吴哥。

从金塔到吴哥可以走陆道，也可以走水道。从金塔到暹粒，陆道约三百公里，水道比较的短，但舟行不若车行快，我乘过汽车到吴哥，我也乘过轮船到吴哥，我觉得乘舟比乘车不只舒适，而且沿河风景比之沿路的雅致得多。

早间离开金边，河身较小而又较浅，轮船也较小。洞里萨河的风光与湄公河大不相同，后者江较广，江水较静；前者江面约二百码宽，两旁水草丛生，河身弯曲，船走时，时而向东，时而向西，又因河水有的较深，有的较浅，船要走深处，方向变动得更大。船行的地方因为河小，两旁的河水挤到两岸，波涛涌涌的声音不只使乘客有着置身在大海中的境象，栖在芦苇或河旁的树枝上的群鸟也被惊扰，黑的、白的以及有的绿的、红的飞鸟惊飞天空，点缀了天然的美景。在船中，你可以看到两岸的一些乡村，分散而盖的草房，尖顶耸立的寺院，安安静静的出现在旅客的眼前。在绿色的树下偶尔看到黄衣僧人，偶而三五小孩快步跑到岸边看船行驶，打破了寂寞的境界。有时因船走而引起波浪，一条很大，大到五六尺长，跳出水面，使得倚在船栏的人们也要跳起来。爱看自然风光的人们一上了船就舍不得把自己关在房舱，而失享受自然景色的机会。江轮经过磅龙（Komkong Lnong），这是乌东（Oudong）的首府磅招（Komkong Chnang），这是柬埔寨的威尼斯（Venice），再上去就是依杜（Snoc Trou），到了这里就进入大湖。船到大湖时，夕阳已经西下，夜里船在湖中行驶，第二天清早船达暹粒。从船下锚处到暹粒还要乘小船，从暹粒到吴哥古迹还有约五公里的途程。在暹粒市与吴哥寺的对面都有旅店可以住宿，当然参观吴哥宫室、寺院，住在吴哥的旅舍是比较方便的，而且这里的旅舍比之暹粒的较为舒服。

关于吴哥，我不准备在这谈。历史是继续不断的发展，我们为研究的方便起见，可以划分时代，把一个时代作为研究的对象，但是假使研究历史的人忘记了历史的继续性，没有回顾或前瞻的观念，对于某一时代的史实的了解往往是片面的，而不是全面的。金塔是柬埔寨的国都，吴哥是真腊的国都，地位虽差不多是一南一北，距离数百里，可是从历史家看起来，两者有了密切的关系，二者不只都是吉蔑民族用了辛勤的手脑去建筑起来，而且是这个民族的精神——文化的表征。我到金塔想起吴哥，我到吴哥又想到金塔——也还想到扶南。从我国的西南的澜沧江东南流而成为越南半岛的湄公河，而始抵达中国南海，从整个江河来看，无论从金塔到吴哥或从金塔到朱笃附近——扶南的首都，究竟是一段较短的水程，究竟是很为接近，在时间上要开快车的话，四五个钟头就可从金塔抵达吴哥。可是时间与里程都不一定能够说明这二个都城的接近，更接近的是在民族的意识中。两者都是吉蔑民族所建筑的，两者都是他们的精心杰作，两者都是他们的文化的大成就。金塔继续的保存吴哥的传统，金塔正在发扬光大这个传统。

河　仙

父亲壮年常随帆船到河仙，他常对我说，他很喜欣这个地方，因为河仙的风景宜人，生活便宜，我小年听到这话对于河仙有了深刻的印象。父亲虽喜爱这个地方，虽也常到这个地方，但他很少在这里久住，他所乘的帆船只是经过河仙下货、上货，完毕之后又就扬帆。他去只有一次，因为船身有了毛病需要暂停修理，他呆在河仙约三星期，其他的好多次三天五天，最多不过十天。可是他那一次停留三个星期之后，他对于河仙留恋更甚，他有时很想在这里设个庄口，不过别的地方的生意对他来说更为重要，所以他在河仙设店的想法始终没有实现。

他自己虽没有在这个地方开一小摊，他却介绍一位亲朋到了这里。亲朋名为林明兆，明兆兄在二十年代的时候曾与父亲到新嘉坡各处做点小生意，父亲觉得河仙很好，因而介绍他到这个地方。起初当为坐庄，坐庄者，代理一个或数个商店或船只，在这里管理货物的出入口，同时他自己也经营其他的生意。明兆兄最初到这里时，住的是茅屋，应该说当时的好多商店、住宅都是茅屋，后来他的生意兴隆，既盖了三座三层楼的铺店，又建一座三层楼的住宅，这座住宅成为河仙好多年来的最大建筑物。

因为从父亲所讲的关于河仙的情况与明兆兄的关系，我先后到了河仙五六次，虽然只有一次住了一个多月，其他各次少的三五天，多的八九天，但是河仙在我的脑海中永远忘记不了。

河仙原属于柬埔寨，现在属于越南，位在越南与柬埔寨的边境，是暹罗湾外口的一个口岸，这是班台马士河的出口处，港湾狭而长，景致十分秀丽。天热起来，另的地方虽然也免得热气逼人，但在河仙总有清风徐来，晚间睡时固要盖张毛毡，白天午睡也并不热。

商店、住宅多在港内，海滨人口约为千余。以前有一位法国人在这里管理，住在我的亲朋的房舍附近一座浮脚平房或邦加洛（Bangalaw），一个广阔的花园，面靠海滨。他与家人住在这里，平常不大见面，看来也没有什么很多事情可做，他在这里可以说是享受其清闲的生活而已。华侨之在此者很多，这里有公共汽车通其他各城市，交通很为方便，明兆兄自己有一部汽车。我多次到越南、南圻、柬埔寨城市乡村，凡是有路可通者，几乎都跑过，而且好多地方不只跑了一次，有的跑了好几次，对于南圻与柬埔寨来说，我是比较熟识的。

河仙的开辟应该归功于一位华侨，他的名字叫做郑玖，也有人说他是姓莫，但是因为他已惯称姓郑，所以我们也就当为郑氏。

郑玖是广东雷州人，有人说（看温雄飞《南洋华侨通史》）他生于明朝永历十三年（公元一六五八），这就是清朝顺治十五年，这是错误，郑玖的生年应该在此之先。明朝到了这个时候，事实上可以说是灭亡了，郑玖的先祖又耕又读，郑玖的乡情固很浓厚，对于国事也很关心。在清军南下的时候，他知道明室难于持久，以诗书传家的郑氏深受了封建思想的影响，对家说孝，对国言忠。传说他小年还爱读有关岳武穆、文天祥的著作，所以在明室将倾的时候，他不只忠于朝代的帝王，而且激于民族的思想。

清兵入关以后，虽然占据全国，但远在天南的雷州其势力还是薄弱，而且雷州半岛三面环海。忠义豪杰既为复兴民族的心理所驱使，又利〈用〉雷州的地理的优越条件，于是揭竿而起者不胜其数。恰在这个时候，郑成功据守台湾抵抗清兵，其部下又经常往来海上贸易筹款，企图中兴。郑玖家居近海，乃与他们互相往来，共图义举。可是清朝的势力既愈来愈大，雷州的起义愈加困难，不久台湾郑氏支持不住，台湾既失陷，雷州的反清复明工作愈难进行，郑玖于是乃与少数的同乡逃命海外，他于清顺治①离开雷州，这就是公元一六八一年②。

郑玖与其乡人抵达柬埔寨，几经辗转最后到班台马士河口，这个地方当时虽属于柬埔寨，但除了吉蔑人外，已有好多越南人与其他一些种族，他们有时各自为政，有时互相欺侮，不相上下。

这个地方既为河口，又为一个宜于停泊的港口，且其地肥美，土产很多，生活既很为便宜，对外贸易又很方便。郑玖初到其地，主要致力于经营商业，开垦土地，他对于互不相容的各族采取联络的政策。为时不久，他与其徒众在农业上既有所发展，在商业尤多盈利，不只内地人民多来此地做买卖，海外船舶也多到这里做生意。因此，他遂成为当地的富户，他因而更多召集徒众，特别是国内亡命之徒多来依附，使其势力不只在经济方面日益兴盛，而且在军事、政治上也日益增长。这样不只柬埔寨人对他很为信服，就是越南人也听从他的命令。

越南文化大致与中国相同，文字相同，风俗习惯也多相同。郑玖既得两大族的拥护，俨然成为当地的领主，他除了制定各种管理地方的制度规章之外，对于文化教育事业尤努力提倡。传说他曾建孔庙，设学校，对于中国文化的宣传不遗余力，同时对于当地的文化信仰也尽力保留提倡，又建筑堡垒使其徒众练习武艺。这样不只他的地位日加巩固，而对于当地的治安更为良善，在他统治之下的人民既能安居乐业，又能互相和睦，因而其他各处的各族之移居于此者愈来愈多。

郑玖既得当地人民的爱戴，他又利用当地人民的迷信去更换地名。据说，这

---

① 校按：原文空四格。
② 校按：顺治帝逝于1661年，此处作者有误。

个地方原来就叫做班台马士河口或简称为河口,在柬埔寨人中有过传说,以为班台马士的河中有个河神,河神有时出现,出现是个好兆。有一天郑玖对其徒众说他在月光明亮的时候看到河神灵光四射,忽而不见,他的徒众又传播到各处土人,于是土人遂以为他之来此,是神的意旨。于是,郑玖乃找各族首领说明他想把这个地方称为河仙,这个建议是当地人民所极为欣迎的,于是乃正式宣布这个地方为河仙,外文 Hatiem 就是河仙的对音。

过去的河仙虽为各族杂居之地,但在名义上也有一位柬埔寨酋长,不久这位酋长为人暗杀,郑玖大概以为柬埔寨的文化之于中国与越南的文化大不相同,若再立柬埔寨人为酋长,在传播中国与越南文化上总有不便之处,所以这位酋长死了之后,他乃征得当地人民的同意,找了一位越南人当酋长。柬埔寨人之中对于此事并非没有意见,但是他们看到郑玖到来之后各族和好,安居乐业,而且事实上的统治者乃是郑玖,换了一位有名无实的酋长无关重要,所以他们也就同意了。而且这位越南酋长是一位昏庸无能的人物,一般人对于过去的柬埔寨酋长既并不重视,对于新任的越南酋长也就默认。在郑玖个人来说却很重要,因为这是说明他在这个地方的权力、威信已很巩固。

据说郑玖之初到这个地方时,越南政治〔府〕与柬埔寨政府都不大注意,以为他不过是一个亡命之徒,来此谋生,他经营商业,耕种田地与其他一些商人并无大异。等到郑玖的势力愈来愈大的时候,他们想用兵力去剪除已来不及,而且这个地方原来是荒芜之地,本不重要,郑玖来了之后,始逐渐发达,于是越南政府乃用软的政策当于招抚,封他官衔。郑玖自己以为他在当地的努力虽已巩固,但若与越南政府互相对立而至引起战争对他来说也非有利,而且他偏〈居〉一隅,毛羽未丰,若想北逐越南朝廷而统治之更非所能。于是,他乃接受越南政府的封号。传说其名义为总兵,有人说他喜欣这个名义,因为在当地的经济力量与政治地位既已巩固,他所要求的是在军事上能够增长其力量。总兵是一个军衔,在总兵的名义之下,他可以召集人马,训练军队,无事可当为防备,有事可以攻伐。他既努力于传播文教,又可以讲求武力。河仙虽小,然而文王之治也,不过数百里,说他没有大志去扩大领土、完全大业,那是错看了他,他安于河仙是暂时权宜之计,而且他是华侨,他要等到在河仙的地位十分巩固之后,始可再向外发展。传说他死前与临死时,曾以文王的故事讲给其子弟,说明了他所治之地虽小,而其志非小也。我在河仙时,遇到一位越南老人颇懂当地掌故,他称郑玖为郑王,他说郑王是以德服人而不以力威人。他指着一座将要崩毁的纪念郑玖的庙宇说:

"这是我们越南人(注意他不说河仙人,而说越南人)对于郑王的留念,永远的留念,可惜郑王庙就将毁败,年青一代可能会忘记了郑王。"

他对我说这话时,我的亲戚及数位华侨都在旁边,他们异口同声的说他们要设法去修理这座庙宇，老人听了十分高兴。据后说，他们曾捐了一笔款作为修理的费用，但是日寇占据越南之后，没有人胆敢出头来做这件事。这是一九四六年，我到河内时看到从南越来的一位朋友告诉我的话，一九四六年以后的情况如何不得而知。

所谓郑王庙是一座十足像中国的庙宇或祠堂的房子，从一个广东人看起来，房子既不大，又不高，但在越南来说仍是一座较为高大的房子。我在河仙时，看到门口有对对联，对联用木刻，木久而朽，虽然可以看到有字的地方是凹下去，但字迹很难辨识。当地的华侨说对联不只一付，而且在十九世纪的末年与二十世纪的初年字迹还可以认清，可惜他们忙于谋生，对于古物、古迹从不重视，所以对联说的什么也就不注意。

这位越南老人还带我在河仙各处视察，他侃侃而谈，孔子庙在那里，郑王宫在那里，城围的范围多大，河仙的疆域多广。他又说到郑王及其子孙的坟墓，可惜河仙附近多为低洼地带，宫室、城围历时既久，易于腐朽，古物古迹难于保存。老人对于法人统治越南之后很为反感，这是很自然的，也是很应该的。说到法人到了河仙之后，他尤为愤怒，以为法人把过去的固有东西破坏无遗。祖国且亡，追念故王，凭吊古迹虽为多余之事，然而郑氏之居河仙乃清初之事，其子、子孙之继其位者，百有余年。从三四十年前的时候来说并非很古，越南与中国同文，郑氏自幼读书，又提倡诗书，他自己与其子孙统治河仙，不能不有文字的记载，而越南人之臣于郑氏者，似也应有所记录。可是在三四十年前既已难于找出，而口传有关郑氏的事业者又廖廖无几，一方面固由于法人的毁灭，但是郑氏之后曾为暹罗人所征服，而另派暹人为总兵，说不定在暹人征服的时候，对于河仙的固有文物已经摧残，而代替以暹罗的文字制度，再经法人清除，所以史迹虽非久，而破坏特甚，使这一个地方的这一段历史几乎全部湮没而难于考订，这也是一件很为可惜的事情。

关于郑玖与其子孙的历史，当地固难找出文字的记载，也没有留下很多的古物古迹，但在我国清代人们所编修的《皇清通考》的《四裔》中曾记有港口国王郑天赐的事略，兹特抄之于后：

> 港口国，濒西南海中，安南暹罗属国也。王郑姓，今王名天赐，其沿革世次不可考。国中多崇山，所辖地才数百里，有城，以木为之。宫室与中国无异，自王居以下皆用砖瓦，服物制度，仿佛前代，王蓄发，戴网巾纱帽，身衣蟒袍，腰围角带，以靴为履。民衣长领广袖，有丧皆衣白，平居以杂色为之。其地常暖，虽秋冬亦不寒，人多裸而以裳围其下。相见以合掌拱上为礼，重文学，好诗书，国中建有孔子庙。汉人流寓其地，有能句读晓文义者，则延以为师，子弟皆彬彬如也。土产海参，鱼干，虾米，牛脯。雍正七年（一七二九）后通市不绝，经七洲大洋到鲁万山，由虎门入口达广东界，

计程七千二百里，距厦门水程一百六十更。

港口应该就是河仙港口，华侨亦有简称为港口者。这里所讲的风习有的乃柬埔寨的，如"相见以合掌拱手为礼"，但主要而尤其是自郑氏统治之后，乃中国与越南的习俗。郑天赐与郑玖，温雄飞在其《南洋华侨通史》中以为一个人，李长傅在其《南洋华侨史》却以为是郑玖的儿子，他又以为郑玖死于一六七六年（清康熙十五年），这似乎也是错误。温雄飞以为郑玖之死是在乾隆元年，这就是公元一七三六年，不知有何所据。温雄飞还以为一七三六年，郑玖死了之后，其子郑坛承继郑玖之位。他又指出，郑坛于一七八七年曾被暹罗国王郑昭召之到曼谷商量事务，因为二者意见不同，郑昭乃留之于曼谷，不许其回河仙，郑坛因而自缢。

郑天赐应为郑玖之子，而郑坛应是郑玖之孙，郑昭之王暹罗是在一七六七年，假使郑昭之召郑坛是在一七八七年，那么郑坛之在位到这一年就有了五十一年之久，这似乎是不可能了。《皇清通考》所说的雍正七年（一七二九年）以后，港口国与中国通市不绝时的国王是郑天赐，应该没有问题，郑天赐应是郑玖的儿子，而郑坛应是天赐之子。

据说郑坛死后，其子郑山继承总兵之职，郑山死于一七九〇年，他死后其弟郑平继任其位。不久，郑平病死，在他的时代，柬埔寨是暹罗的属国，郑平既死，暹人乃另派人去当总兵，郑氏统治河仙因而终止。

传说在郑氏统治河仙的时候比之今日尤为繁荣，人口也比之今日为多。越南老人带我到好几个地方，指出当时的房屋的墙基，除了宫室、庙宇之外，其市区所占的地方也比今日为大，而且当时的建筑正像《皇清通考》所说，多用砖瓦，与今日之多为茅屋也不相同。

老人的看法是有所据的，我在河仙每天散步，有时在现在的市区或是在市区以外的稍远至三五里的地方，发现了一些破砖碎瓦，杂以泥土。这绝非最近百数十年的遗物，因为正像上面所说，近代的多数房舍多为茅屋，虽也有不少新盖的砖瓦房屋，而这房屋还存在着，少有倒塌。所以照我的观察来看，在郑氏统治的时期，其建的砖瓦房屋不只比之今日的为多，而其所占的地方也比之今日的为大，虽则当时所盖的房屋可能相当分散。

我们推想在那个时候，在现在的越南与柬埔寨，在暹罗湾的沿岸一带，港口之最为繁荣的可能有了二个，一为现在的公佛，一为河仙。公佛的历史比之河仙应为较久，但河仙自郑氏统治之后，不只与东南亚各处互有贸易，且与中国通市不绝，说明这个港口是越南西南的重要港口，又是柬埔寨的重要港口，说不定在那个时候其地位比之公佛尤为重要。这个港口不只是越南与柬埔寨的通商要冲，而且扼暹罗湾的咽喉，因为船舶之绕现在的柬埔寨角（即越南的最东南的半岛）而入暹罗湾，河仙就当其冲。这个港口不只其港口能避风波，港口又有一个岛屿叫做郭特伦（Koh Tron）岛当为屏障，在交通上，来往船舶可以停泊，可以避风，在军事，进可以攻，退可以守。考古学者若能加以注意，可能还可以发掘出一些军事堡垒与更多的古物古迹。

河仙的历史可能可以追溯到在郑玖未到之前的很久很久的时候。我们知道，在公元前一世纪至七八世纪的时候，暹罗是东南亚以至印度洋与中国南海的交通要冲，在这个时期，船舶较小，航海技术较为落后，加以环绕马六甲海峡的途程较远，海盗较多，一般船舶之来往于中国南海或印度洋的多集中于暹罗湾与孟加拉湾。这些船舶，从西方来的驶到马来半岛北部的西岸，从东方来的驶到这个半岛的北部的东岸，人与货物经过一段陆路，再由东西岸用船运送。这个横渡陆道应该是在现在的克拉（Kra）地带，古代的顿逊就占有了这个地方，所以顿逊成为东西交通的枢纽，日有万余人互市。

在这个时期中，扶南是东南亚最为富强的国家，扶南的本土除现在的柬埔寨全部外，又包括了现在的越南南圻、暹罗的东北一带，这就是呵叻高原一带以及老挝的南部。在其强盛时，扶南征服其邻国好多地方，又征服了顿逊，目的是垄断了东西交通的要冲。

在扶南本部除其靠近现在越南朱笃的首都外，其港口之最著名的是在现在的迪石（Regia）的北部的哥俄伊俄（Gooc Eo），这是从越南半岛的东北角入暹罗湾的门口，扶南船舶之从其首都驶入暹罗湾的，大致都在这里停泊，从中国或越南半岛东岸的港口，如交趾、日南之驶入暹罗湾，也可能在这停泊以便添取淡水或食物。

从哥俄伊俄到顿逊还有一条相当长的海程——我们说相当长，这是指着古代而说。所以从哥俄伊俄到顿逊可能还要停泊一二次，河仙可能是停泊的一个港口，公佛（Kompot）可能是第二个河仙港口。既为河流出口地方，淡水没有问题，而且这里的土产很多，不只可以添取船舶中所需要的食物，而且可以从此装运好多土产以为商品，运到顿逊，以至马来西岸的其他各国。

河仙在那个时候是扶南的领土，公佛是扶南的领土，顿逊是扶南的属地。暹罗湾既成为东南亚以至东西两洋的交通要冲，扶南除了首都之外，在暹罗湾的沿岸不应只有哥俄伊俄一个港口，可能还有数个，而河仙与公佛应该成为当时的国际贸易的市场。除了扶南本国利用这些港口当为转运土产或外货的市场外，其他的东南亚国家以至中国的船舶可能也常到这些港口以有换无。

直到现在，我们既不能在古代著作中找出有关河仙的古代记载，我们也还没有能在地下发现有关这个时代的古物，但我们不能说现在还未发现，将来也不会发现。数十年前，哥俄伊俄这个港口就没有人知道是古代扶南的重要港，可是不久以前发掘了一些古物，包括罗马古物在内，因而人们才知道这是一个古代的通商口岸，说不定将来也有一天，有人在河仙发现一些扶南时代的古物古迹，使河仙的历史可以追溯到公元的前后。

我们这样的推论并非凭空造说的，正如上面所说，河仙不只在地理上占有优越的条件，在物产上也很为丰富，扶南国内需要河仙的好多物产，扶南的对外贸易也可以用这里的好多物产当为出口。近代中国船舶之到这里的，也是因为这里有好多土产可以运输到其他地方。

关于这里的物产，上面所抄《皇清通考》那段话里已列举不少，但应该指出，河仙的物产种类还不止此。河仙有很多土特产可以当为出口货，而且价值便宜，生活易过。

虽然我在这里所写的是三十年前的情况，然也说明这里的物产丰富。一块多钱可以买一担米，鸭重二三斤者约需二三角钱，鸡比鸭稍贵，然贵不了多少，海利〔里〕更多鱼虾——大鱼大虾一角或几分可以买到一斤。在当时的河仙，据我的观察，虽很穷困，可是一日三餐不只吃得饱，而且照我们乡下的标准来说，吃得很好。我的亲戚家中有一位女工，年约二十，据说家境不好，入息很薄，所以她乃到我的亲戚家中工作，早来晚归，星期日休息——休息者，不在亲戚家工作，回到家中还是很忙。她家住在对岸，要乘小船过去。有一个星期天，我的亲戚陪我到对岸玩玩，道经这位女工的家，我们顺便跑进去。我来到她家之前总以为她的家庭必定很为穷困，可以〔是〕情形并不如此。她家靠近路旁，有一小道约七八丈长，始达一个竹门，竹离屋子还有数丈，小道夹以树木，枝叶交错，几乎看不到太阳。入了竹门，是一个果园，香蕉尤多，房是茅房，并不太小。她有父亲、母亲、一弟、一妹，一家五口，他们正将用膳，小桌上有二个大盘，一个装了一条大鱼，一个装了很多虾，此外还有些咸菜、酱等，饭是很白的米煮的。在我们的乡下来说，这是一年之中所很少有的大餐，我最初以为是星期日，他们特别加菜。我的这种想法有三分对七分错，据他们说鱼虾是经常有的，而且往往是自己捕的，他们的家离海不够十分钟走路，她的父亲有一个网，平常放在水里，有时去看看。拉起来，偶而一无所得，但往往无多也有一二条，多的时候就把到对面岸，卖给别人。这个家庭是半农半渔，农主要种蔬菜、水果供应市场。这位女工的父亲说，他们住的房子主要由自己盖，要砍较大的木料或要作较重的工作，也需要邻居帮忙，不给工资，只请吃饭。关于吃，他们一日三餐可以吃饱，今天所吃的东西比之平时分量多一些，但质量是差不多一样，过年过节与偶而也杀只鸭或鸡，至于水果，尤其是香蕉，可随便吃。所以在吃的方面他们是没有问题，问题在于穿的方面与小孩上学所需要的东西，而后者比之前者尤为重要。因为物品便宜，他在田园中所出产的东西以至在海中所捕的鱼虾换不了很多钱。他们要穿衣服，二位姑娘还要穿得好些，特别是小孩上学，学费并不多，是纸、笔、墨、书册都加起来所费也不少。假使不是为了小孩读书，大姑娘不必要到你们家里工作。后来我对我的亲戚说，大姑娘年约二十，不久就将结婚，结婚后这笔收入将又减少，他的弟妹读书不是又成问题吗？我的亲戚说，他们早已想到这个问题，四五年前这位女工到我们家时，这位老子就谈过这个问题，女工的工资每月十元，她每月取五元回家，留五元在我店，年利一分，每年存六十元，现在已存约三百元，再做二三年，就有五百多元。届时，她将结婚，结婚要花些钱，但绝大部分留下生息，估计二年多后，每年利钱可得约五六十元。老子本想女孩早应结婚，可是正是为此，故尔推迟。这样做，弟妹二人都可以读完小学，可能还可以读一二年技术学校。

我举这个例子，一方面说明河仙的物产丰富，一般人的吃住问题虽然容易解决，但另一方面物产丰富，物价太低，农民渔产收入太少，在吃住以外的好多需要难于解决。而况在殖民主义者统治之下，他们用很少的钱财去收买当地的产品，经过加工，如棉布之类，再提高价钱卖给农民，农民在这种情形之下是双层被剥削。

法国的殖民主义者对于越南的统治使用了很残酷与高压的手段，他们对于越南人，尤其是对于华侨更为虐待。他们之在越南，特别是在越南一些较小的地方或城市，更会摆其架子，显其威风，可是他们本身却又腐败不堪。比方在河仙好多船舶——帆船来自我国广东沿岸一带，其所载运的物品多为土产，为越南人民日常所需要的一些东西，同时从这里所运出去的货品也是当地的土产，但是这些帆船的进口、出口，海关与政府官员对于勒索就无所不用其极，说是很堂皇，什么搜查私货、防止漏税，真正的目的是要多勒索钱财与物件。华侨常常〈说〉有钱可使鬼推车，鬼者，西洋鬼也，法国鬼也。假使来往于这个港口的船主或货主经常送给他们越币、马台（Martel）、香槟（Champagne）及其他一些贵重的物品，其有太太的送给我国最好的丝绸或化妆品等等，那么船一到岸，随时可以起货、上货，很快可以离开港口。假使不是这样或是给与的钱财或东西较少，那么船到了港口，你可天天等了，他们还不见来，他们不是说是公事太忙，就说精神不好。就使他们来了，检查了一件东西不够半个钟头，坐下来抽香烟就要〈半〉个多钟头，看看手表，时间要到了，就准备走，明天或后天再来，又如头一天的作法。其正者名为搜查，其实把装好的货物弄得乱七八糟，有时故意把货物弄坏了。

不只诸多拖延，而且诸多留难，使你啼笑皆非。送礼不只送给法国人，还要送给他的助手、工友以至翻译人员，有时送礼所费占你货物所盈的利钱百分之七十以上，有人说有时还要亏本。当然从一个商人来说，一次的亏本不算什么，因为能有五次大盈利，五次小亏本，这是很好的生意。我有一位亲戚久在越南做生意，他经常用了很多的金钱去请法国人吃饭与送礼，有人说他作得太过了，他的回答："我并没有从祖国、家带本钱来做生意，假使我能得到一千元的利润，送给他们百分之九十，我还得到一百元，何乐不为。"应该说，这是一位收入很丰的商人，他真相信"有钱可以使鬼推车"，但也说明了殖民地的官吏的贪污得厉害。

河仙港口虽不算大，但以前每年来往的船只也不算少，华侨在这里的也很多，法人还在华侨之中还〔选〕一人为嗡帮（Onbang），嗡帮是专管华侨事务的半官职务，也是华侨与殖民地政府的联络员。从一般人看起来，这是有钱或有地位或是二者兼有的人始能当此职务，但这位嗡帮自己曾〈对〉我说：实在说起来，嗡帮者，帮法人去向华侨收人头税也（按，嗡者，称呼老人或专称之意也），这是一个苦差，一个讨人厌的工作，有的华侨缴不出人头〈税〉，迫其缴纳既是难为情之事，可是有人不交你得垫交。你可以对同胞客气，法国人却对你不客气。他们叫你做嗡帮，因为他们知道你若不迫你的同胞如期如数缴纳，你得自己代垫，所以要你做嗡帮并非尊重你，而乃利用你。也应该指出，当嗡帮者也非完全都有这种看法，也有的很乐当此职，或者也有的利用这个名义而利其私。

有人说，在我国没有遣派领事到越南各大城市之前，嗡帮固也有其一些做用，但我国遣派领事之后，这种制度应该废除。其实这是不明了法国人之设置嗡帮主要目的是帮其收人头税。此外，凡是华侨来越南者必得嗡帮的担保或签证始能入口，从这方面来说，所谓嗡帮者，各帮之主也。殖民地政府把中国人之在越者，分为广府帮、海南帮、潮州帮、客家帮、福建帮等，你是福建人，归福建嗡帮去管，除缴税之外，如入口签证也要他管，他也是你的担保人，你犯了罪，做错了事，也为他是问。这是利用封建制度与乡土观点去统治华侨，也是分而治之的一种政策。

直到我国设立领事之后，法国人对于嗡帮的签订比之领事的所签的护照尤为重视，这虽然是传统做法所使然，但是殖民地的法国人对于我们在当地的领事——应该说对于他们法国所设立在我国的领事的签订都不当为一回事。有一次，我在广州领了到越南护照，将到法国驻广州领事签订，到了西贡时，移民局不看护照，我要嗡帮担保，我提出抗议，他们说这是越南的办法，应照越南办法办，我说："你们领事签了字就是等于你们答应我可以入境，你不看护照，不遵照用护照的办法，是不重视国际公法，不尊重你们政府所派遣〔派〕的领事，我要求你打电报去广州问问法国领事所签的护照算不算有效。"旁边站的另一位法国官员说："那么先上岸，至于办手续，以后再说。"他把我护照收了，说是明天发还，第二天要我到移民局。据我的朋友说，接见的是移民局的局长，他很谦让的说："昨天我局职员处理你的入口事情有点误会，请勿介意，我们欣迎我〔你〕到越南，如在旅程中有什么不方便，随时通知我局"。我的朋友告诉我，移民局太给你面子了，可是我后来了解，除了西贡的我国领事馆为我这件事曾专打电话给移民局局长外,移民局曾找过海南噙帮谈话。我后来问这位噙帮是否还办了担保的手续,他说:"他们找我了解了解你的情况,并不需要再办担保手续。"可是,懂得内幕的人告诉我,帮长担保手续是办了,只是不要你盖手印而已。

橡　　胶

　　一个跑在新嘉坡或是马来亚任何城市的街道的人，看到城市是繁荣还是萧条，其主要原因差不多可以说是决定于橡胶的价格的高涨还是降落。橡胶价格高涨了，其他百业都呈了欣欣向荣的景象，酒馆、茶楼很为拥挤，你要请客，特别为了喜事，如结婚、生日或是儿子、孙子弥月而请客，你得早点向酒楼老板打个招呼，否则不容易找到房间。因为橡胶价格高涨了，不只在城市中的其他商业好转，吃的人，喝的人多了，从其他小城市、小市镇以至橡胶园或乡村而来到城市的人们也增加了，因而旅店也常挂客满的牌子。人的口袋里钱多，不只吃与喝要多化一些，其他如穿的、住的以及其他的好多用途也要讲究起来。这样，人的购买力增加了，所以各门生意都会繁荣起来。

　　马来亚是东南亚的橡胶出产最多的地方，也是马来亚的出口的大宗。新嘉坡是马来亚的橡胶出口的集中地，同时也可以说东南〈亚〉的其他好多地方的橡胶出口的集中地，所以橡胶的价格的涨落对于新嘉坡与马来亚的经济情况与人民生活有了直接的关系。

　　应该指出，马来亚除了橡胶之外，还有其他的好多产品，如锡，如椰子，都出产不少，可是在这些主要的产品中，最主要的是橡胶。因为橡胶对于马来亚，包括新嘉坡在内的经济起了主要的作用，这种情况可以说是从二十世纪的二十年代以至最近还是如此。马来亚的人口本来不多，在廿世纪的二十年代约为四百万人，直到现在也不过六百多万人（新嘉坡不在内），土地有十三万多平方公里，过去每三公里一个人，现在每二公里一个人，可是稻米的出产不够百分之七十，百分之三十余至四十的稻米要从国外运进来。其中的一个原因也可以说是，好多的劳动力去放在橡胶园里，因为种稻所得的利益不如种树胶，所以人们多舍种稻而就橡胶。

　　橡胶在马来亚（包括新嘉坡）虽为最主要的产品与出口大宗，可是橡胶之在这个地区的发展时间是较晚的。

　　直到十九世纪的中叶，橡胶还没有在这个地方生长，是在一八七六年，橡胶开始移植于新嘉坡，而其移植的历史是经过好多转折的。

　　橡胶的种类本来很多，而其出生地方也有几处。在热带的非洲也可以找到橡胶，但出胶最多而最为普遍的却是在美洲的巴西，而巴西的橡胶之最好的种子就是巴西稀味亚（Hevea Brasi Liensis）。因为从这种橡树中可以吸取出百分之九十的液汁或乳汁，这个种类是属于植物，所谓（Euphorbiaceae）类。

　　巴西可以说是橡胶的故乡，在哥伦布发现新大陆的时候（公元一四九二年），在那里的土人——印第安人已经会利用这种橡胶来做圆球当为玩具，所以当地人之利用橡胶的历史是很久的。

欧洲人之注意到这种植物的，自从十五世纪以后慢慢增加起来。公元一五三七年，威尔特（Gonzalo Fernández de Oviedo y Valdés）在其所刊行的《印第安的自然历史》｛Historia General y Natural de las Indias（seville）｝就有关于橡胶的记载。

可是马来亚的橡胶的移植是始于英国人。英国的皇家植物园主任渥克（Joseph Hooker）于一八七三年曾用巴西稀味亚种子二千，种于伦敦奇威（Kew）的皇家植物园。当时只有十余粒种子生长，有的送到印度的加尔加答（Calcutta）下种也没有结果，维支咸（H. A. Wickham）不久把了种子植于锡兰，立见成效。威支咸①曾把二十二粒种子于一八七六年交给一位叫做摩顿（Murton）者移植于新嘉坡植物园，摩顿于一八七七年还到白勒（Perak）去做试验。到了一八八八年赖得利（H. N. Ridly）到了马来半岛，对于橡胶的移植大力提倡，并在新嘉坡试种。他以为橡胶在经济上的意义很大，他身上常带橡胶种子到处宣传，当时人们称他为"橡胶赖得利"或"癫赖得利"（Mad Ridly）。

在欧洲人中之最先开辟橡胶园者，据说是根达斯利兄弟（Kindersley）其中一位，直到二十世纪的二十年代还是一位著名橡胶种植者。

但我国华侨之注意到橡胶而开辟胶园者也是很早，马六甲的陈照源（？）②（Tam Chai Yan）就很早种植这种植物，他可以说是马来亚最先的橡胶种植者。他的橡胶园是在武吉林塘（Buki Lintang），在一八九八年的马六甲的展览会中，他把他所种的橡胶展览，大大的引起人们对种植橡树的兴趣。从此以后，橡胶的种植真如春笋怒发，在此后的十余二十年中，新嘉坡与马来亚的橡胶园逐渐的普遍起来。

陈照源展览其橡胶之后七年，这就是一九〇五年，马来亚出产橡胶约二百吨，在这个时候，据说巴西在这一年中所出产的野橡胶（这就是自然生长而非人工栽植者）约为六万吨，可是到了一九二四年，马来亚的橡胶产量已达到十六万七千多吨。此后逐年增加，到了一九二六年，又增加到二十七万八千多吨。从这个数目字来看，说明了马来亚的橡胶事业的发展之快，使马来亚成为世界出产橡胶的最多地方。

在东南亚除了马来亚之外，橡胶的移植可以说遍布于东南亚的各国，现在除马来亚之外，印度尼西亚也是产橡胶的最多的地方。以土地面积来说，印度尼西亚占了一百九十万平方公里的地方，大于马来亚十余部〔倍〕，而且除了爪哇之外，其他大岛，如苏门答腊，而尤其是婆罗洲或加里曼丹，几乎完全没有开发，

---

① 校按：同一人名，原稿不统一。
② 校按：原稿如此。

所以对于种植橡胶的潜在力量是很大的。

又如暹罗、越南、柬埔寨与缅甸数十年来对于胶园的发展也很注意，不过在这些国家中，种植橡胶多是在其南部。暹罗的北部，如清迈一带，还很少试种，但是在我国的云南、广西既都可以种植，这些地方没有问题，也可以种植。

然而，我们也得指出，自从第二次世界大战开始以后，人造橡胶的事业已大大发展。当日本占据东南亚时，美国就建了好多人造橡胶厂。一九四四年至四五年，我在美国参观了二个人造橡胶厂，规模很大，其所出产的橡胶质量也很好。战后有一个时期，因为美国人造橡胶出产很多，马来亚与东南亚其他各处所出产的橡胶就受其影响。马来亚当局早已看到这一点，所以战后极力提倡他种农产品，免得这个国家的经济主要是靠着橡胶。除了农产品之外，马来亚也正在振兴各种工业，以免完全靠外来的工业品。其实马来亚若能多设立橡胶加工厂，制造各色各样的橡胶工业品，畅销外国，也是争取外汇的一个办法。

海南岛是我国移植橡胶最先的地方，其种子是从马来半岛传入来。据说在十九世纪的末年，文昌华侨之在新嘉坡者，曾从该处由清澜港帆船运了一些树秧，在清澜附近种植，有了数棵生长还不错，长到约三丈余时，因台〈风〉吹倒好几棵，余下两三棵，又因当地人不懂得其用途当为柴砍，结果全部被毁。我父亲壮年曾在来往新嘉坡的帆船上工作，曾与友人运了数棵树秧种于我家后面的园地，两三年后也长得很好，可是后来有的毁于牛，有的毁于小孩，这是一九〇六至一九〇八年的事情。海南人之侨居于马来亚与新嘉坡者极多，二十世纪的初年，往来海南与新嘉坡的交通主要是靠帆船，每年只从清澜与铺前之到南洋的帆船约有百艘。这些帆船不只运了南洋好多土产货物，而且往往运了一些水果种子或其他植物的种子，菠萝、咖啡的种子就是这样运进来，所以橡胶种子之被运进来应该还另有人，可惜口传无人，而且又没有笔于书耳。

据说一九一〇年，海南乐会华侨何麟书曾从南洋带回橡胶苗数千株与好多种子，在定安县的落河蒲开设琼安公司，辟地约三百亩，种植之后，七八年后有三千多棵长得很好，全部收割，质量很高，一九一七年就出胶一千八百斤，一九一八年出胶三千斤，曾运去新嘉坡出卖，得到当地的胶商欢迎。

琼安公司的胶园是在定安与乐会交界的地方，这也就是琼东嘉积河的上游，这些地方，尤其是沿河一带土质很好，却没有人从事耕种，任其荒芜。自琼安公司种植橡胶之后，沿着河岸，一九一六年以后，人们逐渐开辟种植橡胶，有的是集资种植，多者种数万株，有的私人经营种数千株，据说约有数十个园，虽然有的结果不好而致放弃，但也有不少长得很好，比方南兴公司与茂林公司各种五六千株，均长得很好，出胶亦多。

除上面所说的地方之外，在儋县的那大曾有侨兴公司的设立，于一九一一年从南洋运回苗种，在五岭水口田试种，结果也很好，于是该公司乃逐渐推广，辟地五百英亩，约合我国三千多亩，种植了十余万株，这是海南岛橡胶园在早期发展上规模最大者，当时所种的橡胶直到现在还有存留不少。十余年来，这个地方又广辟胶园，成为海南橡胶种植的一个中心地区。

又在昌江县的北黎附近，也有文昌华侨成立橡胶公司，种植万余株，有一部分也长得很好。

在崖县的铁炉巷，也有文昌归侨詹尊天等，于一九一五年设立农发利公司试种数百株，也长得很好。

差不多在这个时候，新嘉坡华侨吴有胜也投资开辟胶园，一九一七年，林義顺呈请当时的农工部要领地五十万亩拟种五百万株，并派人到海南岛调查，因为欧战终止，价格下降，遂尔终止。

十多年来，海南岛的橡胶种植事业日益发达，新的种植地区增加更多，比方在兴隆附近，汽车公路的两旁，走了好多公里，两旁都是胶树密布。海南成为我国种胶最早，而到现在为止是出胶最多的地方，同时海南的橡胶也是质量最好的橡胶。我在天津，有一天在一条小街的补鞋摊补鞋底，补鞋工人问我需要何种胶底，我问何种胶底最好，他说海南的最好。海南离天津约五千里，一个补鞋者也说海南橡胶好，海南橡胶之在国内的声誉之好可以概见。至于海南橡胶之优良，不只不低于马来亚所出产的，甚且超之。何麟书把其所种的橡胶运到新嘉坡出卖，得到当地商人的欢迎，说明了这一点。

二十世纪的五十年代的初年，很好的苏联人曾到我国雷州半岛，帮助我们大量种植橡胶，可是几乎完全失败，主要原因是没有经验，但是后来我们重事再种，现在在雷州半岛以至高州一带橡胶已成密林，此后可能还可以推广到更北的地方。

除了广东以外，广西以至贵州的南部也正在试种，也有成效。在云南、在西双版纳、在茫市各处都可以种植橡胶，而且长得也不错，虽则将来收割时，质量、数量是否能达到海南岛的水平还是一个问题。应该指出，西双版纳的热带作物研究所是从海南的总所分出去，工作人员都是有了很好的经验，至于土壤、气候是否像海南岛那么适宜那是另一个问题。

椰　子

过去有的人爱莲，有的人爱菊，有的人爱竹，有的人爱梅，也有人爱松柏，又有人爱牡丹或有人爱玫瑰。周敦颐有《爱莲说》，陶渊〈明〉有咏菊诗。

我自己呢，最爱椰子。

我家的房子与围墙外多种椰子，我的村——瑶岛村是围以椰子。我是文昌清澜人，清澜是一个很秀美的港口，港里周围尽是椰树。文昌县城从三五里的距离看去是一个椰林，偶而杂以较高的白色洋楼。我是海南岛人，海南岛的四周多种椰树，尤以东南沿岸自文昌至崖县一带，椰林密布。乘车做环岛游的人们，车在公路上跑几乎是为了椰树的影子所遮掩，假使人们乘船环岛而行，人们会叫这个海岛为椰岛。

我小年到东南亚，住过马来亚、新嘉〈坡〉这些地方，到处都可以看到椰树、椰林。我父亲在南洋在某个时期中，曾兼营椰园，经售椰油，我有时到了椰园，风光景致与我家乡一样，虽然这个椰园早已卖给别人，但园主是父亲的朋友。一九四八年，我到马来亚时，特别开车到这个椰园看看，旧地重临，真是依依不舍。

椰子最初长在什么地方不易考订，在现代来说，从我国的海南岛（湛江、电白、西双版纳各处都有，但长得不好，结果既少而也不好）以至东南亚各地，印度东南沿海一带、锡兰、南美洲、西印度群岛，而尤其是太平洋的大大小小的岛屿都有椰树生长。椰树的生长多在近海地方（云南、西双版纳离海较远也有椰树，树长得相当高，但结实不多，果小而味道不好），说明需要的土壤要含有盐质。我在西双版纳看了一些椰树，其长得较好者，据当地人们说是用盐放在土中。

椰子的故乡可以说是在热带，特别是在靠海的地方。在我国，除上面所说的一些地方外，稍冷的地方就难生长。我的朋友有的设法移种于广州，虽然也可以长得数尺高，但长得不正常，而且从也没有结实，说明气候之于椰子的生长是有了密切的关系。

在太平洋，不只很小的岛上椰树茂发，就是在好的珊瑚小岛也能生长。在这些好多小岛中的椰树，结实之后几乎没有人去采摘，果实熟了，自落于地，其在岸边者往往落于海中，随波逐流，流到其他一些小岛，风浪吹其上岸，在岸边可以出芽，生根长大而结实，果实再落于地下或附近，慢慢的又成为椰林。所以现在我们要考究椰子究竟是策源于那一个地方就很困难，所以我们只能说热带海边是椰子的故乡。

椰树一棵一棵的挺挺的直立，根本上可以说树没有枝而只有叶，但是叶长丈余二丈，中有一干叶从干枝出，分为两排，叶并不成为一片，而乃分为好多条，每条长约二尺，广约二三寸，每条也可以说是自成一叶。若说每长丈余二丈的叶的中间干枝是树枝，未尝不可，但这种的干枝完全是长在椰树的最顶的地方，椰树长高了，这种干枝与叶就会枯干而脱离树干，落在地下，所以椰树自下至上有好多环节，有点像竹节一样，这种环节就是原来枝叶脱落的地方。

一棵椰树高约七八丈，也可以高到十丈或十丈以上，除了树顶的叶或枝叶外，自上至下全无枝叶，因为每叶或枝叶既长而广，同时又枝叶又很多，在树顶的周围伸张出去，而且这种枝叶分为好多层，互相交错，互相重叠，在太阳或阳光射照之下，阴影每成一圆形。在椰林中，椰树丛生，每树之影几与他树之影相连，好像一把一把的雨伞，很高而很密的插在地上。

因为每根枝叶又分为两排，每排又分为好多长而细的叶，风吹起来，不只每根枝叶随风抖动或飘摇，每根枝叶上的细叶也各自动摇。阳光或月光可以透过大叶或细叶之间的空隙，透射于地上，这样在地上的阴影中，就显出一线一线或是偶而一点一点或是成为各种不同形状的阳光或月光，在地面上移动，这是一种很为动人的景观。

风吹得大些，不只椰树顶上的枝叶摇动起来，就是椰树的主干也往往摇动，因为树身高至六七丈以至十丈或十丈以上，从地上看起来可以说是高出云际。树的最高处既有了好多枝叶，又可以有很多的椰子，这样就成为上重下轻的状态，虽是清风徐来，但是顶上一动，树身也随之而动。

海南岛与东南亚的一些地方常有台风，台风来了，有的房舍也被吹倒，椰树既上重下轻，遇着大风，就是四面摇摆，不只枝叶被风远〔吹〕到远处，椰子也常常散落于各处，有的树干也被吹倒以至吹断，有的吹得倾斜，有的吹成弯曲。我们乡下有句话说"天作台风拾椰子"，意思是天灾到来，别人椰树上的椰子落下来受了损失，可是有人却因此而意外得了椰子。

我家有好几棵〈椰〉子靠近邻居墙边，大风吹时，椰子常常被吹落在邻居的院子里，邻居常常告诉我们落了多少椰子，要送回我们，祖母总说这是天赐给人家的，坚持不取。我们小孩最初有点不服气，可是有一次几个椰子被风吹落时打中了邻居房顶，瓦被打碎，水从顶流下，祖母知道了立到邻赔罪，还说准备砍断这几棵椰树，免得邻人遭殃，邻人很客气的回答道："这是天灾，并非你们的错过。"说也奇怪，这几棵的椰子被风吹落到邻院子不知多少次，打房顶打破只这一次，祖父很迷信，常说两家和好，天也知道。

椰子树干直径约为一尺，比之油棕树为小，比之其他一些棕树为大。树身为无数硬性的纤维所组成。年幼的椰树，这种纤维作黄而稍白色，年老的作深黄的，其老而又很硬的作黄黑色。椰树不像其他好多树有一层皮可以自然脱落或可剥取其皮，[连]内部纤维很紧密的连结起来，皮作深灰色，外面有好多环节，环节稍凸出来，上树摘椰子的人往往利用这些环节为站脚点。

椰树在结实之前也开椰花，椰花花色黄而白，花虽不若莲花、菊花或牡丹那样好看，然另有风格，也很美观，有点像珊瑚，一枝一枝的长出来。

椰花开后不久结果，其果初与鸡蛋大小无异，惟其末端有三处稍为凸出，略似三角形，长大成熟时，长约一尺过至十五寸，广约五寸至七寸。未熟前，皮作青色，逐渐变为青黄，最后成为深黄或灰黄。每棵树平常有约五十个，也有多至一百个者，每个其头端，有一约有手指大的、数寸长的径紧系，采摘时用手在椰子末端转动二三次，其径即断，用有钩竹竿挂在径上或椰子身上，用力下拉也就下坠。

椰子外面光滑，包着一层约寸半至二寸厚的较松软的咖啡式[色]纤维，里面有一层极硬的壳，约三二分厚，去其外面的纤维皮就看到在其头端有三个眼形或称为鼻，三者排立若一个品字，其中二个不易穿通，但有一个用小筷子或刀子用力推下，就可以穿通。这个眼的下面就是椰子的胚胎所在，椰子出芽就从这个眼出芽的，眼下最初结一小而略似圆形的胎[胚]胎，逐渐长大如一小球，紧靠里面头端，胎作雪白色，其肉甚松软，甘而好吃。

椰子硬壳之内，紧结在硬壳周围，为一层厚约半寸的白肉，除肉之外皆为椰子水或乳水或乳甘，而可饮，最能解渴。椰肉含有油质，油的成分很高。把椰肉刨成椰丝，用手或机器力压也会出水或乳，乳很浓。

椰子未成熟前其肉较薄而极软，其壳也不太硬，用刀斩开，其水更清甜，用匙掘肉成为肉片，放在椰水中一块饮食，其味很好。这种椰水椰肉并不太甜，然而其优点就不是太甜，太甜有时反而不好吃。又因椰子水、椰子肉含有好多油质，故多吃这些水与肉可以增加脂膀[肪]。

所以一个椰子大致可以分为四部分，一为外皮，二为硬壳，三为椰肉，四为椰水。

未成熟时的椰子在其头端用刀一砍很容易断，把水倒出之后，再用刀从头端斩下而至下端也容易破，这种椰子的肉不只较薄而且很软，不只外皮含的水份较多，不若干时弹时[性]较强，难于斩开，就是其壳也较软，易于打开。

椰子成熟之后摘下来或自落下来过了一个时期就会出芽，放在房间里面也可出芽，出芽的椰子若在地上掘一小坑，放在其中，用土埋掩就慢慢的可以长大而成为椰树。一棵椰子生长大约需要五六年就可以结实，有的离地三四尺高就可生椰子。椰树枝叶是在下面或是先长者先脱落，每枝叶出时包以一层薄片纤维，我们乡下叫做椰子布，成熟时作浅咖啡色。其枝叶初出时包有一条白而稍黄的椰心，若切之也可以吃，但是只有是切断已被风吹倒的椰树才切其心，否则还在生长的椰树若把其心切断，则椰树就不能再生新枝叶，结果就会枯死。

椰子树的生命大约有四五十年之久，因为枝叶是在树顶，老的枝叶凋落，新的枝叶生长，互相交替，所以树身就愈长愈高。种植椰树有经验的人们从椰树的环节上与从椰树的皮色上可以看出树的寿命多长，尽管椰树是愈长愈高，但椰树的树身的直径并不会长得太大。同一年纪的椰树的高度虽然大致差不多，但也有高低之分，可是树身的直径相差并不太大，一棵一棵的耸立看起来是一样的大。椰树的种植是有一定的距离，一行一行的栽种，一排一排的生长，树身大小差不多一样，高度也差不多，使看到椰林的人有了整齐的观感，挺挺直上，高出云际，不偏不倚，屹然独立。

椰子的用途之多真可以说是不可胜计。首先是椰子可以用为食品，椰子的嫩芽有点像冬笋而较甜，吃起来很可口，椰子里面的汁或乳汁并不太甜，最宜于止渴，其肉软时，用铜匙括之成碎片，虽也不很甜，却很好吃，若把来放在乳汁之中一块吃，则另有味道。椰子肉老而较硬的可以炒鱼虾或其他一些肉类。椰丝若用手或一些工具挤出乳汁，色白如牛奶，也可以饮，又可以把来煮猪、牛、鸡等肉。这种乳汁可以制椰子糖、椰子饼干，味道最好而质量最高的饼干多用椰子制造。此外，切块或切片的椰肉除当水果吃之外，也可以用黄糖煮成一块一块或一片一片的椰糖。

椰子可以酿酒，东南亚各处多用椰子制酒，有的其味略甜，多饮也能醉。椰肉又可以榨油，先把椰肉弄成块，在太阳中晒干成为椰干，晒得稍久就可以出油，榨之成为椰子油。椰油的用途也很广，首先可以用来炒菜，如猪油，当为食油，这种油可以制药品，可以燃灯，最好的香梘①多用椰子制造。

又把大块石头打为小块的人往往用椰子乳汁去溶解白垩，使易于破碎，椰油也可以用为抹擦机器或其他物件。

椰子壳的作用也很大，可以切或磨成瓢或盏以及各种器皿，我们乡人有当为饭碗、茶杯、饭匙。在海南岛的海口，有的店馆专造椰壳器具，磨其内外，光光滑滑，色如咖啡，再刻以花草、人物，成为很美观的茶壶、茶杯、烟碟、饭碗等等。

这种椰壳若烧之成灰加以"鸠南"，可当为石炭。

椰壳外面的椰丝或纤维用途也极大，可以用制绳索。海南乡间所用的大绳、小绳多用这种纤维，小者可以穿过有孔的铜钱，大者可以当为船缆或其他用途。这种绳索比较松的可以点火，乡人在没有洋火或火柴之前，用石敲火，火花触到这种绳索或纤维，很容易燃起来。在公共地方，人多吸烟常用火索，长者可燃了好几个钟头，如点香。然此外，乡人还有当为厕所纸用。这种纤维可以织地垫，可以制扫把，可以当为刷，或钉在小木板上而成为各种刷。此外，椰丝、椰壳也

---

① 校按：香梘，粤语，即香皂。

有当为燃薪的。

椰叶可以做地席，也可以当墙壁，又可以代屋顶的瓦，也可以当柴烧，还可以织为遮热的帽子。其包干的树衣可以织为粗布，其实乡间人们往往就用天然生出的椰子布，做为蓑衣以避风雨，或为棚盖以遮阳光。这种椰子布也可用来造纸，又树衣内部的棉可用为止血之药。

椰子树干的用途也很大，可以当为木材做屋顶的梁，做柱造桥。

上面不过是随便的举出椰子的用途的一些例子，但其用途之大之广已可概见。

"种有椰子树，衣食住无忧"，在海南的乡下有人这样说。海南与东南亚或热带各地天气不冷，椰子树的用途既那么大，那么广，房子、用具都可以从椰子树中取材，把椰树布来织成布，虽粗也可以用，椰果可饮可食，没有米饭也可以过得时日。我们乡间有一种抓树的野鼠，在椰果还未老时，这种鼠可以从外边的椰果皮咬了一个洞，然后钻进去吃其乳汁与肉，个个都吃得又肥又大。我记得小年时候，祖母常说我家根本没有田地，只靠祖母二手织渔网以维持生活，有时没有钱买米，就摘较软的椰子下来，括了肉与水一块吃，也吃得饱。只是因为椰果所含的油质很多，有时多吃会泻肚子，但从穷苦人来说，能有椰果来充饥，那是万幸的事情，又人们有时把椰壳开一个洞，放些米进去，放在石灰灶烤熟，味道也很好。

在暹罗首都曼谷与东南〈亚〉其他一些地方，有一种冰冻椰子是用还未老的椰果，去其外面的纤维皮，连壳放在冰箱或冰桶中，过了一个时间，里面汁将结成冰而却不硬，打来打开连冰连肉一块吃，既清凉可以止渴，又当为点心吃。贵时一毛钱一个，便宜时五分钱一个。在天气较热的东南亚一带，这是一种很适口的食品。

我家有椰子数十株，我父亲在马来亚也与人合股经营椰子园。我有时也到这个椰园小住，我爱吃椰子，尤爱椰园中的风光。后来我到美国读〈书〉以至到德国做研究工作，主要是靠椰园的收入，以至出让椰园以维持。我从德国归来时，椰园也就卖光了，虽非靠这个椰园就不能作二次留学，但父亲觉得这个椰园并非我们独有，而乃合股经营，让给别人，免得自己操心，所以就分做几次退股。完全退股之后，我还到过该园一次，椰果就〈照〉样的摘食，风光照样的享受，可是我是靠着伯叔的友情而探访。有人说父亲置了一些产业，都为我而化光，说起来我是一个二世祖、败家子，可是父亲死后，假使这一点点的产业还是属我的，那么我既不会管，又不能完全不为此事而操点心，所以我觉得没有了倒是无产一身轻。

可是没有了椰园，我对于椰子更加留恋。最后一次到那个椰园，真是有了流连忘返的情绪，我影了好多相片作为留念。此后到了有椰子的地方，我一定设法去找椰子吃。在曼谷，有一年住了约三个月，我几乎每晚都到暹罗国会的草园旁边，至少吃一个冰冻椰子，有时还雇部汽车，化了一块钱的路费去吃一毛钱的椰子。到了没有椰子的地方，我时也设法找人从家乡带出来，否则把相片上的椰树、椰园看看也觉得过点瘾，朋友说我为椰子精。

在南洋、在东南亚，因为椰子对人们的作〈用〉太大了，人们有了椰子部落的故事。据说在占婆国王王宫的附近，有一椰子树，有果甚大，至期不开，国王命人把这个果拿下来，把果打开里面有了一个孩子，美貌秀美，王命人乳哺，儿拒不食时，国王有一个五色乳牛，于是使牛喂奶，这个孩子遂吃牛奶。因此之故，占婆人遂不杀乳牛，也不食乳牛，等到这个孩子长大时，国王妻之以女，等到国王死了，他乃继承王位，成为贤明的国王。

椰子不只是用途很大，还生出贤明的国王治理国家，椰子在东南亚的地位的重要可以概见了。